Kokalj/Paffenholz/Schröer

Zahlungsverzug und Forderungsmanagement in mittelständischen Unternehmen

GABLER EDITION WISSENSCHAFT

Schriften zur Mittelstandsforschung Nr. 86 NF

Herausgegeben vom Institut für Mittelstandsforschung Bonn, vertreten durch den Vorstand

Das Institut für Mittelstandsforschung Bonn, eine privatrechtliche Stiftung der Bundesrepublik Deutschland und des Landes Nordrhein-Westfalen an den Universitäten Köln und Bonn, veröffentlicht seine Forschungsergebnisse in der Reihe Schriften zur Mittelstandsforschung NF. Mit Herausgabe des Bandes Nr. 78 NF erscheint diese Reihe in der GABLER EDITION WISSENSCHAFT im Deutschen Universitäts-Verlag. Die Publikationen Nr. 1 NF bis Nr. 77 NF sind weiterhin lieferbar und können über den Buchhandel oder direkt beim Institut für Mittelstandsforschung Bonn bezogen werden.

In der Schriftenreihe werden aktuelle Forschungsergebnisse des Instituts der Öffentlichkeit präsentiert. Ziel der Veröffentlichungen ist es, die Stellung und Bedeutung kleiner und mittlerer Unternehmen im Kontext zur wirtschaftlichen, gesellschaftlichen und wirtschaftspolitischen Entwicklung zu analysieren und allen Experten, die mit Fragen des Mittelstands befaßt sind, Informationen, Entscheidungshilfen und wissenschaftliche Basisanalysen zu liefern.

Ljuba Kokalj/Guido Paffenholz/
Evelyn Schröer

Zahlungsverzug und Forderungs-management in mittelständischen Unternehmen

Springer Fachmedien Wiesbaden GmbH

Die Deutsche Bibliothek - CIP-Einheitsaufnahme

Kokalj, Ljuba:
Zahlungsverzug und Forderungsmanagement in mittelständischen Unternehmen / Ljuba Kokalj/Guido Paffenholz/Evelyn Schröer.
- Wiesbaden : Dt. Univ.-Verl. ; Wiesbaden : Gabler, 2000
(Gabler Edition Wissenschaft : Schriften zur Mittelstandsforschung ; N.F., Nr. 86)

ISBN 978-3-8244-7173-7 ISBN 978-3-663-09153-0 (eBook)
DOI 10.1007/978-3-663-09153-0

Lektorat: Brigitte Siegel

http://www.gabler.de
http://www.duv.de

Vorwort

Die Überschreitung von Zahlungszielen ist nach Informationen von Kreditauskunfteien und einschlägigen Presseberichten zu einem ernsthaften Problem für den Mittelstand geworden. Auch der Gesetzgeber sieht sich veranlasst, die rechtlichen Bestimmungen zum Zahlungsverzug einer Prüfung auf bessere gesetzliche Sanktionsmöglichkeiten zu unterziehen, nicht zuletzt vor dem Hintergrund der geplanten EU-Richtlinie, die den kleinen und mittleren Unternehmen zu einer fristgerechten Begleichung von Außenständen gewerblicher und öffentlicher Schuldner verhelfen will.

Ein Aspekt im Rahmen der Zahlungsverzugsproblematik wurde allerdings aus Sicht des Instituts für Mittelstandsforschung Bonn bisher nicht ausreichend berücksichtigt, nämlich der Aspekt der Selbsthilfe: Was können mittelständische Unternehmen selbst tun, um die Risiken von Zahlungsverzögerungen zu mildern? Ein professionelles Forderungsmanagement, verstanden als betriebliche Maßnahmen, die geeignet sind, die Zeit zwischen Lieferung bzw. Leistung und Zahlungseingang so kurz wie möglich zu halten, dient der Ausschöpfung der internen Einflussmöglichkeiten auf das Zahlungsverhalten der Geschäftspartner und kann den Termin- und Ausfallrisiken von Forderungen wirksam vorbeugen bzw. ihr Ausmaß einschränken. Das betriebliche Forderungsmanagement beginnt bei der Bonitätsprüfung potentieller Kunden, einem professionellen Rechnungswesen, der ständigen Kontrolle der Außenstände, der vertraglichen Absicherung von Forderungen und reicht bis zur Einleitung rechtlicher Schritte gegen säumige Schuldner.

In der vorliegenden Studie wird den Aspekten des betrieblichen Forderungsmanagements auf der Grundlage einer empirischen Befragung nachgegangen. Darüber hinaus werden die zur Zeit vom Gesetzgeber beratenen wesentlichen Veränderungen der rechtlichen Bestimmungen zum Zahlungsverzug daraufhin geprüft, ob sie mit dem Handlungsbedarf, wie er von den Unternehmen an den Gesetzgeber gestellt wird, in Einklang stehen. Die Erstellung der Studie wäre ohne die vielseitige Unterstützung der befragten Unternehmen, der Landesregierungen und der Industrie- und Handelskammern nicht möglich gewesen. Ihnen allen sei an dieser Stelle für ihre bereitwillige Mithilfe herzlich gedankt.

Dieter Bös

Inhaltsverzeichnis

Verzeichnis der Abbildungen

Verzeichnis der Tabellen

Verzeichnis der Übersichten

1. Einleitung

1.1 Spektrum der Diskussion um Zahlungsverzug und Forderungsausfälle

Die Probleme Zahlungsverzug und Forderungsausfälle werden in der öffentlichen Diskussion und von den Institutionen der Wirtschaft häufig in unmittelbarem Zusammenhang mit dem Thema Unternehmensinsolvenzen behandelt. So wird als eine der wesentlichen Ursachen für den jährlichen Anstieg der Insolvenzfälle zumeist die schlechte Zahlungsmoral der privaten und öffentlichen Schuldner angesehen. In dem Statement des ZENTRALVERBANDS DES DEUTSCHEN HANDWERKS (1999) zu der jüngsten, in Zusammenarbeit mit dem BUNDESVERBAND DEUTSCHER INKASSO-UNTERNEHMEN durchgeführten Herbstumfrage zur Zahlungsmoral im Handwerk heißt es beispielsweise: "1998 sind 3.194 Handwerksbetriebe zahlungsunfähig geworden. Dadurch sind allein im vergangenen Jahr 35.000 handwerkliche Arbeitsplätze weggefallen. Die Forderungsausfälle privater Auftraggeber und die verspätet eingehenden Zahlungen der Kunden werden als Hauptgründe für Insolvenzen im Handwerksbereich genannt."

Problematisch ist Zahlungsverzug und Forderungsausfall nicht nur für das unmittelbar betroffene Unternehmen, sondern auch - wegen der indirekten Folgewirkungen - für alle Unternehmen, die in Geschäftsbeziehung zu einem zahlungsunfähigen oder mit Verspätung zahlenden Unternehmen stehen. Zahlungsverzug oder Zahlungsunfähigkeit eines Unternehmens kann sich in einer allgemein angespannten Liquiditätssituation wie bei einem Schneeballsystem auf alle Unternehmen im Beziehungsgeflecht übertragen, so dass es nicht bei einem auf das ursprünglich betroffene Unternehmen begrenztem Schadensfall bleiben muss. Anders als bei Großunternehmen können kleine und mittlere Unternehmen bei finanziellen Problemen nicht mit einer staatlichen Hilfestellung rechnen. Aufgrund der Folgewirkungen stellt Zahlungsverzug und Forderungsausfall nicht nur ein einzelbetriebliches Problem dar, sondern ist auch aus volkswirtschaftlicher Sicht als schädlich zu betrachten.

Trotz der Stringenz der Argumente für den Zusammenhang zwischen der Zahlungsmoral und dem Insolvenzgeschehen darf aber nicht übersehen werden, dass es vielfältige Gründe für eine Unternehmensinsolvenz gibt, die untereinander in mehr oder minder starker Wechselbeziehung stehen. Auch ist bislang kein Zusammenhang derart nachgewiesen, dass eine Verschlechterung des Zahlungsverhaltens in einem bestimmten - quantifizierbaren - Umfang eine entsprechende Erhöhung der Insolvenzen bedingt. Die Verknüpfung von Befragungsergebnissen zur Zahlungsmoral mit der Entwicklung des Insolvenzgeschehens konstruiert scheinbare Zusammenhänge. In Wirklichkeit sind die Ursache-Wirkungsketten zwischen Zahlungseingängen und Insolvenzentwicklung komplex und nicht monokausal begründbar.

Insbesondere sollte die Problematik des Zahlungsverzugs und der Forderungsausfälle nicht einseitig und nur als exogen vorgegebene Rahmenbedingung, unter der ein Unternehmen seine Geschäftstätigkeit abwickelt, betrachtet werden. Eine solche Sichtweise verkennt, dass die Liquiditätsplanung, die finanzielle Reservehaltung und die Überwachung und Beitreibung von Forderungen unternehmensinterne Steuerungsbereiche darstellen, die mit geeigneten Instrumenten und Risikobewusstsein in wesentlichem Umfang vom Unternehmen selbst zu beeinflussen sind.

In seiner Herbstumfrage 1999 stellt der BUNDESVERBAND DEUTSCHER INKASSO-UNTERNEHMEN fest, dass in kleinen Betrieben das Mahnwesen deutliche Defizite aufweist im Vergleich zu größeren Betrieben (http/www. inkasso.de). Das INSTITUT FÜR SOZIOLOGIE LEIPZIG hingegen kommt in seiner Untersuchung für die HANDWERKSKAMMER LEIPZIG zu dem Ergebnis, dass Zahlungsverzug und effizientes Mahnwesen in keiner Beziehung zueinander stehen: "Es war nicht so, dass Betriebe, die weniger ins Zahlungsmanagement investierten, mehr von Zahlungsrückständen betroffen waren. Das ist keine Frage der internen Organisation" (http/www.indr.de).

Schon die kurz andiskutierten Auffassungen zeigen, dass die Diskussion um Zahlungsverzug und Forderungsausfall viele Facetten birgt und zu z.T. widersprüchlichen Ergebnissen führt. Zur Zeit werden insbesondere die strukturellen, konjunkturellen und rechtlichen Gegebenheiten thematisiert und auf Verbesserungsmöglichkeiten hin überprüft. Zum einen geht es um die ökonomischen Auswirkungen der für Zahlungsverzug und Forderungsausfall relevanten rechtlichen Bestimmungen, zum anderen um die betrieblichen Regelungen, Einflusspotentiale und Vorsorgemöglichkeiten, die das Risiko des Zahlungsverzugs und des Forderungsausfalls aus einzelwirtschaftlicher Sicht begrenzen können.

1.2 Ursachen für Zahlungsverzögerungen

In der allgemeinen öffentlichen Berichterstattung und Diskussion wird das Problem der Zahlungsverzögerung üblicherweise unter dem Stichwort Zahlungsmoral behandelt. Eine Zunahme von verspäteten Zahlungen und zunehmende Schwierigkeiten mit der Realisierung von Forderungen werden dementsprechend mit einer Verschlechterung der Zahlungsmoral begründet (z.B.: o.V. 1999a, S. 4; o.V. 1999b, S. 15; o.V. 1999c, S.18; BRETZ 1998, S. K6). Diese Sichtweise trägt dem Umstand Rechnung, dass aus den Beobachtungen zum Zahlungsverhalten in der deutschen Wirtschaft eine Tendenz zur verspäteten Zahlungsweise erkennbar wird, die insbesondere auf eine Zunahme der Bereitschaft zur bewussten, systematischen Überschreitung von Zahlungsfristen als Instrument der eigenen Finanzplanung zurückgeführt wird. Derartiges opportunistisches Verhalten dient dazu, durch Hinausschieben oder Zurückhalten von fälligen Geldern Zinsgewinne zu erzielen oder Forderungsbeträge zu reduzieren (KNAPP 1999, S. 295 ff.). Bei diesen bewusst erfolgten Zielüberschreitungen, z.B. durch Ausnutzung der Marktstellung von Großunternehmen gegenüber kleinen und mittleren Unternehmen, handelt es sich um sogenannte "erzwungene" Lieferantenkredite (HAHN 1995, Sp. 1377), auch "Justizkredite" genannt, da wirkungsvolle Sanktionen des Lieferanten kaum möglich bis unwahrscheinlich sind. Als Begründung für den Zahlungsrückhalt werden vielfach angebliche Mängel vorgeschoben, so dass der Eintritt eines Schuldnerverzugs zudem einer rechtlichen Klärung bedarf. Nur für diesen engen Sachverhalt des eigennützigen Verhaltens ist der Begriff "Zahlungsmoral" überhaupt zutreffend, obgleich er im allgemeinen Sprachgebrauch undifferenziert und in einem weiten Sinne, d.h. als Synonym für Zahlungsverzögerungen verwandt wird.

Insbesondere in konjunkturell ungünstigen Phasen können Unternehmen in temporäre oder dauerhafte Liquiditätsschwierigkeiten geraten, so dass sie zum Zahlungstermin ihren finanziellen Verbindlichkeiten nicht nachkommen können. Das Hinausschieben von Zahlungen ist dann vielfach die einzige Möglichkeit, die Zahlungsverpflichtung überhaupt zu erfüllen, es mangelt nicht am Zahlungswillen, sondern an Zahlungsfähigkeit. Ist die Zahlungsunfähigkeit jedoch dauerhafter Natur, dann lässt sich durch ein Hinauszögern von Zahlungen eine drohende Insolvenz nicht abwenden.

Werden Zahlungen aufgrund von Unstimmigkeiten über die Erfüllung der Leistungsabrede zurückgehalten, so handelt es sich um eine "berechtigte" Zahlungsunwilligkeit; sie ist ein strategisches Instrument des Kunden in Konfliktfällen (ABRAHAM/VOSS 1998, S. 7). Liegen tatsächliche Leistungsmängel vor, so ist der Einbehalt eines Teils oder des gesamten Zahlungsbetrags das einzige, gesetzlich sanktionierte Mittel, um den Gläubiger zur baldigen Behebung der Mängel zu bewegen.

Zahlungsverzögerungen bzw. Zahlungsausfälle, sei es aufgrund von Zahlungsschwierigkeiten oder Zahlungsunwilligkeit, werden in vielen Fällen durch gläubigerseitige Versäumnisse wesentlich erleichtert. Vor allem in kleineren Unternehmen existiert vielfach nur eine unzureichende Debitorenbuchhaltung mit der Folge, dass Rechnungen nicht zeitnah erstellt werden und die Einhaltung von Zahlungsfristen nicht kontinuierlich überwacht wird. Das Überschreiten von Zahlungszielen durch die Kunden wird von den betroffenen Unternehmen vielfach erst nach geraumer Zeit festgestellt. Aber auch nach Feststellung von Zahlungszielüberschreitungen bleiben Reaktionen der betroffenen Unternehmen nicht selten aus oder werden nur zögerlich und verspätet eingeleitet, weil z.B. das Mahnwesen des Unternehmens mangelhaft ist.

Häufig veranlassen wirtschaftliche Abwägungen über die Folgen einer Mahnung oder einer Forderungsbeitreibung die Gläubiger zu einer abwartenden Haltung, da sie eine Belastung der Geschäftsbeziehung bzw. den Verlust des Kunden befürchten müssen. Insbesondere wenn eine massive wirtschaftliche Abhängigkeit vorliegt, ist davon auszugehen, dass die Neigung, auf eine fristgerechte Begleichung von Außenständen zu drängen, niedrig ist.

Begünstigt werden Zahlungszielüberschreitungen durch unzureichende oder für kleine und mittlere Unternehmen nicht adäquate rechtliche Rahmenbedingungen, die dazu führen, dass den säumigen Schuldnern überhaupt erst wirtschaftliche Vorteile entstehen können. So ist davon auszugehen, dass sich der niedrige gesetzliche Verzugszins (derzeit 4 %), der deutlich unterhalb des marktüblichen Zinssatzes liegt, vorteilhaft auf die Finanzierungskosten der säumigen Schuldner auswirkt. Die Geltendmachung marktüblicher Zinssätze ist dem Gläubiger zwar theoretisch möglich, die hiermit verbundene Nachweispflicht der höheren Kosten wird von kleinen und mittleren Unternehmen jedoch häufig als zu zeitaufwendig, umständlich und kompliziert empfunden und unterbleibt daher oftmals. Häufig werden auch die gesetzlichen Bestimmungen und Verfahrensvorschriften für die Herbeiführung des Verzugs und die Erlangung eines vollstreckbaren Titels von den kleinen und mittleren Unternehmen als zu kompliziert angesehen. Je nach Forderungsbetrag wird der Zeit- und Kostenaufwand als zu hoch angesehen, zumal wenn die Befriedigung aus dem letztendlich vollstreckbaren Titel ungewiss erscheint. Die Anreizstruktur der gesetzlichen Regelungen sowie der Vollzugsaufwand - Vollzugsdauer und Vollzugskosten - sind damit wesentliche extern gegebene Determinanten, die das Zahlungsverhalten beeinflussen.

Abbildung 1: Ursachen von Zahlungsverzögerungen

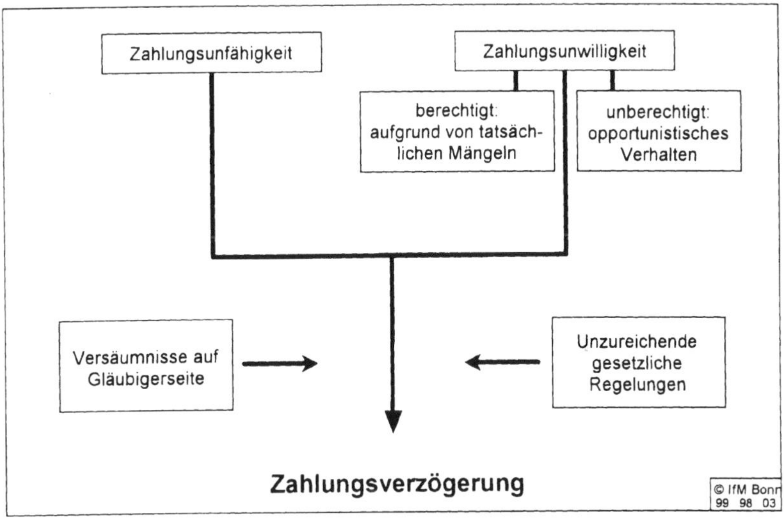

Aus den oben dargestellten unterschiedlichen Verursachungsgründen für Zahlungszielüberschreitungen lässt sich folgern, dass Ansätze zur Problemlösung nur dann erfolgversprechend sind, wenn sie ursachenadäquat sind. Verursachen oder begünstigen Versäumnisse auf Gläubigerseite die Risiken von Zahlungszielüberschreitungen oder Forderungsausfällen (interne Gründe), so kommt als Problemlösung der Einsatz geeigneter betrieblicher Instrumente in Betracht, z.B. ein professionelles Forderungsmanagement. Liegen die Ursachen für Zahlungszielüberschreitungen oder Forderungsausfälle in den gesetzlichen Rahmenbedingungen begründet (externe Gründe), so sind diese auf Verbesserungsmöglichkeiten zu überprüfen. Für die Praxis ist davon auszugehen, dass sowohl interne als auch externe Gründe eine Rolle spielen und es zahlreiche Wechselwirkungen zwischen den Ursachenbereichen gibt.

Die vorliegende Studie verfolgt das Ziel, das Ausmaß des Zahlungsverzugs, das betriebliche Forderungsmanagement und die relevanten rechtlichen Rahmenbedingungen im Gesamtzusammenhang zu betrachten und einer empirischen Überprüfung zu unterziehen. Diese beide relevanten Ebenen - die betriebliche und die rechtliche - umfassende Betrachtungsweise der Ursachen für Zahlungsverzug und der entsprechenden Einwirkungsmöglichkeiten soll zu einer fundierten, aber auch differenzierten Diskussion über Zahlungsverzug beitragen.

2. Betriebliches Forderungsmanagement

2.1 Begriff und Aufgaben des Forderungsmanagements

Die Aufgabe des betrieblichen Forderungsmanagements besteht darin, Zahlungseingänge zu beschleunigen und Forderungsverluste zu reduzieren. Nach Komponenten und Leistungsumfang spricht man von einem Forderungsmanagement im engen und im weiten Sinne. Trennvariable ist der zeitliche Horizont des Forderungsmanagements.

Die enge Begriffsauslegung beinhaltet alle Maßnahmen zur rechnerischen Erfassung und tatsächlichen Durchsetzung von Forderungen aufgrund eines Kaufs oder einer erbrachten Dienstleistung. Betrachtet wird der Umgang mit entstandenen Forderungen von der Rechnungserstellung über die Zahlungseingangskontrolle sowie Mahnungen und weiterer rechtlicher Schritte bis hin zum Inkasso bzw. endgültigem Ausfall der Forderung. Die Debitorenbuchhaltung und für den Fall der Zahlungsverzögerung ein Mahn- und Inkassowesen sind demnach Bestandteile eines Forderungsmanagements im engen Sinne. Der enge Begriff liegt im wesentlichen der Geschäftstätigkeit von Inkasso-Unternehmen zugrunde, die unter Forderungsmanagement die entsprechenden Teile ihres Dienstleistungsangebotes subsumieren (CREDITREFORM 1999a). Da es sich im wesentlichen um die Bearbeitung von Forderungen handelt, wird im folgenden für Forderungsmanagement im engen Sinne der Begriff Forderungsbearbeitung verwandt.

Die weite Auslegung des Begriffs Forderungsmanagement geht über die Forderungsbearbeitung hinaus und erstreckt sich auch auf dispositive Funktionen, die bereits im Vorfeld der eigentlichen Forderungsentstehung den Risiken aus einem Handelskredit entgegenwirken sollen. So definiert umfasst Forderungsmanagement auch das Kreditmanagement, worunter alle betrieblichen Maßnahmen zur Risikobegrenzung und Risikovermeidung subsumiert werden. Hierzu zählen sowohl eine effiziente Vertragsgestaltung als auch Bonitätsprüfungen. Beide Instrumente werden im Rahmen des Kreditmanagements als weitere Komponente eines betrieblichen Forderungsmanagements organisatorisch im Unternehmen verankert. Angesichts der Zielsetzung dieser Untersuchung, Möglichkeiten zum Selbstschutz der Unternehmen vor Verschlechterung der Zahlungsmoral zu eruieren und zu bewerten, wird der weiteren Sichtweise gefolgt, die auch das BUNDESMINISTERIUM FÜR WIRTSCHAFT UND TECHNOLOGIE (1997) oder die DEUTSCHE AUSGLEICHSBANK (1999) annehmen.

Abbildung 2: Leistungskomponenten des betrieblichen Forderungsmanagements

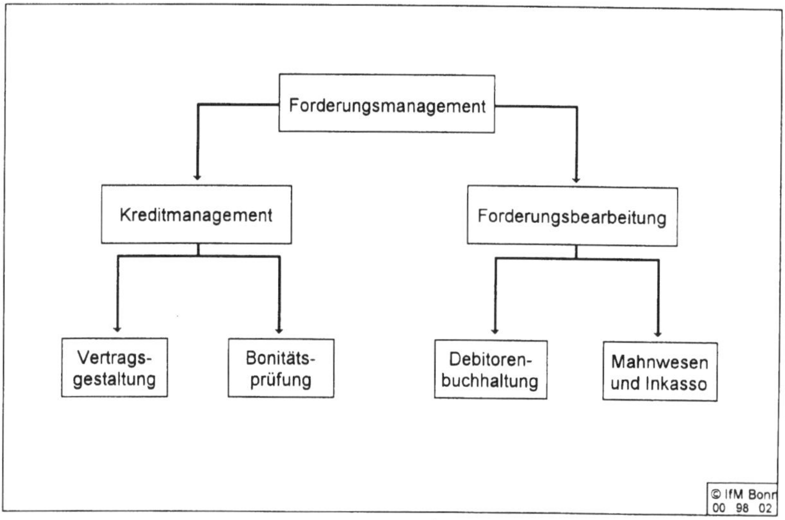

2.2 Komponenten des betrieblichen Forderungsmanagements

2.2.1 Kreditmanagement

Gewährt ein Unternehmen Handelskredite, so ist dies für den Gläubiger mit Risiken verbunden, die üblicherweise unter dem Begriff Bonitätsrisiken zusammengefasst werden. Bonitätsrisiken treten zum einen durch verspätete Kreditrückflüsse, also durch Zahlungsverzug (Terminrisiko), zum anderen durch partielle oder totale Forderungsausfälle (Ausfallrisiko) ein (BAXMANN 1989, S. 200). Zielsetzung des Kreditmanagements im Rahmen eines Forderungsmanagements ist die Gestaltung dieser Bonitätsrisiken. Angestrebt wird eine ursachenbezogene oder präventive Risikogestaltung, d. h. die Verminderung oder die Vermeidung dieser Risiken durch geeignete Maßnahmen (GUTMANNSTHAL-KRIZANITIS 1994, S. 358 ff.).

Instrumente des Kreditmanagements sind die Vertragsgestaltung und die Bonitätsprüfung. Ihre Ausgestaltung unterliegt keinem festen Schema, sondern muss sich an den spezifischen Gegebenheiten des Unternehmens orientieren. Die Möglichkeiten, standardisierte Vertragsbestimmungen oder standardisierte Bonitätsprüfungen einzusetzen, werden unter anderem durch die Auftrags- und

Kundenstruktur beeinflusst. Durch eine effiziente Vertragsgestaltung und Bonitätsprüfungen entstehen Kosten, die sogenannten Vorbeugungskosten. Auf der Grundlage eines Kosten-Nutzen-Vergleichs wird entschieden, wie detailliert die Bonitätsrisiken über diese beiden Instrumente ermittelt werden. Langfristig müssen die Kosten des Kreditmanagements unter den Kosten liegen, die infolge von Zahlungsverzug oder Forderungsausfällen ohne Kreditmanagement entstehen würden.

Voraussetzung für ein funktionierendes Kreditmanagement ist eine klare Regelung der Ablauf- und Aufbauorganisation im Unternehmen. Aufgaben, Entscheidungs- und Verantwortungsbereiche müssen definiert und für jeden Mitarbeiter transparent gemacht werden. Für die konkrete Implementierung eines Kreditmanagements stehen verschiedene Ausgestaltungsformen und Modelle zur Verfügung, deren Auswahl neben sachlichen Kriterien auch durch die personellen und finanziellen Ressourcen des Unternehmens determiniert wird.

2.2.1.1 Bonitätsprüfung

Bonitätsprüfungen dienen in erster Linie dazu, das Bonitätsrisiko in seinen beiden Erscheinungsformen: Terminrisiko und Ausfallrisiko zu vermeiden. "Schlechte" Kunden sollen von vornherein aussortiert werden. Grundlage einer Bonitätseinstufung ist die implizite oder explizite Festlegung von Bonitätsanforderungen, die Ausdruck der Risikobereitschaft des Unternehmens sind. Das Unternehmen muss sich bei der Festlegung von Bonitätsgraden bewusst sein, dass ein Trade-off zwischen dem in Kauf zu nehmenden Risiko und den Gewinnmöglichkeiten besteht. So senkt zwar eine vorsichtige Kreditpolitik einerseits die etwaigen Debitorenverluste, andererseits steigen möglicherweise die entgangenen Gewinne (WEIBEL 1973, S. 17 ff.).

Die Bonitätsprüfung liefert Informationen, die die Einschätzung der zukünftigen Erfolgs- und Finanzlage des Kunden und damit dessen Kreditwürdigkeit ermöglichen. Die Gesamtheit der Kunden unterteilt sich in solche mit niedrigen und solche mit hohen Bonitätsrisiken (BUCHNER 1986, S. 179). Die Beurteilung der Kreditwürdigkeit erfolgt sowohl nach persönlichen als auch materiellen Kriterien. Die persönliche Kreditwürdigkeit wird determiniert durch Qualifikation, Leistungsbereitschaft sowie Charakter und Lebensstil des Unternehmers. Für die Beurteilung mittelständischer Unternehmer ist sie eine wichtige Entscheidungsgrundlage; für junge, innovative Unternehmen zudem die einzige (SCHMEISSER/ JAHN 1999, S. 50 ff.). Vermögens-, Erfolgs- und Finanzlage des Unternehmens legen die materielle Kreditwürdigkeit fest.

Die Informationen für eine Bonitätsprüfung können sowohl aus internen als auch externen Quellen beschafft werden. So kann die Einschätzung der persönlichen Kreditwürdigkeit auf dem Bekanntheitsverhältnis, dem Verhandlungsverhalten im Verkaufsgespräch oder Erfahrungen des Außendienstes mit dem Kunden basieren. Bei bereits (längerfristig) bestehenden Geschäftsbeziehungen liefert das eigene Rechnungswesen Anhaltspunkte über die materielle Kreditwürdigkeit. Als externe Informationsquellen stehen dem Prüfer eine Reihe von Institutionen und Unternehmen zur Verfügung, z.B. Wirtschaftsauskunfteien, Banken oder Industrie- und Handelskammern. Die Informationsqualität und die Informationskosten sind allerdings je nach Quelle unterschiedlich. Hinsichtlich der Art und Weise der Informationsbeschaffung und ihrer Verarbeitung sollte sich daher eine Bonitätsprüfung an den finanziellen und personellen Möglichkeiten des prüfenden Unternehmens sowie der Bedeutung des jeweiligen Kunden orientieren.

2.2.1.2 Vertragsgestaltung

Die Ausgestaltung der Kundenverträge eröffnet verschiedene Möglichkeiten, um das Bonitätsrisiko eines Handelskredites zu vermindern. Mittels geeigneter Vertragsbestimmungen kann sowohl das Termin- als auch das Ausfallrisiko effizient eingegrenzt werden. Die Vertragsgestaltung stellt ein insgesamt kostengünstiges Instrument zur Risikobegrenzung dar, die vielfach bereits durch die Verwendung standardisierter Verträge oder Vertragsbestandteile, z.B. Sicherungsklauseln, erzielt werden kann.

Durch die vertragliche Vereinbarung von Sicherheitsleistungen kann eine Verminderung des Ausfallrisikos erzielt werden. Zur Absicherung eines Handelskredites steht eine Vielzahl von Kreditsicherungsinstrumenten zur Verfügung. Hierzu zählen z.B. Eigentumsvorbehalte, Herstellerklauseln, aber auch Sicherungsübereignungen, Bürgschaften oder Hypotheken. Unterschiede zwischen den vielfältigen Kreditsicherungsinstrumenten bestehen sowohl hinsichtlich der Transaktionskosten, die sie verursachen, als auch hinsichtlich der Durchsetzungskraft im Falle ihrer Verwertung. In der Praxis der Handelskredite, denen ein Warengeschäft zugrunde liegt, sind Sicherungsklauseln wie Eigentumsvorbehalte oder Herstellerklauseln am weitesten verbreitet (POTTSCHMIDT 1995, Sp. 1296). Sie gehören zu den Standardinstrumenten und sind in der Regel bereits in den AGB enthalten. Bei Handelskrediten, denen kein Warengeschäft zugrunde liegt (z.B. Dienstleistungen), ist es oft schwierig, geeignete Kreditsicherheiten durchzusetzen, da mindestens einer der Partner in einer schwachen Verhandlungsposition ist.

Eine effiziente Vertragsgestaltung verringert für Kunden die Anreize zur Zahlungsverweigerung. Juristisch einwandfreie und lückenlose Regelungen, z.B. über Zahlungsziele oder Produkteigenschaften, vermeiden spätere Rechtsnachteile des Gläubigers bei der Durchsetzung strittiger oder überfälliger Forderungen und verringern das Ausfallrisiko. Eine Verminderung des Terminrisikos kann z.B. auch durch einzelvertragliche Regelung der Höhe des Verzugszinses und die Übernahme von Inkasso- oder Factoring-Kosten durch den Schuldner erzielt werden. Finanzielle Vorteilnahme des Schuldners als Beweggrund für einen Zahlungsverzug entfällt damit oder wird zumindest deutlich gesenkt.

2.2.2 Forderungsbearbeitung

Die Forderungsbearbeitung beginnt nach erfolgter Lieferung oder Leistung. Zu diesem Zeitpunkt hat das Gläubigerunternehmen bereits die Entscheidung pro oder contra Handelskredit getroffen und das (verbleibende) Bonitätsrisiko in Kauf zu nehmen. Je nach dem, ob und in welchem Umfang im Rahmen des Kreditmanagements Risikobegrenzungsmaßnahmen ergriffen wurden, ist das Unternehmen dem Risiko eines Zahlungsverzuges oder Forderungsausfalls nun voll oder eben vermindert ausgesetzt. Verbleibt nur ein (Rest-)risiko, so kann das Unternehmen dieses selbst tragen oder aber an Dritte, typischerweise ein Factoring-Unternehmen, überwälzen (vgl. GUTMANNSTHAL-KRIZANITIS 1994, S. 281 ff. und 358 ff.).

Die technische Bearbeitung einer Forderung, d.h. die Rechnungserstellung nach Lieferung oder Leistung und die Prüfung der Einhaltung der vom Kreditmanagement gesetzten Vorgaben fällt dann in die Zuständigkeit der Forderungsbearbeitung. Darüber hinaus obliegt ihr auch die Aufgabe der Risikoüberwachung, d.h. die Kontrolle der Entwicklung und des etwaigen Eintritts des Bonitätsrisikos. Technische Bearbeitung und Risikoüberwachung fallen in den Aufgabenbereich der Debitorenbuchhaltung als einer Leistungskomponente des Forderungsmanagements. Tritt der Risikofall ein, kommen die Instrumente Mahnwesen und Inkasso zum Einsatz.

2.2.2.1 Debitorenbuchhaltung

Wesentliches Instrument des Forderungsmanagements ist eine funktionierende Debitorenbuchhaltung. Ihr obliegt - wie oben erwähnt - die technische Bearbeitung einer Forderung und die Risikoüberwachung. Nach den Ergebnissen der Insolvenzforschung kommt gerade der Debitorenbuchhaltung eine wesentliche Bedeutung für das wirtschaftliche Geschehen in Unternehmen zu (PAFFENHOLZ 1998, S. 48 ff.). Dies wird jedoch von vielen mittelständischen Unternehmen nicht erkannt; sie vernachlässigen die Debitorenbuchhaltung (RÖDL 1998, S. 5; MAYER 1999, S. 45). Gerade kleine und mittlere Unternehmen erstellen z.B. aufgrund von Arbeitsüberlastung Rechnungen vielfach erst nach geraumer Zeit oder kontrollieren Zahlungseingänge nur sporadisch bzw. nur in einem langen Turnus. Wie bereits erläutert, begünstigen derartige Versäumnisse die Zahlungsverschleppung der Kunden.

Die konkrete Ausgestaltung der Debitorenbuchhaltung ist variabel und muss den Anforderungen und Möglichkeiten des Unternehmens angepasst sein. Zur Verfügung stehen sowohl einfache und kostengünstige Systeme, wie etwa die Verwendung von "Aging-Listen", die Rechnungen nach Fälligkeitsdatum geordnet aufführen, als auch komplexe EDV-gestützte Systeme. Grundlage der Entscheidung für das eine oder andere System sollte einerseits ein langfristiger Kosten-Nutzen-Vergleich sein, andererseits sind die Kenntnisse und Fähigkeiten des Unternehmers bzw. seines Personals bei der Festlegung zu berücksichtigen.

Unabhängig von der Ausgestaltung ist die organisatorische Einbettung der Debitorenbuchhaltung in das Unternehmen zu regeln. Die hiermit verbundene Aufgabenverteilung ist für die Gewährleistung einer zeitnahen Rechnungserstellung und einer kontinuierlichen Überwachung der Zahlungseingänge unverzichtbar. Welche Kapazitäten für eine Debitorenbuchhaltung bereit gestellt werden müssen, hängt von der Auftrags- und Kundenstruktur des Unternehmens ab. Beide Faktoren bestimmen den mit einer Debitorenbuchhaltung verbundenen Arbeitsaufwand.

2.2.2.2 Mahnwesen und Inkasso

Aufgabe des Mahn- und des Inkassowesens ist es, überfällige Forderungen schnell durchzusetzen und damit die Risikofolgen zu begrenzen. Mahnwesen und Inkasso stellen sensible Bereiche dar; sie erfordern einen Ausgleich zwischen dem Ziel des zügigen Zahlungseingangs und dem Wunsch nach einer guten Geschäftsbeziehung. Die Entscheidung über die Vorgehensweise im Falle eines Zahlungsverzuges fällt Gläubigerunternehmen - weil die Einschätzung der Kundenreaktion nur begrenzt möglich ist - daher oft schwer.

Durch festgelegte Verfahrensregeln, eine grundlegende Voraussetzung für ein funktionierendes Mahnwesen und Inkasso, soll die konkrete Vorgehensweise in Falle eines Zahlungsverzuges vorgegeben und dabei sowohl die Besonderheiten der Kundenbeziehung als auch die Geschäftsinteressen berücksichtigt werden. Derartige Verfahrensregeln können generelle Gültigkeit besitzen oder aus geschäftspolitischen Erwägungen für bestimmte Kunden bzw. Kundengruppen Sonderregelungen zulassen.

Sowohl das Mahn- als auch das Inkassowesen sind zeit- und kostenintensiv und erfordern ein fachspezisches Know-how (GNIELINSKI 1999, S. 46). Aus diesem Grund werden mit dem Einzug überfälliger Forderungen vielfach hierauf spezialisierte Unternehmen, wie z.B. Factoring-, Inkasso-Unternehmen oder spezialisierte Anwaltskanzleien, die auch gerichtliche Maßnahmen betreiben dürfen, beauftragt. Die Inanspruchnahme von Inkasso-Dienstleistern kann sowohl fallweise als auch - aufgrund eines Outsourcing des Mahn- und Inkassowesens - generell erfolgen. Für die Unternehmen stellt sich hier die "make or buy"-Frage. Ihre Beantwortung ist abhängig von den individuellen Gegebenheiten (Zahl der Kunden, Höhe der Rechnungen, Vorkommenshäufigkeit atypischer Fälle, personelle Ressourcen usw.).

2.3 Nutzen des betrieblichen Forderungsmanagements

2.3.1 Wahrung der Liquidität

Liquidität wird in der Literatur überwiegend mit dem Begriff der Zahlungsfähigkeit gleichgesetzt. Sie ist als Fähigkeit eines Unternehmens zu verstehen, die zu einem Zeitpunkt zwingend fälligen Zahlungsverpflichtungen uneingeschränkt zu erfüllen. Der Liquiditätsbegriff so verstanden, geht also über den reinen Zahlungsmittelbestand hinaus (WEBER 1999, S. 65). Nach geltendem Wirtschaftsrecht stellt der Verlust der Liquidität einen Konkurs- oder Vergleichsgrund dar, die Wahrung der Liquidität ist somit eine grundlegende Bedingung für die Existenz eines Unternehmens. Erhaltung und Sicherung der Liquidität sind die zentrale Aufgabe der finanziellen Unternehmensführung (WITTE 1994, Sp. 1382).

Zentrales Instrument zur Sicherstellung der kurz- bis mittelfristigen Liquidität ist der Liquiditätsplan. Aus- und Einzahlungen während bestimmter Zeiträume, zum Beispiel einer Woche oder eines Monats, werden über einen Planungszeitraum von in der Regel einem Jahr gegenübergestellt. Somit werden absehbare Liquiditätsüberschüsse oder -engpässe aufgedeckt. Drohenden Liquiditätsengpässen kann so bereits im Vorfeld entgegengewirkt werden (FRIEDRICH/ RAFFEL 1999, S. 19 ff.). Kleineren und mittleren Unternehmen fehlt jedoch vielfach die Einsicht in die Notwendigkeit einer Liquiditätsplanung und den Nutzen von Informationen über die aktuelle Liquiditätsposition und die weitere Liquiditätsentwicklung. Sie übersehen dabei, dass Liquiditätsprobleme weitaus häufiger zum Konkurs oder Vergleich führen als Rentabilitätsprobleme. Neben Problembewusstsein fehlt es diesen Unternehmen zudem in vielen Fällen an der Zeit, um Liquiditätspläne sachgerecht zu implementieren und zu nutzen. Hilfestellung bieten verschiedene Institutionen an, so das Bundesministerium für Wirtschaft und Technologie oder die Kreditinstitute, wie z.B. Sparkassen und Volksbanken, von denen unter anderem kostenlose EDV-Programme zur Erstellung von Liquiditätsplänen bezogen werden können.

Während gewährte Zahlungsziele in der Liquiditätsplanung berücksichtigt werden, beeinträchtigen Zahlungsverzögerungen und Forderungsausfälle die Planungsverlässlichkeit und -genauigkeit. Wenn Rückflüsse aus dem eingeräumten Handelskredit zum erwarteten Zeitpunkt ausbleiben, kann durch den temporären oder endgültigen Zahlungsausfall ein akuter Liquiditätsengpass entstehen, sofern nicht aufgrund einer besonders vorsichtigen Liquiditätsplanung ausreichende Liquiditätsreserven gebildet wurden. Im diesem Fall wird eine kompensatorische Mittelbeschaffung oder Verschiebung von Ausgaben erforderlich, um die Folgen des Zahlungsausfalls zu bewältigen (BAXMANN 1989, S. 199 ff.). Sind die Möglichkeiten einer Liquiditätsvorsorge oder einer zusätzliche Finanzmittelbeschaffung nicht gegeben, was vor allem bei jungen und/oder rasch wachsenden Unternehmen der Fall sein kann, kann trotz guter Rentabilität oder positiver Zukunftsperspektiven ein Konkurs oder Vergleich die Folge von Zahlungsverzögerungen sein.

2.3.2 Verbesserung der Rentabilität

Der Begriff der Rentabilität bezeichnet das Verhältnis einer Erfolgsgröße zum eingesetzten Kapital einer Rechnungsperiode. Üblicherweise wird zwischen der Gesamtkapital-, Eigenkapital- und Umsatzrentabilität unterschieden. Die beiden erstgenannten Rentabilitätsmaße geben die Verzinsung des eingesetzten Eigen- oder Gesamtkapitals in der betrachteten Periode wider, die Umsatzrentabilität liefert Ansatzpunkte zur Beurteilung der Erfolgswirkung des Umsatzes. Als Erfolgsgröße kann bei allen drei Rentabilitätsmaßen der bilanzielle Periodenerfolg oder der um den außerordentlichen Betriebserfolg und Finanzerfolg bereinigte ordentliche Betriebserfolg angesetzt werden (o.V. 1988, Sp. 1236 f.).

Der negative Effekt, den eintretende Ausfallrisiken durch Wertberichtigungen oder Abschreibungen auf die Rentabilität eines Unternehmens ausüben, ist leicht nachzuvollziehen, die Höhe des Erfolges wird unmittelbar geschmälert. So verursachte Einbußen lassen sich nur bedingt durch zusätzliche Marketingaktivitäten oder Verkaufserlöse ausgleichen. Dies soll an einen Beispiel verdeutlicht werden: Bei einem angenommenen Umsatz von 1 Million DM und einem hieraus erzielbaren Gewinn von 10.000 DM müsste das betreffende Unternehmen bei einen Forderungsausfall von 1.000 DM zum Erhalt seiner Rentabilitätsposition den Umsatz um 10.000 DM steigern. Neben Gewinneinbußen verliert ein Unternehmen auch die getätigten Vorleistungen. Die negativen Auswirkungen von Forderungsausfällen sind damit für Unternehmen, die zur Erstellung ihrer Lieferung oder Leistung umfangreiche Vorleistungen erbringen müssen, besonders groß.

Die Rentabilitätswirkung eintretender Terminrisiken durch Zahlungszielüberschreitungen der Kunden ergibt sich aus den Zinsverlusten des Gläubigers. Je nach Liquiditätslage verringert Zahlungsverzug beispielsweise die Möglichkeiten zur Anlage von Finanzmitteln oder zwingt sogar zur Inanspruchnahme zusätzlicher Kreditlinien, um zwei Extremeffekte zu skizzieren. Die Berechnung eines Verzugszinses für den Zeitraum der Zahlungszielüberschreitung als Ausgleich für entstandene Zinsnachteile erfolgt nur selten. Aber selbst wenn dies geschieht, entstehen finanzielle Nachteile, denn der gesetzliche Verzugszins liegt deutlich unter den marktüblichen Zinssätzen für Einlagen oder Kredite. Bereits die im vorhergehenden Abschnitt dargelegte Notwendigkeit zur Bildung von Liquiditätsreserven zur Abmilderung etwaiger Zahlungsverzüge hat Zinsverluste zur Folge und verringert so die Rentabilität. Außerdem ist zu berücksichtigen, dass sich die Terminrisiken zu Ausfallrisiken weiterentwickeln. Entsprechende bilanzielle Vorsichtsmaßnahmen belasten aber ebenfalls die Rentabilität (BAXMANN 1989, S. 201 ff.).

Ein effektives Forderungsmanagement senkt nicht nur die Eintrittswahrscheinlichkeit von Ausfallrisiken sondern mildert auch ihre Folgen. Bonitätsprüfungen reduzieren das Risiko späterer Forderungsverluste. Maßnahmen wie die Festlegung von Höchstgrenzen für den gewährten Handelskredit oder die Vereinbarung von Sicherheiten begrenzen die möglichen Auswirkungen eines Ausfallrisikos ebenfalls. Zwar verringern die Kosten, die durch ein Forderungsmanagement entstehen, die Rentabilität, der erzielbare Vorteil dürfte diese Einbussen zumindest mittel- bis langfristig in der Regel jedoch deutlich übertreffen.

2.4 Outsourcingmöglichkeiten

Unter Outsourcing ist die Ausgliederung bestimmter Teilbereiche eines Unternehmens und die Übertragung der hiermit verbundenen Aufgaben an neu gegründete spezialisierte Tochtergesellschaften (internes Outsourcing) oder an Fremdfirmen (externes Outsourcing) zu verstehen. Ausschlaggebend für die Outsourcingentscheidung sind Management- oder Rationalisierungsgesichtspunkte. Insbesondere bei betrieblichen Sekundärfunktionen des Unternehmens erfolgt die Outsourcingentscheidung hauptsächlich unter Berücksichtigung von Kostenaspekten.

Auch bei einem Outsourcing des Forderungsmanagements als typischer betrieblicher Nebenaktivität stehen direkte Kostenvorteile im Vordergrund der Entscheidung. Zusätzlich fließen in eine Outsourcingentscheidung aber auch indirekte Kostenaspekte ein, wie z.B. der Aspekt der Kundenakzeptanz, da die Beauftragung von Fremdfirmen beim Mahn- und Inkassowesen für den Kunden sichtbar sein wird. Mögliche Kosteneinsparungen müssen hier gegen denkbare Imageschäden des Unternehmens und tiefergehende Störungen der Kundenbeziehungen abgewogen werden. Insbesondere bei kleineren und mittleren Unternehmen können bei einer Outsourcingentscheidung Abhängigkeiten entstehen. Dies insbesondere, wenn die erforderliche Kontrollkompetenz fehlt.

Anbieter von Dienstleistungen zum Forderungsmanagement sind insbesondere Inkasso-Unternehmen und Factoring-Institute. Ihr Angebot umfasst jedoch nicht das gesamte Forderungsmanagement, sondern beschränkt sich im wesentlichen auf das Forderungsmanagement im engeren Sinne. Während die Beauftragung von Inkasso-Unternehmen mit dem Einzug offenstehender Forderungen prinzipiell allen Unternehmen offen steht, gelten für die Inanspruchnahme weiterreichender Dienstleistungsangebote bestimmte Kriterien, z.B. hinsichtlich des Auftragsvolumens und der durchschnittlichen Rechnungshöhe. So ist z.B. die Beauftragung von Factoring-Instituten unter anderem an einen Mindestjahresumsatz von 3 Mill. bis 5 Mill. DM oder Rechnungsbeträge von mindestens

500 bis 2.000 DM gebunden (BETTE 1999, S. 40 ff.). Kleinere Unternehmen werden damit als potentielle Partner ausgeschlossen.

Darüber hinaus ist Factoring nicht für Unternehmen aller Branchen geeignet. Bei Gütern und Leistungen, die einen hohen Spezifizitätsgrad aufweisen und daher mit schwer kalkulierbarer Wahrscheinlichkeit Beanstandungen, Nachbesserungen oder Zurückbehaltungsrechte nach sich ziehen, ist ein Forderungsverkauf an Factoring-Unternehmen nicht möglich. Branchen mit überwiegender Einzelfertigung bzw. kundenspezifischer Leistungserstellung, wie z.B. der Anlagenbau, das Baugewerbe, das Handwerk oder die Softwarebranche, kommen aufgrund der für den Factor schwer zu beurteilenden Produkt-/Leistungsqualität und daher hoher Risiken von Mängeleinreden für ein Factoring nicht in Frage (BETTE 1999, S. 40). Aufgrund dieser Einschränkungen ist Factoring in erster Linie eine Dienstleistung für mittlere bis größere Unternehmen, die entweder im Großhandel tätig sind oder üblicherweise Serien- und Massenprodukte herstellen (BETSCH 1995, S. 552 ff.).

3. Ergebnisse bisheriger empirischer Untersuchungen zum Zahlungsverhalten

3.1 Die berücksichtigten Studien

Es gibt zwar eine Reihe von Untersuchungen zum Thema Zahlungsverhalten, Zahlungsverzug und Forderungsausfälle, allerdings ist diese Problematik kaum in der erforderlichen Breite und Tiefe behandelt worden. Zumeist handelt es sich lediglich um qualitative Feststellungen aus Sicht der Unternehmen oder die Quantifizierung von unpünktlichen Zahlungen für z.T. regional und branchenmäßig stark eingegrenzte Unternehmensgruppen. Der Aussagegehalt ist zumeist sehr begrenzt und nicht verallgemeinerungsfähig. Unternehmensgrößenspezifische Daten liegen nicht vor.

Die umfangreichsten Befragungen stammen von den Wirtschaftsauskunfteien und Verbänden, die turnusmäßig die Liquiditäts- und Finanzsituation im Mittelstand beobachten und so auch Aussagen über Änderungen im Zeitverlauf treffen können. Die Methodik bei den einzelnen Erhebungen unterscheidet sich erheblich, z.T. werden die Ergebnisse aus direkter Unternehmensabfrage, z.T. aus Verwertung von Geschäftsunterlagen oder Erfahrungen aus dem Inkasso- oder Factoring-Geschäft von Verbandsmitgliedern gewonnen.

Die größten, regelmäßigen Erhebungen zum Zahlungsverhalten werden in Deutschland von der Wirtschaftsauskunftei Verband der Vereine Creditreform e.V. (im folgenden als Creditreform zitiert) durchgeführt. Creditreform befragt im Rahmen seiner Analyse der Wirtschaftslage des Mittelstands halbjährlich rund 5.000 mittelständische Unternehmen der Wirtschaftsbereiche verarbeitendes Gewerbe, Baugewerbe, Groß- und Einzelhandel und Dienstleistungen. Einbezogen in die Untersuchung werden Unternehmen mit weniger als 500 Beschäftigten und einem Umsatz von unter 100 Mill. DM, bei denen im Regelfall eine Personalunion von Geschäftsführer und Inhaber vorliegt. Tochterunternehmen von Großunternehmen sind aus der Untersuchung ausgeschlossen. Ferner werden von Creditreform jährlich in getrennten Untersuchungen zur Wirtschaftslage rd. 4.000 Handwerks- und ca. 5.000 Handelsunternehmen zum Zahlungsverhalten befragt. Die Fragebogen dieser drei Unternehmensstichproben sind weitestgehend identisch und enthalten neben Fragen zur Liquiditäts- und Finanzsituation Fragestellungen zur konjunkturellen Entwicklung sowie Sonderfragen zu aktuellen Themen. Die Ergebnisse dieser turnusmäßigen Erhebungen werden branchenspezifisch sowie nach alten und neuen Bundesländern getrennt aufbereitet. Eine unternehmensgrößenspezifische Auswertung erfolgt nicht.

Die Wirtschaftsauskunftei Dun & Bradstreet wertet monatlich die Zahlungserfahrungen ausgewählter Unternehmen mit deren Kunden aus. Insgesamt fließen circa 3,6 Mill. Zahlungserfahrungen in die Auswertung ein. Erhoben werden die Daten im Rahmen des sogenannten "Dun Trade - Programms", einem kooperativen, computergestützten Programm, das - nach Angaben von Dun & Bradstreet - objektiv und aktuell Informationen zu dem Zahlungsverhalten von Unternehmen liefert. Die Zusammenarbeit zwischen Dun & Bradstreet und den Partnerunternehmen basiert auf einem regelmäßigen Informationsaustausch. Auf Datenträgern werden die sog. Offene Posten- sowie die Kundenstamm-Datei von den beteiligten Partnerunternehmen übermittelt, woraus die Zahlungserfahrungen abgeleitet werden. Jede Zahlungserfahrung basiert dabei im Durchschnitt auf acht Einzelrechnungen. Basierend auf diesen Daten legt Dun & Bradstreet quartalsmäßig seine Ergebnisse zur Zahlungsweise der Wirtschaft vor, die branchenspezifisch aufbereitet sind. Ebenso wie Creditreform wertet Dun & Bradstreet die Daten nicht nach der Unternehmensgröße aus.

Die dritte Quelle mit regelmäßiger Beobachtung des Zahlungsverhaltens in der Wirtschaft ist der Bundesverband Deutscher Inkasso-Unternehmen e.V., der halbjährlich die ihm angeschlossenen Inkasso-Unternehmen zu ihren Erfahrungen bei dem Einzug von Forderungen und zu aktuellen Sonderaspekten befragt. Die Verbandsanalysen lassen nur qualitative Aussagen zu, die teilweise für Ost- und Westdeutschland getrennt ausgewiesen werden.

Basis und Methode der drei Institutionen mit regelmäßigen Analysen zum Zahlungsverhalten sind zwar sehr unterschiedlich, im Ergebnis jedoch kommen sie zu konsistenten Aussagen. Die Befunde aller drei Institutionen zeigen, dass sich das Zahlungsverhalten im Zeitablauf hin zu längeren Zahlungszeiträumen verändert hat. Dies bedeutet eine Verschlechterung der Zahlungsdisziplin - aus welchen Gründen auch immer -, da verlängerte Zeitperioden bis zum Zahlungseingang aus Forderungen durch anderweitige Finanzierungsmittel der Gläubigerunternehmen zu überbrücken sind.

Über diese regelmäßigen Beobachtungen des Zahlungsverhaltens hinaus liegen mehrere zeitpunktbezogene Befragungsergebnisse vor. So hat der Deutsche Factoring Verband e. V. seine Mitgliedsunternehmen zu ihren Erfahrungen über Zahlungsfristen und Zahlungszielüberschreitungen im Rahmen der angekauften Forderungen befragt. Für das Baugewerbe hat der Zentralverband des Deutschen Baugewerbes eine Umfrage über Zahlungsmoral und Zahlungszielüberschreitungen durchgeführt.

Bei den übrigen Untersuchungen handelt es sich um regionale Befunde für das Handwerk, die teilweise im Rahmen von Konjunkturumfragen der Handwerkskammern, überwiegend auf Basis einmaliger Sonderfragestellungen ermittelt wurden. Der Aussagegehalt dieser Untersuchungen ist aufgrund geringer Fallzahlen und einiger weniger ausgewählter Aspekte zum Zahlungsverhalten stark eingeschränkt. Es werden jeweils nur wenige Einzelaspekte untersucht, die keine Einbindung in ein Gesamtkonzept erlauben. Eine Ausnahme in methodischer Hinsicht bildet die Untersuchung der Handwerkskammer Leipzig, die vom Institut für Soziologie der Universität Leipzig erstellt wurde. Analysiert wurden nicht die durchschnittlichen Erfahrungen der Handwerksbetriebe mit dem allgemeinen Zahlungsverhalten der Kunden, sondern die Erfahrungen mit einzelnen ausgewählten Aufträgen.

In der folgenden Übersicht sind die bisherigen empirischen Untersuchungen nach bestimmten Merkmalen kategorisiert zusammengestellt. Der weit überwiegende Teil der Befragungen zielt nicht auf eine wissenschaftlich fundierte Untersuchung zur Problematik des Zahlungsverhaltens, sondern - wie bereits aus der geringen Fragenanzahl ersichtlich - auf ein Meinungsbild zum Zahlungsverhalten. Der Aspekt Forderungsmanagement wird nur in einigen Befragungen erfasst, jedoch nicht komplex oder systematisch, sondern allenfalls nur ansatzweise mit eng begrenzten Teil- oder Einzelaspekten. Trotz der Fülle von Einzelergebnissen zum Zahlungsverhalten besteht daher noch ein erheblicher Klärungsbedarf, z.B. ob Zahlungsverzug bei bestimmten Unternehmensgrößen häufiger verbreitet ist. Die untersuchten Einzelaspekte sind zudem aufgrund abweichender Fragestellungen und uneinheitlich verwendeter Begriffe nur bedingt miteinander vergleichbar. Forschungsbedarf ist daher hinsichtlich der Fundierung und Erfassung aller Teilkomponenten und deren Verknüpfung in einem Gesamtsystem zu konstatieren, insbesondere aber zu der systematischen Ermittlung aller relevanten Aspekt des betrieblichen Forderungsmanagements und damit der Selbsthilfe der Unternehmen, um durch geeignete Instrumente das Risiko eines Zahlungsverzugs und von Forderungsausfällen zu begrenzen.

Übersicht 1: Synopse der bisherigen empirischen Untersuchungen

Ausführende Institution	Jahr/Turnus	Untersuchungsdesign	Stichprobenumfang und -charakteristika	Fragenzahl	Untersuchungsmerkmale
Verband der Vereine Creditreform e.V.	halbjährlich	Schriftliche Befragung im Rahmen der Konjunkturumfrage	5.000 mittelständische Unternehmen, Umsatz der Unternehmen weniger als 100 Mill. DM und Beschäftigtenzahl unter 500; Wirtschaftsbereiche: Verarbeitendes Gewerbe, Baugewerbe, Handel, Dienstleistungen	10	• Zahlungsmoral • Zahlungsdauer • Zahlungsfristen • Forderungsverluste • Forderungsmanagement
	jährlich	Schriftliche Befragung im Rahmen der Konjunkturumfrage im Handwerk	4.000 in der Handwerksrolle eingetragene Unternehmen; Branchen: alle sieben Gewerbegruppen des Handwerks	10	• Zahlungsmoral • Zahlungsdauer • Zahlungsfristen • Forderungsverluste • Forderungsmanagement
	jährlich	Schriftliche Befragung im Rahmen der Konjunkturumfrage im Handel	5.000 Unternehmen des Groß- und Einzelhandels	10	• Zahlungsmoral • Zahlungsdauer • Zahlungsfristen • Forderungsverluste • Forderungsmanagement
Dun & Bradstreet Deutschland	quartalsmäßig	Offene Posten- und Kundenstamm-Dateien von Kunden-Unternehmen. Auf dieser Datenbasis erfolgt die Ermittlung sogenannter Zahlungserfahrungen. Jede Zahlungserfahrung berücksichtigt im Durchschnitt 8 Einzelrechnungen.	Der Auswertung werden circa 3,6 Mill. Zahlungserfahrungen zugrundegelegt. Die Hälfte der Daten wird monatlich aktualisiert. Keine Angaben darüber, wie viele Unternehmen hinter den Zahlungserfahrungen stehen.	/	• Zahlungszielüberschreitung
Bundesverband deutscher Inkasso-Unternehmen e.V. (Herbstumfrage in Zusammenarbeit mit dem Zentralverband des deutschen Handwerks)	halbjährlich	Schriftliche Befragung der Mitgliedsunternehmen des Bundesverbandes zu ihren im Tagesgeschäft gemachten Erfahrungen mit dem Zahlungsverhalten von Unternehmen und Privatpersonen	441 Inkassounternehmen (Herbstumfrage 1999)	10	• Zahlungsmoral • Ursachen für Zahlungsverzögerungen • Sonstiges

Fortsetzung Übersicht 1

Ausführende Institution	Jahr/Turnus	Untersuchungsdesign	Stichprobenumfang und -charakteristika	Fragen-zahl	Untersuchungsmerkmale
Institut für Soziologie der Universität Leipzig (Auftragsstudie für die Handwerkskammer Leipzig, bearbeitet von ABRAHAM/VOSS)	1997	Fragebogengestützte Interviews von Unternehmen des Handwerks zu ihren konkreten Erfahrungen mit zwei einzelnen Aufträgen. Einer dieser Aufträge wurde durch Stichtagsfestlegung zufällig ermittelt, der andere sollte seitens des Befragten ausgewählt werden und mit negativen Erfahrungen verbunden sein.	182 Handwerksunternehmen des Kammerbezirks Leipzig	34	• Zahlungszielüberschreitung • Forderungsmanagement
Deutscher Factoring Verband e.V.	1998	Schriftliche Befragung der Mitgliedsunternehmen des Bundesverbandes zu ihren im Tagesgeschäft gemachten Erfahrungen mit dem Zahlungsverhalten anderer Unternehmen.	Factoringunternehmen	/	• Zahlungsfristen • Zahlungszielüberschreitung
Handwerkskammer Potsdam	1999	Schriftliche Befragung	490 Handwerksunternehmen des Kammerbezirks	11	• Zahlungszielüberschreitung • Ursachen für Zahlungsverzögerungen • Forderungsmanagement • Sonstiges
	1997	Schriftliche Eilumfrage (Übermittlung via Fax)	81 Handwerksunternehmen des Kammerbezirks	3	• Zahlungsmoral • Zahlungsdauer
	1996	Schriftliche Eilumfrage (Übermittlung via Fax)	63 Handwerksunternehmen des Kammerbezirks	3	• Zahlungsmoral • Zahlungsdauer
	1994	Schriftliche Befragung	157 Handwerksunternehmen des Kammerbezirks	7	• Zahlungsmoral • Zahlungsdauer • Ursachen für Zahlungsverzögerungen • Sonstiges

Fortsetzung Übersicht 1

Ausführende Institution	Jahr/Turnus	Untersuchungsdesign	Stichprobenumfang und -charakteristika	Fragen-zahl	Untersuchungsmerkmale
Handwerkskammer Schwerin	1998	Zusatzfragestellung im Rahmen der turnusmäßigen schriftlichen Konjunkturumfrage	220 Handwerksunternehmen des Kammerbezirks	15	• Zahlungsfristen • Zahlungszielüberschreitung • Forderungsverluste • Forderungsmanagement
Handwerkskammer Rhein-Main	1997	Schriftliche Befragung	380 Handwerksunternehmen des Kammerbezirks	10	• Zahlungsmoral Zahlungszielüberschreitung
Handwerkskammer Halle/Saale	1998	Zusatzfragestellung im Rahmen der turnusmäßigen schriftlichen Konjunkturumfrage	650 Handwerksunternehmen des Kammerbezirks	5	• Zahlungszielüberschreitung • Forderungsverluste
Handwerkskammer Leipzig	1997	Schriftliche Befragung	Handwerksunternehmen des Kammerbezirkes Leipzig	4	• Zahlungszielüberschreitung
Zentralverband des Deutschen Baugewerbes	1995	Schriftliche Befragung	3.000 dem ZDH angeschlossene Bauunternehmen	5	• Zahlungsmoral • Zahlungszielüberschreitung • Sonstiges

Quelle: Eigene Zusammenstellung

3.2 Die Befunde zum Zahlungsverhalten

Auch wenn die Vergleichbarkeit der einzelnen Untersuchungen und Fragestellungen nicht immer gegeben ist, so zeigen die bisher vorliegenden Untersuchungen eine tendenzielle Übereinstimmung in den Befunden zu den jeweiligen Einzelaspekten wie Zahlungsfristen, Zahlungsdauer, Zahlungszielüberschreitungen sowie Zahlungsmoral. Die Darstellung der Untersuchungsergebnisse basiert sowohl auf veröffentlichten Daten als auch auf darüber hinausgehenden Zusatzinformationen der jeweiligen Institutionen, denen wir an dieser Stelle für ihre Informationsbereitschaft sowie z.T. umfangreiche Zurverfügungstellung von Auswertungsdaten danken möchten.

3.2.1 Zahlungsfristen

Nach Angaben von CREDITREFORM (1999) gewähren 92 % der mittelständischen Unternehmen ihren Kunden ein Zahlungsziel von bis zu 30 Tagen. Dieses Ergebnis ist kompatibel mit dem Befund des DEUTSCHEN FACTORING VERBANDES (1999), wonach von mittelständischen Unternehmen im Durchschnitt ein Zahlungsziel von 14 bis 21 Tagen gesetzt wird. In dieser Spanne liegt auch der von der HANDWERKSKAMMER SCHWERIN (1998) ermittelte Durchschnittswert. Die dort befragten Handwerksunternehmen gewährten den Kunden für die Begleichung von Forderungen ein durchschnittliches Zahlungsziel von 19 Tagen.

Nach den Untersuchungsergebnissen von CREDITREFORM (1992-1999) ist eine deutliche Ausweitung der gewährten Zahlungsfristen im Vergleich zu Beginn des Jahrzehnts festzustellen. Diese Entwicklung ist gleichermaßen für Ost- und Westdeutschland als auch für private und öffentliche Auftraggeber zu konstatieren. Erst in den letzten beiden Jahren hat sich dieser Trend zu längeren Zahlungsfristen abgeschwächt.

Strukturiert nach der Zeitdauer gewährte die überwiegende Mehrheit (69,3 %) der von Creditreform befragten mittelständischen Unternehmen ein Zahlungsziel von 10 bis 30 Tagen, ein kürzeres Zahlungsziel setzten 22,7 % der befragten Handwerksunternehmen, während eine längere Zeitspanne zur Begleichung von Forderungen nur von 7,0 % der Handwerksunternehmen zugestanden wurde. Bei der Einräumung von Zahlungszielen zeigen sich ferner deutliche branchen- und kundengruppenspezifische Unterschiede. Branchen, die ihre Leistungen häufiger für private Haushalte erbringen, vereinbaren tendenziell kürzere Zahlungsziele als Branchen mit überwiegend gewerblichen Kunden (CREDITREFORM 1999). So gaben über die Hälfte der befragten Einzelhandelsunternehmen und rd. ein Drittel der Dienstleister an, ihre Kundenforderungen mit einer Fälligkeit von bis zu 10 Tagen zu versehen. Unternehmen der Wirtschaftsbereiche verarbeitendes Gewerbe und Baugewerbe, die von der Absatzstruktur häufig überwiegend an gewerbliche Kunden liefern, vereinbaren überdurchschnittlich oft Zahlungsziele von bis zu 30 Tagen und mehr.

3.2.2 Zahlungsdauer

Innerhalb des von 92 % der Unternehmen gesetzten Zahlungsziels von bis zu 30 Tagen wird nicht einmal die Hälfte der Forderungen realisiert: Nur 47,8 % der Forderungen an private Kunden werden in diesem Zeitraum beglichen, bei Forderungen an Kunden der öffentlichen Hand liegt der entsprechende Anteil bei lediglich 36,7 %. Weitere 36 % der privaten und 41,6 % der öffentlichen Kunden zahlen ihre Rechnungen erst in den folgenden 30 Tagen (CREDITREFORM 1999, S. 15 ff.). Die öffentliche Hand lässt sich mit der Begleichung von Rechnungen - sei es vereinbarungsgemäß oder nicht - mehr Zeit als private Kunden.

Nach Branchen zeigen sich einige Unterschiede in der Zahlungsdauer (CREDITREFORM 1999, S. 16 ff.). Bauunternehmen und Unternehmen des verarbeitenden Gewerbes müssen länger auf die Begleichung ihrer Forderungen warten als andere Wirtschaftszweige, wobei die längere Zahlungsdauer auch auf die Einräumung längerer Zahlungsziele zurückzuführen ist. Die privaten Auftraggeber von Handwerksunternehmen zahlen deutlich häufiger innerhalb eines Zeitraums von 30 Tagen als dies für alle mittelständischen Unternehmen der Fall ist. Handwerksunternehmen müssen jedoch ebenso wie die mittelständischen Unternehmen der anderen Wirtschaftsbereiche bei Auftraggebern der öffentlichen Hand durchschnittlich länger auf den Zahlungseingang warten. Längere Wartezeiten bis zum Zahlungseingang ergeben sich unter den Handwerksunternehmen insbesondere für das Bau- und Ausbaugewerbe (CREDITREFORM 1999, S. 19 ff.). Der Anteil von Zahlungen innerhalb von 30 Tagen liegt bei Handwerksunternehmen im Bau- und Ausbaugewerbe deutlich unterhalb, derjenige für Zahlungen erst nach Ablauf von mehr als 90 Tagen hingegen deutlich oberhalb der entsprechenden Durchschnittswerte für die gesamten Handwerksunternehmen. Zu gleichen Ergebnissen gelangt auch die HANDWERKSKAMMER POTSDAM in ihren Befragungen von überwiegend Bau- und Ausbauhandwerksbetrieben aus den Jahren 1994 und 1996.

3.2.3 Zahlungszielüberschreitungen

Im ersten Quartal 1999 gingen nach Befunden von DUN & BRADSTREET (1999) über alle Branchen betrachtet 72,0 % der Zahlungen pünktlich, d.h. innerhalb der gesetzten Zahlungsfrist, bei den Gläubigern ein. Dementsprechend waren bei 28,0 % der Forderungen zum Fälligkeitsdatum noch keine Zahlungen erfolgt, d.h. es lag eine Überschreitung des Zahlungsziels vor. Nach Branchen differieren die Anteile pünktlicher Zahlungen jedoch beträchtlich. Am niedrigsten sind die Anteile terminlich ordnungsgemäßer Zahlungen im Handwerk (65,3 %) und im Baugewerbe (60,4 %), in denen bei fast einem Drittel bzw. zwei Fünftel der Forderungen die Zahlungsfrist überschritten wurde. Zu ähnlichen Befunden für das Handwerk gelangt auch die Befragung der HANDWERKSKAMMER HALLE (1998). Für die Handwerksunternehmen im Kammerbezirk Halle wurde der Anteil unpünktlicher Zahlungen in einer Höhe von ca. 35 % ermittelt, wobei das Bauhaupt- und Ausbaugewerbe sowie das Glas-/Papiergewerbe die höchsten Anteile aufwiesen. Deutlich schlechtere Werte für das Handwerk des Kammerbezirks Leipzig ermittelte hingegen das Institut für Soziologie der Universität Leipzig. Den Ergebnissen dieser Untersuchung zufolge erfolgt ein weit höherer Teil der Zahlungen, nämlich 48 %, verspätet (ABRAHAM/VOSS 1998, S. 5).

Die Handwerkskammern Rhein-Main und Leipzig sowie der Zentralverband des Deutschen Baugewerbes ermittelten differenzierte Befunde für die unterschiedlichen Kundengruppen. Nach der Untersuchung der HANDWERKSKAMMER RHEIN-MAIN (1997) überschreitet die öffentliche Hand mit einem Anteil nicht fristgerechter Zahlungen von 44 % deutlich häufiger die gesetzten Zahlungsziele als private Kunden, von denen 26 % verspätet zahlten. Zu ähnlichen Ergebnissen gelangt auch die Befragung des ZENTRALVERBANDS DES DEUTSCHEN BAUGEWERBES (1995), wonach der Anteil der öffentlichen Auftraggeber, die "immer" oder "oft" verspätet zahlen, deutlich über dem entsprechenden Anteil der privaten Kunden liegt. Eine weitergehende Strukturierung nach Kundengruppen lässt die Befragung der HANDWERKSKAMMER LEIPZIG (1997) zu. Danach ergibt sich ein differenzierterer Befund hinsichtlich der Zahlungspünktlichkeit. Dieser Untersuchung zufolge weisen die privaten Haushalte die beste Zahlungsdisziplin auf, öffentliche Auftraggeber zahlen wesentlich häufiger nicht fristgerecht, allerdings begleichen gewerbliche Kunden die Rechnungen noch deutlich häufiger verspätet als die öffentliche Hand.

Die zeitliche Dauer der Überschreitung des Zahlungsziels wurde in mehreren Untersuchungen (DUN & BRADSTREET 1999; ZDB 1995; HWK LEIPZIG 1997; HWK RHEIN-MAIN 1997; INSTITUT FÜR SOZIOLOGIE 1998) erfragt. Aufgrund variierender Antwortkategorien ist ein direkter Vergleich zwar nicht möglich, es lässt sich jedoch aus diesen Untersuchungen ersehen, dass die Dauer der Zahlungszielüberschreitung bei rd. zwei Drittel der säumigen Zahlungen bis zu drei Monate beträgt. Die Befunde des ZENTRALVERBANDS DES DEUTSCHEN BAUGEWERBES (1995) und der HANDWERKSKAMMER POTSDAM (1999) weisen in die Richtung, dass die überwiegende Mehrheit der Zahlungszielüberschreitungen eine Verspätung von bis zu 30 Tagen beinhaltet. Darauf deuten auch die Befragungsergebnisse von CREDITREFORM (1999) und der HANDWERKSKAMMER SCHWERIN (1998), die einen durchschnittlichen Zahlungsverzug von 18 bzw. 10 Tagen ermitteln. Die im DEUTSCHEN FACTORING VERBAND (1999) zusammengeschlossenen Factoring-Unternehmen gehen von einer durchschnittlichen Zahlungszielüberschreitung von 20 bis 30 Tagen aus.

Nach den Ergebnissen des ZENTRALVERBANDS DES DEUTSCHEN BAUGEWERBES (1995) und der HANDWERKSKAMMER LEIPZIG (1997) ist für die Verzugsdauer zwischen öffentlichen Auftraggebern und privaten Kunden kein nennenswerter Unterschied festzustellen. Zieht man in Betracht, dass der Zeitraum bis zur Realisierung einer Forderung bei Kunden der öffentlichen Hand länger ist als bei Privatkunden, Zahlungszielüberschreitungen der öffentlichen Hand häufiger vorkommen als bei privaten Kunden, die Dauer des Zahlungsverzugs jedoch in etwa gleich ist, so ist zu folgern, dass die längere Zahlungsdauer in erster Linie auf längere eingeräumte Zahlungsziele zurückzuführen ist und erst in zweiter Linie auf den höheren Anteil von säumigen Zahlungen.

Aussagen über die Entwicklung der Zahlungszielüberschreitungen im Zeitablauf lassen sich mittels der Erhebungsreihe von DUN & BRADSTREET (1990-1999) treffen. Vergleicht man die quartalsweise ermittelten Ergebnisse über das vergangene Jahrzehnt hinweg, so zeigt sich, dass der Anteil der Zahlungszielüberschreitungen von über 90 Tagen kontinuierlich angestiegen ist. Lag er im 4. Quartal 1990 noch bei 1,5 %, so betrug er im entsprechenden Quartal 1995 bereits 2,4 %, nach den aktuellen verfügbaren Daten (I/1999) ist der Anteil weiterhin angewachsen und hat mit 3,0 % den bisherigen Höchstwert erreicht. Der Anteil der Zahlungszielüberschreitungen von 60 bis 90 Tagen ist hingegen im Vergleich zum 4. Quartal 1990 (3,4 %) und dem Höchstwert im

1. Quartal 1993 mit 4,0 % im 1. Quartal 1999 (3,3 %) niedriger. Rückläufig war bis 1998 auch der Anteil von Zahlungen, welche bis zu 60 Tagen verspätet beglichen wurden: der entsprechende Wert sank von 24 % (IV/1991) auf einen Tiefstand von 19,8 % (IV/1997) und ist seitdem wieder auf 21,6 % (I/1999) angestiegen. Den stärksten Schwankungen im Verlauf des Jahrzehnts unterlag der Anteil pünktlicher Zahlungen. Anfang der 90er Jahre lag er bei 75,8 % (IV/1990), Ende des Jahres 1992 erreichte er seinen bisherigen Tiefstand mit 69,9 % (I/1993), nach einem zwischenzeitlichen Anstieg bis auf 74,3 % (IV/1997) ist er derzeit wieder auf 72 % zurückgefallen. Betrachtet man alle vier Kategorien von Zahlungszielüberschreitungen im Zeitablauf, so ist eine Verschiebung dahingehend feststellbar, dass Rechnungen tendenziell häufiger nach einer längeren Zahlungsfristüberschreitung beglichen werden.

3.2.4 Zahlungsmoral

Die Beurteilung des Zahlungsverhaltens aus Sicht der von CREDITREFORM (1998, S. 17) befragten Unternehmen stellt vor dem Hintergrund der quantitativen Ergebnisse die qualitative Komponente des Zahlungsverhaltens dar. Nur gut ein Viertel der westdeutschen mittelständischen Unternehmen beurteilt das Zahlungsverhalten ihrer Kunden als sehr gut oder gut, 31 % bewerten es als ausreichend oder schlechter. Deutlich negativer fällt die Bewertung des Zahlungsverhaltens in den neuen Bundesländern aus. Eine Einstufung des Zahlungsverhaltens der Kunden als sehr gut oder gut gaben nur 18,4 % der ostdeutschen Unternehmen an, knapp die Hälfte der ostdeutschen mittelständischen Unternehmen fällte hingegen das Urteil ausreichend oder schlechter.

In der Langzeitbetrachtung zeigt sich für Ost- und Westdeutschland bei weiterhin bestehendem Niveauunterschied eine ähnliche Entwicklung der Einschätzung der Zahlungsmoral. Zu Beginn dieses Jahrzehnts (1992) bewerteten noch 33,5 % der Unternehmen im Westen und 13,4 % der Unternehmen im Osten die Zahlungsmoral ihrer Kunden als gut oder sehr gut. 1995 stimmten einer solchen Bewertung in Westdeutschland nur noch 23 %, in Ostdeutschland nur noch 10,4 % der Unternehmen zu. Umgekehrt lag der Anteil von ausreichenden oder schlechteren Beurteilungen der Zahlungsmoral in Ost und West anfangs der 90er Jahre deutlich niedriger. Nur 24,3 % der Westunternehmen schätzten 1992 die Zahlungsmoral ihrer Auftraggeber als ausreichend oder schlechter ein, von den Unternehmen im Osten waren es im selben Jahr 57,2 %. Der Höchstwert der Urteile "ausreichend oder schlechter" wurde im Westen 1997 mit 37,1 % und im Osten 1996 mit 62 % erreicht. Im Vergleich zu Beginn der

90er Jahre zeigt sich eine deutliche Verschlechterung der Einschätzung der Zahlungsmoral, die bis Mitte der 90er Jahre andauerte, danach ist ein Trend zur Verbesserung festzustellen, wobei nach wie vor die Urteile zur Zahlungsmoral 1999 schlechter ausfallen als zu Beginn der 90er Jahre (CREDITREFORM 1992-1999).

Im Branchenvergleich wertet das Handwerk das Zahlungsverhalten seiner Kunden deutlich negativer als Unternehmen anderer Wirtschaftszweige. Die schlechtere Beurteilung der Zahlungsweise durch die Handwerksbetriebe ist auf den überdurchschnittlich hohen Anteil säumiger Zahlungen im Handwerk zurückzuführen. Das Gefälle zwischen Ost- und Westdeutschland zeigt sich in der gesonderten turnusmäßigen Befragung des Handwerks durch CREDITREFORM (1999). Auch die Befragung von ostdeutschen Handwerksunternehmern durch die HANDWERKSKAMMER POTSDAM (1997) zeigte die schlechte Zahlungsmoral in Ostdeutschland auf. Im Baugewerbe, das ebenso wie das Handwerk einen überdurchschnittlich hohen Anteil unpünktlicher Zahlungen aufweist, wirkt sich dies im Urteil in erster Linie nur auf die Bewertung der öffentlichen Auftraggeber aus. Nach der Untersuchung des ZENTRALVERBANDS DES DEUTSCHEN BAUGEWERBES (1995) beurteilen gerade mal 15 % der Bauunternehmen das Zahlungsverhalten der öffentlichen Hand als sehr gut oder gut, 42 % fällten hingegen das Votum schlecht oder sehr schlecht.

3.2.5 Ursachen von Zahlungsverzögerungen

Ursachen von Zahlungsverzögerungen sind in zwei Befragungen der HANDWERKSKAMMER POTSDAM (1994; 1999) und in der Herbstumfrage des BUNDESVERBANDS DEUTSCHER INKASSO-UNTERNEHMEN in Zusammenarbeit mit dem ZENTRALVERBAND DES DEUTSCHEN HANDWERKS (http://www.inkasso.de) thematisiert worden. Zahlungsunfähigkeit und Zahlungsunwilligkeit sind nach deren Ergebnissen die Hauptursachen für eine verspätete Begleichung von Rechnungen. In der Befragung der HANDWERKSKAMMER POTSDAM aus dem Jahre 1994 nannten 68 % der Handwerksunternehmen Zahlungsunfähigkeit des Kunden als Grund für Zahlungsverzögerungen, 27 % führten Zahlungsverzögerungen auf eine Zahlungsunwilligkeit des Kunden zurück. Nach der Befragung aus dem Jahre 1999 zeichnet sich - auch wenn die Fragestellungen nicht identisch waren - eine im Zeitverlauf deutliche Gewichtsverschiebung zwischen den beiden Hauptursachen für Zahlungsverzögerungen aus Sicht der betroffenen Handwerksunternehmen ab:

Nunmehr sehen nur noch 17,7 % der Handwerksunternehmen Zahlungsunfähigkeit als Grund für Zahlungszielüberschreitungen an, 62,7 % sind der Meinung, Zahlungsunfähigkeit sei zumindest teilweise verantwortlich für verspätete Zahlungen. Hingegen führen 36,1 % der Unternehmen Zahlungsverzögerungen auf eine Zahlungsunwilligkeit der Auftraggeber zurück, weitere 51,5 % sehen Zahlungsunwilligkeit als zumindest teilweisen Verspätungsgrund an. Nach den Befunden der Herbstumfrage 1999 des BUNDESVERBANDS DEUTSCHER INKASSO-UNTERNEHMEN gemeinsam mit dem ZENTRALVERBAND DES DEUTSCHEN HANDWERKS zahlen 45 % der westdeutschen bzw. 34 % der ostdeutschen privaten Schuldner ihre offenen Rechnungen vorsätzlich nicht pünktlich. Zahlungsunwilligkeit als Grund für nicht fristgerechten Zahlungseingang hat damit im Zeitverlauf deutlich an Gewicht gewonnen und zu einer Verschlechterung der Usancen im Geschäftsverkehr geführt.

In der Befragung der HANDWERKSKAMMER POTSDAM aus dem Jahre 1994 wurden die Handwerksunternehmen auch danach gefragt, welche Gründe die säumigen Kunden als Entschuldigung für verspätete Zahlungen angaben. Sofern den Unternehmen überhaupt eine Begründung für den Zahlungsverzug genannt wurde, rechtfertigten sich die säumigen Kunden - wie zu vermuten war - ausschließlich mit der externen Ursache, dass ihre eigenen Kunden verspätet Zahlung geleistet hätten bzw. Geldanweisungen des Kreises oder Landes zu spät erfolgt sind.

3.2.6 Forderungsmanagement

Aspekte des Forderungsmanagements sind bislang nur in wenigen Untersuchungen erfasst worden. So untersuchte das Institut für Soziologie der Universität Leipzig (ABRAHAM/VOSS 1998) die Nutzung des Instruments von Bonitätsprüfungen im Rahmen eines Forderungsmanagements. Nach den Befragungsergebnissen dieser Studie holt über die Hälfte der Unternehmen (52 %) Informationen über die Kunden ein, um daraus Rückschlüsse auf die Bonität der Geschäftspartner zu ziehen. Nach den Ergebnissen der jüngsten Untersuchung der HANDWERKSKAMMER POTSDAM (1999) liegt der Anteil der Handwerksunternehmen, die neue Geschäftspartner einer Bonitätsprüfung unterziehen, im Kammerbezirk Potsdam bei 62,2 %. Welche Informationsquellen dabei von den Unternehmen für die Bonitätsprüfung genutzt werden, analysierten sowohl das Institut für Soziologie der Universität Leipzig als auch CREDITREFORM (1999). Obgleich sich die Ergebnisse beider Untersuchungen deutlich in bezug auf die ermittelten Nutzungshäufigkeiten der verschiedenen Informationsquellen unterscheiden, kristallisieren sich in beiden private Kontakte, Kreditauskunfteien, Geschäftspartner sowie Banken und Sparkassen als vorrangig genutzte Informationsquellen für eine Bonitätsprüfung heraus. Die branchenspezifische Aufschlüsselung von Creditreform zeigt, dass das Baugewerbe Informationsquellen intensiver nutzt als andere Branchen, während im Einzelhandel die niedrigsten Nutzungsgrade zu verzeichnen sind. Z.B. nutzen 56,6 % der von Creditreform befragten Bauunternehmen ihre bisherigen Geschäftspartner als Informationsquelle für Bonitätsprüfungen, jedoch nur 29,3 % der Einzelhändler. Die intensive Nutzung von Informationsquellen im Baugewerbe ist auf das schlechtere Zahlungsverhalten zurückzuführen, so dass im Baugewerbe im Branchenvergleich die höchste Nachfrage nach Informationen besteht.

Eine weitere Möglichkeit zur Reduzierung des Risikos späterer Zahlungsverzögerungen oder etwaiger Forderungsausfälle besteht in der vertraglichen Vereinbarung von Sicherheiten. Die Kenntnis und Nutzung von Besicherungsinstrumenten ist von der HANDWERKSKAMMER POTSDAM in ihrer Befragung aus dem Jahr 1999 untersucht worden. Dieser Erhebung zufolge waren rund zwei Drittel der Unternehmen die Rechte der Bauauftragnehmer, z.B. auf Eintragung einer Sicherungshypothek (§ 648 BGB) oder auf Absicherung des Vergütungsanspruches gegenüber dem Auftraggeber durch Sicherungsleistung nach dem Bauhandwerkergesetz (§ 648a BGB) zwar bekannt, genutzt wurden sie jedoch nur von 20,3 %. Einen hohen Verbreitungsgrad weist hingegen die Vereinbarung von Teil- und Abschlagszahlungen bei langfristigen Vorhaben auf. 95,5 % der Handwerksunternehmen machten von dieser Möglichkeit zur Forderungsabsicherung Gebrauch.

Als erfolgversprechende Reaktionen auf eine Zahlungszielüberschreitung der Kunden betrachten nach der Studie von CREDITREFORM (1999) 83,7 % der Unternehmen eine Mahnung des Kunden und 77,3 % eine telefonische Zahlungserinnerung. Mit deutlichem Abstand folgen die Einschaltung eines Anwalts (47 %) oder eines Inkasso-Büros (39,8 %) und das Zurückhalten offener Leistungen (34,5 %). Ein Abbruch der Geschäftsbeziehungen, das Publikmachen des Kundenverhaltens oder die Anrufung eines Gerichtes werden hingegen selten als lohnende Maßnahmen betrachtet. Das konkrete Verhalten von Unternehmen im Falle eines Zahlungsverzuges untersuchte das Institut für Soziologie der Universität Leipzig (ABRAHAM/VOSS 1998, S. 12). Den Unternehmen wurden dabei die gleichen Antwortmöglichkeiten wie in der Creditreform-Befragung zur Beurteilung der Maßnahmen vorgegeben. Demnach erinnern 87,5 % der Unternehmen ihre Kunden telefonisch an offenstehende Rechnungen, 81,3 % schicken eine Mahnung. Das Hinzuziehen eines Anwalts oder das Zurückhalten offener Leistungen wird nur von 23,4 % bzw. 21,9 % der Unternehmen auch tatsächlich praktiziert, ein Inkasso-Büro wurde nur von 4,7 % der Unternehmen beauftragt. Insbesondere bei den drei letztgenannten Maßnahmen offenbart sich eine große Diskrepanz zwischen der Erfolgsbeurteilung und der tatsächlichen Nutzungshäufigkeit. Offensichtlich scheuen sich viele Unternehmen, z.B. aus Furcht vor einem Verlust des Kunden, über telefonische Zahlungserinnerung oder Mahnungen hinausgehende weitere an sich erfolgversprechende Maßnahmen anzuwenden. Die Untersuchung des Instituts für Soziologie zeigt auch, dass bei den Unternehmen nach dem Vorgehen gegen säumige Schuldner eine gewisse Ernüchterung eintritt. So schätzen 43,1 % der Unternehmen, die gegen eine Verspätung vorgingen, ihre Anstrengungen als wirkungslos ein.

Die Relevanz von Mahnungen unterstreicht auch die Befragung der HANDWERKSKAMMER POTSDAM aus dem Jahre 1999. Nur 1,9 % der Unternehmen gaben an, säumige Kunden nicht zu mahnen. Die Mehrheit der befragten Unternehmen (61,3 %) erinnert ihre säumige Kundschaft mit mehr als zwei Mahnungen an offenstehende Rechnungen, weitere 26,8 % mahnen ihre Kunden in der Regel zweimal.

Das betriebliche Mahnwesen ist von der HANDWERKSKAMMER SCHWERIN (1998) untersucht worden, mit dem Ergebnis, dass 82 % der befragten Unternehmen über ein "geordnetes Mahnwesen" verfügten. Die organisatorische Gestaltung des Mahnwesens wurde von CREDITREFORM (1999) erfragt. Demnach verfügen 42,4 % der antwortenden mittelständischen Unternehmen über eine eigene Abteilung für das Rechnungs- und Mahnwesen, bei weiteren 26,3 % nimmt ein eigens damit beauftragter Vollzeitmitarbeiter diese Aufgaben wahr. Bei jeweils rund 11 % war ein Teilzeitmitarbeiter oder der Geschäftsführer bzw. Inhaber selbst für Rechnungsstellung und Mahnwesen verantwortlich. Wesentliche branchenspezifische Abweichungen von dieser organisatorischen Struktur des betrieblichen Rechnungs- und Mahnwesens sind lediglich für das Baugewerbe festzustellen. Im Baugewerbe liegt der Anteil von Unternehmen, in denen das Mahnwesen Aufgabe des Geschäftsführers bzw. Inhabers selbst ist, mit 18,5 % deutlich über dem Durchschnittswert. Ferner wird das Rechnungs- und Mahnwesen im Baugewerbe deutlich häufiger von dem Ehepartner des Inhabers erledigt (10,3 %) als im Durchschnitt aller Unternehmen.

3.2.7 Weitere Untersuchungsaspekte

In einigen Untersuchungen sind über das Zahlungsverhalten hinaus weitere, damit zusammenhängende oder verwandte Aspekte betrachtet worden. So untersuchten Creditreform und die Handwerkskammern Schwerin und Halle die quantitative Dimension von Forderungsausfällen. Nach den Befragungsergebnissen von CREDITREFORM (1999, S. 18) mussten nahezu alle befragten Unternehmen Forderungsausfälle verkraften. Lediglich 3,8 % wurden von Verlusten gänzlich verschont. Die durchschnittlichen Forderungsausfälle beliefen sich dabei bei 58,4 % der Unternehmen auf bis zu 0,5 % des Umsatzes und bei 19,1 % auf bis zu 1 % des Umsatzes. 17,8 % der befragten Unternehmen hatten sogar durchschnittliche Forderungsverluste von mehr als einem Prozent des Umsatzes hinzunehmen. Im Branchenvergleich zeigt sich eine deutlich schlechtere Situation im Baugewerbe: Bei Bauunternehmen ist die Forderungsausfallrate wesentlich höher. So ist der Anteil von Unternehmen mit durchschnittlichen Forderungsverlusten von über 1 % des Umsatzes im Baugewerbe mit 32,6 % fast doppelt so hoch wie im Durchschnitt aller Unternehmen. Ebenso ungünstig stellt sich nach den Ergebnissen von Creditreform die Lage im Handwerk dar: 26,8 % der westdeutschen und 37,2 % der ostdeutschen Handwerksunternehmen weisen Forderungsausfälle von mehr als 1 % des Umsatzes auf. Bei weiteren 21,0 % (West) bzw. 23,1 % (Ost) der Handwerksbetriebe reichte die Belastung bis an 1 % des Umsatzes heran. Zu ähnlichen Ergebnissen hinsichtlich der ungünstigen Lage des ostdeutschen Handwerks gelangt die Untersuchung der HANDWERKSKAMMER SCHWERIN (1998). Nach deren Ergebnissen beläuft sich der durchschnittliche relative Wert der Forderungsausfälle auf 0,88 % der Gesamtrechnungssumme, was einem absoluten durchschnittlichen Ausfallwert von 16.937 DM entspricht.

Der BUNDESVERBAND DEUTSCHER INKASSO-UNTERNEHMEN berücksichtigt in seinen Verbandsumfragen regelmäßig auch aktuelle Aspekte, wie z.B. in der Frühjahrsumfrage 1999 die Einstellung der Mitgliedsunternehmen zur Insolvenzrechtsreform und deren Auswirkungen. Die ersten Erfahrungen der angeschlossenen Inkasso-Unternehmen mit der Insolvenzrechtsreform werden - so der Befund - von 41 % als eher negativ, von 8 % als eher positiv angegeben. Fast die Hälfte der Mitgliedsunternehmen (49 %) sind der Meinung, dass die neu geschaffene Möglichkeit der Restschuldbefreiung das Zahlungsverhalten von Privatpersonen eher verschlechtert hat, positiv äußerten sich hingegen lediglich 6 %.

Branchenspezifika des Baugewerbes wurden vom ZENTRALVERBAND DES DEUTSCHEN BAUGEWERBES (1995) analysiert. Nach den Befragungsergebnissen wird die im Baugewerbe geltende Zahlungsfrist gemäß §16 Nr. 3 VOB/B, die eine Zahlung innerhalb von zwei Monaten nach Zugang der Schlussrechnung vorsieht, von 45 % der privaten Auftraggeber oft und von weiteren 9 % immer überschritten. Von öffentlichen Auftraggebern wird diese Frist sogar von 50 % oft und 14 % immer überschritten. Folglich wünschen 60 % der befragten Bauunternehmen, dass die Schlusszahlungsregelung in der VOB dahingehend geändert wird, dass die Fristenregelung - unter Voraussetzung der Hingabe einer selbstschuldnerischen Bürgschaft durch den Auftragnehmer - entfiele. Für eine sofortige Fälligkeit der vereinbarten Zahlung plädierten 69 % der Betriebe.

3.3 Zusammenfassung

Die wichtigsten Erkenntnisse aus den bisherigen empirischen Untersuchungen sind in der folgenden Übersicht zusammengefasst. Sie verdeutlichen zunächst, dass bestimmte Wirtschaftsbereiche, für die ein höherer Anteil von Werkleistungen oder Einzelfertigungsleistungen typisch ist, stärker von Zahlungsverzug betroffen sind als Wirtschaftsbereiche mit überwiegend standardisierten Leistungen. Ferner ist eine unterschiedliche Zahlungsdisziplin zwischen den verschiedenen Kundengruppen festzustellen, wobei es unklar bleibt, ob vereinbarte Zahlungsziele aufgrund von Mängeleinreden - seien es berechtigte oder unberechtigte - oder aus anderen Gründen, wie z.B. opportunistischem Verhalten der Auftraggeber zu Lasten der Gläubiger, nicht eingehalten werden.

Übersicht 2: Die wichtigsten empirischen Befunde zum Zahlungsverhalten

Zahlungsfristen
- Durchschnittliche Zahlungsfrist liegt in der Spannbreite zwischen 10 und 30 Tagen
- Unternehmen des Baugewerbes und des verarbeitenden Gewerbes räumen die längsten Zahlungsziele ein

Zahlungsdauer
- Dauer bis zum Zahlungseingang beträgt in der Regel mehr als 30 Tage
- Öffentliche Hand lässt bis zur Zahlung mehr Zeit verstreichen als private Kunden
- Unternehmen des Baugewerbes und des verarbeitenden Gewerbes sowie Bau- und Ausbauhandwerk müssen am längsten auf Zahlungseingänge warten

Zahlungszielüberschreitungen
- Rund ein Drittel aller Zahlungen erfolgt unpünktlich
- Anteil unpünktlicher Zahlungen ist im Baugewerbe und im Handwerk am höchsten
- Zahlungsziele werden überwiegend für eine Zeitspanne von bis zu 30 Tagen überschritten
- Zahlungszielüberschreitungen der öffentlichen Hand dauern nicht länger, kommen aber häufiger vor als bei privaten Kunden

Zahlungsmoral
- Zahlungsmoral der Kunden wird von den Unternehmen eher als schlecht beurteilt
- Zahlungsmoral hat sich im Zeitablauf verschlechtert
- Zahlungsmoral im Handwerk und im Baugewerbe ist deutlich schlechter als in anderen Wirtschaftszweigen
- Zwischen Ost- und Westdeutschland herrscht ein deutliches Gefälle, ostdeutsche Unternehmen beurteilen die Zahlungsmoral der Kunden wesentlich schlechter als westdeutsche Unternehmen

Ursachen für Zahlungsverzug
- Zahlungsunfähigkeit und Zahlungsunwilligkeit sind Hauptursachen für Zahlungszielüberschreitungen
- Zahlungsunwilligkeit als Ursache von Zahlungsverzug hat im Zeitablauf stark an Bedeutung gewonnen
- Rechtfertigungsgrund für verspätete Zahlungen ist zumeist der Zahlungsverzug der eigenen Kunden

Forderungsmanagement
- Über die Hälfte der Unternehmen nimmt Bonitätsprüfungen vor.
- Für die Bonitätsprüfung wird vorrangig auf private Kontakte, Kreditauskunfteien, Geschäftspartner sowie Banken und Sparkassen als Informationsquellen zurückgegriffen.
- Informationsnachfrage ist im Baugewerbe deutlich höher als in den anderen Wirtschaftsbereichen
- Mahnungen und telefonische Zahlungserinnerungen sind aus Unternehmersicht die am ehesten erfolgversprechenden Reaktionen auf Zahlungszielüberschreitungen und werden auch am häufigsten praktiziert
- In der Regel werden zwei oder mehr Mahnungen an säumige Kunden versandt
- Erfolgte Anstrengungen gegen Zahlungszielüberschreitungen werden von den Unternehmen im Nachhinein oftmals als wirkungslos angesehen
- Die überwiegende Mehrheit der Unternehmen verfügt über ein Mahnwesen, mit der Rechnungserstellung und dem Mahnwesen ist zumeist eine eigene Abteilung oder ein dafür vorgesehener Voll- oder Teilzeitmitarbeiter betraut.

Quelle: Eigene Zusammenstellung

Ursachen für Zahlungsverzögerungen aufgrund von Rahmenbedingungen sind zwar mehrfach Gegenstand von Untersuchungen gewesen, jedoch wurde in keiner Untersuchung eine Konkretisierung und Identifizierung der problemverursachenden Bestimmungen unternommen. Interne Ursachen als das weitere Kerngebiet für Zahlungsverzögerungen bzw. die interne Organisation und der Einsatz von Planungs- und Controllinginstrumenten zur systematischen Risikosteuerung von Forderungen sind nicht ausreichend erforscht. Eine Differenzierung nach der Unternehmensgröße fehlt. Gerade bei der Organisation und dem Instrumenteneinsatz ist aber davon auszugehen, dass sie zu einem erheblichen Teil Fixkostencharakter haben und die Unternehmensgröße eine wesentliche Variable darstellt. Das Problem interner und gesetzlicher Möglichkeiten zur Begegnung von Zahlungsverzug scheint somit in erster Linie ein Problem der kleineren Unternehmen zu sein, zumal sie zur Überbrückungsfinanzierung von verspäteten Zahlungen auf weniger Alternativen zurückgreifen können als Großunternehmen, die ein höheres internes Ausgleichspotential besitzen und einen leichteren Zugang zu externen Finanzierungsmitteln haben.

Die bisherigen Untersuchungsergebnisse zu Fragen eines betrieblichen Forderungsmanagements beleuchten lediglich Einzel- oder Teilaspekte. Eine systematische, aussagekräftige Untersuchung, aus der geschlossene Befunde zum gesamten Themenkomplex eines Forderungsmanagements in mittelständischen Unternehmen hervorgehen könnten, liegt bislang nicht vor. Von daher besteht hier Forschungsbedarf, um über die Darstellung der rein quantitativen Folgen von Zahlungszielüberschreitungen und Forderungsausfällen hinaus Erkenntnisse über die betriebsinternen Möglichkeiten zur Risikobegrenzung sowohl vor als auch nach erfolgter Lieferung oder Leistung zu gewinnen.

4. Gesetzesinitiativen zur Begegnung des Zahlungsverzugs

In der Vergangenheit wurde wiederholt versucht, dem Problem des Zahlungsverzugs durch freiwillige Regelungen unter den beteiligten Akteuren, wie z.B. Verhaltensregeln oder Branchenvereinbarungen, zu begegnen. Die unverbindlichen Verhaltensregeln vermochten jedoch nicht das Problem zu entschärfen, so dass sich der Gesetzgeber veranlasst sieht, die gesetzlichen Bestimmungen zu modifizieren, um Zahlungsverzögerungen wirtschaftlich unattraktiv zu machen und die Durchsetzung fälliger Ansprüche zu beschleunigen (DEUTSCHER BUNDESTAG 1999a, S. 4).

Zahlungsfristen und Zahlungsverzug stellen aber nicht nur im nationalen, sondern auch im europäischen Kontext ein Problem dar. Unterschiedliche nationale Regelungen zwischen den EU-Mitgliedstaaten verursachen ein Regulierungsgefälle, das Wettbewerbsverzerrungen im grenzüberschreitenden Geschäftsverkehr hervorruft (KNAPP 1999, S. 297). Gläubiger in einem Mitgliedstaat mit schlechten Zahlungsusancen haben gegenüber Gläubigern in einem Mitgliedstaat mit guten Zahlungspraktiken oder effizienten Durchsetzungsmöglichkeiten von Forderungen einen Wettbewerbsnachteil. Der European Payment Habits Survey zufolge hemmen unterschiedliche Zahlungsbestimmungen und -praktiken in den Mitgliedstaaten den grenzüberschreitenden Waren- und Leistungsverkehr in beträchtlichem Ausmaß: Durchschnittlich 21 % der europäischen Unternehmen würden mehr in die EU-Staaten exportieren, wenn ihre Forderungen aus dem grenzüberschreitenden Verkehr schneller beglichen würden (vgl. INTRUM JUSTITIA 1997).

Im folgenden wird zunächst der Gesetzentwurf der Regierungskoalition zur Beschleunigung fälliger Zahlungen vom 23. Juni 1999 vorgestellt. Im Anschluss wird der Stand der Beratungen zum Zahlungsverzug in Deutschland - Abschlußbericht der Bund-Länder Arbeitsgruppe "Verbesserung der Zahlungsmoral" - zum Ende des Jahres 1999 berichtet. Abschließend werden der Europäische Richtlinienentwurf zur Bekämpfung des Zahlungsverzugs im Handelsverkehr in seiner Fassung vom 29. Juli 1999 dargelegt sowie die gesetzlichen Zahlungsbestimmungen und das Zahlungsverhalten in den EU-Mitgliedstaaten vergleichend gegenübergestellt.

4.1 Zum Werdegang des Gesetzentwurfs der Bundestagsfraktionen der Regierungskoalition

Dem Gesetzentwurf der Regierungskoalition zur Beschleunigung fälliger Zahlungen vom 23. Juni 1999 war bereits ein Gesetzentwurf zur Verbesserung der Durchsetzung von Forderungen der Bauhandwerker - am 26. März 1999 von der CDU/CSU-Fraktion in den Bundestag eingebracht - vorangegangen (vgl. DEUTSCHER BUNDESTAG 1999). Diese erste Gesetzesinitiative basierte - wie auch der spätere Gesetzentwurf der Regierungskoalition - auf den Untersuchungsergebnissen der 1998 von den Justizministerien des Bundes und der Länder eingesetzten Arbeitsgruppe "Verbesserung der Zahlungsmoral".

Der von der CDU/CSU-Fraktion in den Bundestag eingebrachte Gesetzentwurf beschränkt sich auf den Bereich Bauhandwerk, da die Baubranche am stärksten vom Zahlungsverzug betroffen ist. Zum einen ist dies darauf zurückzuführen, dass deren Leistungserbringung in der Regel auf Werkverträgen beruht, die spezifischen gesetzlichen Regularien unterliegen und deren Besicherung und Durchsetzung Schwierigkeiten aufweisen. Zum anderen fließen in die Leistungserstellung regelmäßig hohe Vorleistungen ein, die i.d.R. von dem Werkunternehmer vorfinanziert werden müssen. Hohe Vorfinanzierungsquoten und lange Überbrückungszeiträume bis zum Zahlungseingang aus der Leistungserbringung können aufgrund wirtschaftlicher Machtverhältnisse und der hohen Wettbewerbsintensität, insbesondere von kleinen und mittleren Unternehmen ohne Marktmacht und von Unternehmen in den neuen Bundesländern, in der Regel nicht auf die Angebotspreise überwälzt werden. Bei den niedrigen Eigenkapitalquoten, die im Baubereich herrschen, verschärft sich bei Zahlungsverzug oder Forderungsausfall die Existenzgefährdung der Unternehmen unmittelbar.

Die Arbeitsgruppe "Verbesserung der Zahlungsmoral" hat am 15. April 1999 ein Eckpunktepapier vorgelegt, in dem Ursachen für Zahlungsverzögerungen dargelegt und rechtliche Maßnahmen zur Eindämmung von Zahlungsverzögerungen vorgeschlagen wurden. Der von der Arbeitsgruppe identifizierte Reformbedarf hat Eingang in den Gesetzentwurf der Regierungskoalition zur Beschleunigung fälliger Zahlungen vom 23. Juni 1999 gefunden. Die vorgesehenen Änderungen im Werkvertragsrecht betreffen allerdings nicht nur Bauleistungen, sondern gelten allgemein für alle Werkvertragsleistungen ungeachtet der Branchenzugehörigkeit. In der folgenden Übersicht sind die wesentlichen

BGB-Bestimmungen aufgelistet, die nach dem Gesetzentwurf der Regierungskoalition entweder ergänzt oder modifiziert werden sollten

Übersicht 3: Im Gesetzentwurf vorgesehene Änderungen im BGB

- Erhöhung des Verzugszinses auf 5 % über dem Basiszinssatz nach § 1 des Diskontsatz-Überleitungs-Gesetzes (§ 288 Abs. 1 Satz 1)
- Abschlagszahlungen an Werkunternehmer für abgeschlossene Teilleistungen (§ 632 a)
- Abnahme des Werkes auch bei geringen Mängeln gemäß § 640 Abs. 1
- Fälligkeit der Vergütung gemäß § 641
- Fertigstellungsbescheinigung gemäß § 641 a
- Erweiterung der Sicherheitsleistung des Bestellers gemäß § 648 a Abs. 1
- Bauhandwerkersicherungsbürgschaft gemäß § 648 a Abs. 5

Quelle: DEUTSCHER BUNDESTAG 1999a

4.2 Die wesentlichen Änderungsvorschläge im Einzelnen

4.2.1 Erhöhung des Verzugszinses

Gemäß § 288 Abs. 1 Satz 1 BGB ist eine Geldschuld während des Verzugs nach geltendem Recht mit 4 % zu verzinsen. Dieser Zinssatz entspricht der Höhe des gesetzlichen Zinssatzes gemäß § 246 BGB.

Der Gesetzentwurf der Bundesregierung sieht vor, diesen fixen Verzugszins einerseits anzuheben und zugleich durch einen variablen Verzugszinssatz zu ersetzen. Künftig soll eine Geldschuld nach § 288 BGB mit 5 % über dem Basiszinssatz nach § 1 des Diskontsatz-Überleitungs-Gesetzes vom 9. Juni 1998 verzinst werden. Der vorgeschlagene variable Verzugszins, der bei dem derzeitigen Basiszinssatz von rd. 2,5 % entsprechend 7,5 % betragen würde, schmälert deutlich die Anreize für Schuldner, sich im Wege der Zahlungsverzögerung finanzielle Vorteile zu verschaffen.

4.2.2 Werkvertragsrecht

Die umfangreichsten, im Gesetzentwurf der Regierungskoalition vorgesehenen Änderungen betreffen wie schon im Gesetzentwurf der CDU/CSU-Fraktion (vgl. DEUTSCHER BUNDESTAG 1999) und dem Eckpunktepapier der Arbeitsgruppe "Verbesserung der Zahlungsmoral" vom 15. April 1999 das Werkvertragsrecht.

4.2.2.1 Einschränkung der Vorleistungspflicht

Der neue § 632a Abs. 1 Satz 1 BGB sieht vor, dass der Werkunternehmer vom Besteller für in sich abgeschlossene Teile des Werkes Abschlagszahlungen für die vertragsgemäß erbrachten Leistungen verlangen kann. Die neue Regelung wurde auf in sich abgeschlossene Teilleistungen beschränkt. Voraussetzung ist, dass die Teilleistung vertragsmäßig, d.h. mängelfrei erbracht wurde. Gemäß § 632a Abs. 1 Satz 2 BGB soll diese Regelung auch für angefertigte oder angelieferte Stoffe oder Bauteile gelten. Die Abschlagszahlung für Material kann jedoch nur verlangt werden, wenn der Werkunternehmer - analog zur Gewährleistungsbürgschaft - Sicherheit dafür leistet, dass das Material beim Einbau nicht beschädigt oder zerstört wird.

Mit diesem zusätzlichen Paragraphen wird die Vorleistungspflicht des Werkunternehmers - gemäß § 631 BGB ist der Unternehmer auf der Grundlage des BGB-Werkvertrages in vollem Umfang vorleistungspflichtig - eingeschränkt. Dem liegt die Überlegung zugrunde, dass die uneingeschränkte Vorleistungspflicht von Werkunternehmern unter den "heutigen finanziellen Rahmenbedingungen nicht mehr zumutbar" ist (DEUTSCHER BUNDESTAG 1999a, S. 5). Vor allem die kleinen und mittleren Betriebe, die in hohem Maße Werkleistungen durchführen, sind nicht in der Lage, hohe Materialkosten und abgeschlossene Teile des Werkes über längere Zeit hinweg vorzufinanzieren. Die Unternehmer sollen bereits während der Ausführung des Werkes nach BGB-Werkvertrag analog zu dem § 16 Nr. 1 Abs. 1 VOB/B Abschlagszahlungen für Teile des Werkes verlangen können (DEUTSCHER BUNDESTAG 1999a, S. 5 f.).

4.2.2.2 Abnahmepflicht des Bestellers bei geringfügigen Mängeln des Werkes

§ 640 Abs. 1 BGB verpflichtet den Besteller eines Werkes zur Abnahme. Voraussetzung für die Abnahme des Werkes ist die Abnahmefähigkeit, die fälschlicherweise mit der Mängelfreiheit des Werkes gleichgesetzt wird. Ein Werk ist aber schon dann abnahmefähig, wenn es kleinere Mängel aufweist (DEUTSCHER BUNDESTAG 1999a, S. 6). Um diesem Grundsatz zur Geltung zu verhelfen, soll § 640 Abs. 1 BGB dahingehend erweitert werden, dass die Abnahme eines Werkes nicht wegen geringfügiger Mängel verweigert werden kann. Die Verankerung dieses Grundsatzes im BGB verbessert die Rechtsstellung des Werkunternehmers und kann zur Beschleunigung von Zahlungen beitragen.

Der zusätzlich eingefügte Wortlaut in § 640 Abs. 1 BGB "Der Abnahme steht es gleich, wenn der Besteller das abnahmefähige Werk nicht innerhalb einer ihm vom Unternehmer bestimmten, angemessenen Frist abnimmt", unterstreicht die Abnahmepflicht des Bestellers; sie beseitigt die derzeitig unklare Rechtslage, die bei fehlender Abnahme des Werkes zur Uneinigkeit über die Zulässigkeit einer Werklohnklage führte. Von Unternehmern geführte Werklohnklagen werden aufgrund der durch diesen Zusatz geschaffenen Klarheit einfacher.

4.2.2.3 Fälligkeit der Vergütung im Mängelfall

§ 641 Abs. 1 BGB soll dahingehend erweitert werden, dass im Falle vorhandener Mängel eines Werkes dem Besteller des Werkes gestattet wird, die Zahlung der Vergütung in Höhe mindestens des Dreifachen der für die Beseitigung der Mängel erforderlichen Kosten zu verweigern. Damit soll die Rechtstellung des Bestellers im Falle vorhandener Mängel des Werkes gestärkt werden; ihm soll ein wirksames Druckmittel für rasche Mängelbeseitigung zur Verfügung gestellt werden.

Gleichzeitig soll mit dem neuen Absatz 3 des § 641 BGB die Rechtsposition des Werkunternehmers gestärkt werden. Nach geltendem Recht erhält dieser nur dann seine Vergütung gemäß § 641 BGB, wenn er dem Besteller jeden angezeigten Mangel zum Werk widerlegt. Mängeleinreden kommen insbesondere im Zusammenhang mit Bauträger- oder Generalübernehmerverträgen zum Tragen. Hier geschieht es häufig, dass der Bauträger/Generalübernehmer nach Herstellung der einzelnen Gewerke die Vergütungsraten vom Erwerber einfordert und diese auch erhält, sie jedoch nicht an die Handwerker weiterleitet, die die Werkleistung erbracht haben. Diesen gegenüber macht der Bauträger/Generalübernehmer häufig Mängel geltend, obwohl er - im Falle von Mängeln - vom Erwerber keine Raten einfordern dürfte, weil er für die Mängel selbst mitverantwortlich ist. Zur Beseitigung dieser Praxis sieht der neue Absatz 3 im § 641 BGB vor, dass mit Eingang der für das jeweilige Gewerk zu zahlenden Raten auch die Vergütung der Handwerker fällig wird, die die Werkleistung erbracht haben.

4.2.2.4 Fertigstellungsbescheinigung

Der Werkunternehmer erhält seine Vergütung bei Anzeige bestehender Mängel durch den Besteller erst dann, wenn er sämtliche vom Besteller erhobenen Mängeleinwände widerlegt hat. Dies erfordert jedoch regelmäßig das Einholen von Sachverständigengutachten und führt zu einer Verlängerung der Prozessdauer, was zur Existenzgefährdung kleiner und mittlerer Betriebe führen kann, wenn es sich dabei um einen großen Betrag handelt bzw. um einen großen Auftrag (DEUTSCHER BUNDESTAG 1999a, S. 8).

Wenn der Besteller die Abnahme verweigert, kann der Werkunternehmer die ausstehende Zahlung auch nicht über eine vorläufige Titulierung schneller erwirken. Es besteht bislang kein Instrumentarium, welches den Besteller daran hindern könnte, den Prozess durch mutwillige Mängeleinreden in die Länge zu ziehen. Um dem Werkunternehmer eine schnelle vorläufige Titulierung seines Anspruchs zu ermöglichen und gleichzeitig eine Grundlage für die Beurteilung von eventuell vorhandenen Mängeln zu schaffen, soll der Absatz 4 in § 641 BGB ergänzt und ein neuer § 641a im BGB eingefügt werden. § 641 Absatz 4 BGB bestimmt, dass bei schriftlich abgeschlossenen Werkverträgen die Fälligkeit der Vergütung eintreten soll, wenn dem Unternehmer eine Fertigstellungsbescheinigung nach § 641a Satz 1 BGB erteilt wird.

§ 641a Absatz 1 BGB besagt, dass die Fertigstellungsbescheinigung dem Werkunternehmer von einem öffentlich bestellten und vereidigten Gutachter erteilt wird, wenn das versprochene Werk oder ein in sich abgeschlossener Teil davon hergestellt und 1. nicht mit Mängeln behaftet ist, 2. nicht mit den vom Besteller behaupteten Mängeln behaftet ist und 3. ein nach dem Vertrag für die Berechnung der Vergütung erforderliches Ausmaß zutrifft. Mit der Vorlage dieser Fertigstellungsbescheinigung wird die Vergütung des Unternehmers fällig.

Diese Urkunde zusammen mit dem schriftlichen Vertrag, auf den der neue § 641 Absatz 4 Satz 1 BGB abstellt, eröffnet den Weg in den Urkundenprozess. Diese neue Regelung soll dazu führen, dass sich der Besteller genau überlegt, welche Einwendungen - nämlich nur tatsächlich vorhandene Mängel - er in einem Nachverfahren geltend machen will. Dies wird mit der Fertigstellungsbescheinigung möglich, in der der Anspruch des Bestellers zuvor ernsthaft und effektiv auf seine Berechtigung überprüft wird. Die Fertigstellungsbescheinigung hat aus diesem Grund die Prüfungstiefe eines Sachverständigengutachtens ohne formal ein solches Gutachten zu sein (DEUTSCHER BUNDESTAG 1999b, S. 9).

4.2.2.5 Erweiterung der Sicherheitsleistung des Bestellers

Für die in § 648a Absatz 1 BGB geregelte Sicherheitsleistung des Bestellers ist eine Erweiterung vorgesehen, wonach der Werkunternehmer vom Besteller nicht nur eine Sicherheit für die von ihm zu erbringenden Vorleistungen verlangen kann, sondern auch für dazugehörige Nebenforderungen, z.B. anfallende Zinsen (DEUTSCHER BUNDESTAG 1999b, S. 10). Die Bemessung der Nebenforderungen ist in § 648a Abs. 1 Satz 2 BGB neu gefasst worden. Satz 2 bestimmt, dass die Nebenforderungen mit 10 % des zu sichernden Vergütungsanspruchs anzusetzen sind. Allerdings muss der Unternehmer seinen Anspruch darlegen und beweisen.

4.2.2.6 Sicherungsbürgschaft und Schadenersatzanspruch

Lehnt der Besteller die Stellung einer Sicherheitsleistung bzw. die Stellung einer Sicherungsbürgschaft nach § 648a BGB ab, so dass sich der Werkunternehmer nicht gegen einen möglichen Konkurs des Bestellers absichern kann, dann kann der Werkunternehmer den Vertrag kündigen und Schadenersatz verlangen. Allerdings haben Werkunternehmer von dieser Möglichkeit in der Vergangenheit nur selten Gebrauch gemacht, weil die Darlegung und Beweisführung des Schadens schwierig ist. Mit dem Wortlaut "Es wird vermutet, dass der Schaden fünf vom Hundert der Vergütung beträgt", soll deshalb in § 648a Absatz 5 BGB eine Pauschale eingefügt werden, um dem Werkunternehmer die gesetzlich zustehende Bürgschaft zu verschaffen.

4.3 Abschlußbericht der Bund-Länder Arbeitsgruppe "Verbesserung der Zahlungsmoral"

Nach der jüngsten Anhörung von Sachverständigen aus der Praxis am 15. September 1999 zum Gesetzentwurf der CDU/CSU-Fraktion (vgl. DEUTSCHER BUNDESTAG 1999) sowie zum Gesetzentwurf der Regierungskoalition (vgl. DEUTSCHER BUNDESTAG 1999a), hat die Arbeitsgruppe im Herbst 1999 ihren Abschlußbericht vorgelegt. Im folgenden werden kurz die von der Arbeitsgruppe neu aufgegriffenen Ansätze zur Verbesserung der Zahlungsverzugsproblematik skizziert.

Ein ganz wesentlicher Vorschlag bezieht sich auf den Zeitpunkt des Verzugseintritts. Die Arbeitsgruppe plädiert dafür, den Vorschlag der Europäischen

Kommission aufzugreifen, wonach eine Zinszahlungspflicht - ohne Mahnung - nach Ablauf von 30 Tagen nach dem Eingang einer Rechnung oder gleichwertigen Zahlungsaufforderung bzw. nach dem Empfang der Güter oder Dienstleistungen vorgesehen ist (vgl. Kapitel 4.4.2). Der Schuldner brauche lediglich eine angemessene Zeit zur Prüfung der Rechnung; der Zeitraum von 30 Tagen sei ausreichend bemessen.

Die Erteilung einer Rechnung soll - wie im Richtlinienentwurf der EU vorgesehen - eine zusätzliche Mahnung überflüssig machen. Nach geltendem Recht kommt ein Schuldner ohne Mahnung nur dann in Verzug, wenn ein Zahlungstermin bzw. Datum vereinbart wurde, an dem die Zahlung geleistet werden soll (§ 284 Abs. 2 BGB). Mit der Neuregelung würde eine Mahnung entbehrlich. Der Gläubiger soll daneben aber die Möglichkeit erhalten, den Schuldner auch schon vor Ablauf der 30-Tage-Frist zu mahnen, um den Schuldner schon früher in Verzug zu setzen. In letzterem Fall wäre allerdings eine Mahnung erforderlich. Dem § 284 BGB soll deshalb ein dritter Absatz angefügt werden, der besagt, dass der Schuldner einer Geldforderung spätestens 30 Tage nach Fälligkeit und Zugang einer Rechnung oder einer gleichwertigen Zahlungsaufforderung in Verzug kommt.

Darüber hinaus soll § 352 Abs. 1 HGB an die veränderte Rechtslage angepasst werden. Derzeit gilt für Handelsgeschäfte ein gesetzlicher Verzugszins von 5 %, der jedoch eine Privilegierung gegenüber dem § 288 BGB darstellt, weil letzterer deutlich angehoben werden soll. Der Anwendungsbereich des § 352 Abs. 1 Satz 1 HGB soll daher auf den gesetzlichen Zinssatz des § 246 BGB beschränkt werden. Für den Schuldnerverzug würde dann nicht länger der Verzugszins in Höhe von 5 % gemäß § 352 Abs. 1 HGB gelten; auch auf Handelsgeschäfte wäre dann der erhöhte Zinssatz des neu gefassten § 288 Abs. 1 Satz 1 BGB anwendbar.

4.4 Regelung des Zahlungsverkehrs im Handelsverkehr auf europäischer Ebene

4.4.1 Zum Werdegang des Richtlinienentwurfs der Europäischen Kommission

In ihrer Empfehlung vom 12. Mai 1995 über die Zahlungsfristen im Handelsverkehr hat die Europäische Kommission die Mitgliedstaaten aufgefordert, das Problem des Zahlungsverzugs auf nationaler Ebene zu lösen, indem die Mitgliedstaaten Maßnahmen zur Einhaltung von Zahlungsfristen im Handelsverkehr ergreifen und den Zahlungsverzug öffentlicher Auftraggeber unterbinden (EUROPÄISCHE KOMMISSION 1995, S. 19).

In seiner Entschließung vom 4. Juli 1996 hat das Europäische Parlament die Kommission aufgefordert, ihre Empfehlung so schnell wie möglich in einen Richtlinienvorschlag umzuwandeln. In ihrem Zwischenbericht 1997 bittet die Europäische Kommission alle Mitgliedstaaten sowie Liechtenstein, Norwegen und Island um Informationen über die national geltenden Zahlungssysteme und -fristen, um zu erfahren, ob die Mitgliedstaaten auf die Kommissionsempfehlung von 1995 reagiert und Schritte zur Verringerung des Zahlungsverzugs auf nationaler Ebene unternommen haben oder Gesetzesänderungen planen.

In der Mitteilung vom 9. Juli 1997 kommt die Kommission zu dem Ergebnis, dass die meisten Mitgliedstaaten nichts oder wenig zur Bekämpfung des Zahlungsverzugs unternommen haben (EUROPÄISCHE KOMMISSION 1997, S. 11 ff.). Vielmehr hätten sich die durchschnittlichen Zahlungsfristen in Europa seit 1996 verlängert; die Zahlungen erfolgten im Durchschnitt 15 Tage zu spät. Vor diesem Hintergrund hält die Kommission - auch unter Berücksichtigung des Subsidiaritätsprinzips - eine Regelung des Zahlungsverzugs auf Gemeinschaftsebene für gerechtfertigt.

In den Schlussfolgerungen der Mitteilung wurde deshalb formuliert, dass Mindestanforderungen aufgestellt werden sollen, die in die nationalen Gesetzgebungen zur Bekämpfung des Zahlungsverzugs einfließen sollen. Am 25. März 1998 hat die Europäische Kommission schließlich einen Richtlinienvorschlag vorgelegt. Auf Anregung des Europäischen Parlaments wurden einige darin enthaltene Bestimmungen noch verschärft; diese haben im geänderten Richtlinienvorschlag der Europäischen Kommission vom 29. Oktober 1998 ihren Niederschlag gefunden. In ihrem gemeinsamen Standpunkt vom 29. Juli 1999 hat das Europäische Parlament zusammen mit dem Rat der Europäischen Union erneut Änderungen vorgenommen. Die Richtlinie zur Bekämpfung von Zahlungsverzug im Handelsverkehr in ihrer derzeitigen Fassung wird im folgenden vorgestellt. Die endgültige Fassung der Richtlinie wird voraussichtlich im Frühjahr 2000 bekanntgegeben.

4.4.2 Ziele und Inhalt der Richtlinie

Nach Auffassung der Europäischen Kommission behindert der Zahlungsverzug die Waren- und Dienstleistungsfreiheit im Binnenmarkt; reibungslose Zahlungspraktiken seien eine Voraussetzung für das Funktionieren des Binnenmarktes. Die unterschiedlichen Zahlungsbestimmungen und -praktiken in den einzelnen Mitgliedstaaten machen die Eintreibung von Schulden schwierig, teuer und ungewiss. Zur Vermeidung von Wettbewerbsverzerrungen müsse gewährleistet werden, dass grenzüberschreitender Handel nicht risikohafter sei als Inlandsgeschäfte.

Die Kommission ist der Auffassung, dass besonders kleine und mittlere Unternehmen verspätete Zahlungen schlecht verkraften können, da sie liquiditätsmäßig anfällig sind und sich häufig gegenüber den sie beliefernden Großunternehmen in einer schwachen Position befinden. Der im Rahmen der European Business Survey befragten kleinen und mittleren Unternehmen in Deutschland zufolge zahlen die Unternehmen, zu denen die kleinen und mittleren Unternehmen Geschäftskontakte unterhalten, bewusst verspätet, um die eigene Liquidität zu schonen. Im EU-Durchschnitt lag die Zeitspanne zwischen Leistungserbringung und Zahlungseingang dieser Untersuchung zufolge bei 61 Tagen (GRANT THORNTON INTERNATIONAL 1997). Hieraus ergäbe sich die Notwendigkeit beschleunigter Verfahren zur Beitreibung ausstehender Forderungen, um den Gläubigern einen frühzeitigen Vollstreckungsbescheid zu verschaffen. Kleine und mittlere Unternehmen könnten dadurch weit mehr als bisher von den Vorteilen des Binnenmarktes profitieren.

Säumige Schuldner sollen ausreichend abgeschreckt und die vertraglich vereinbarten Zahlungsfristen durchgesetzt werden können. Ferner sollen bei Vertragsparteien, bei denen das Kräfteverhältnis unausgewogen ist - insbesondere bei öffentlichen Auftraggebern - vertraglich festgelegte Zahlungsfristen eingehalten werden. Der Richtlinienvorschlag besteht in der Fassung vom 29. Juli 1999 aus insgesamt 7 Artikeln, die in der folgenden Übersicht aufgeführt sind.

Übersicht 4: Die Artikel im Richtlinienentwurf

Artikel 1:	Anwendungsbereich der Richtlinie
Artikel 2:	Begriffsbestimmungen (Definitionen)
Artikel 3:	Zinsen bei Zahlungsverzug
Artikel 4:	Beitreibungsverfahren für unbestrittene Forderungen
Artikel 5:	Umsetzung
Artikel 6:	Inkrafttreten
Artikel 7:	Adressaten

Quelle: RAT DER EUROPÄISCHEN UNION 1999

Artikel 1 legt fest, dass die Richtlinie auf sämtliche Zahlungen im Geschäftsverkehr Anwendung finden soll. Artikel 2 enthält Begriffsbestimmungen bzw.

Definitionen der Begriffe: Geschäftsverkehr, Zahlungsverzug und vollstreckbarer Titel [1] Artikel 3 ist die Kernvorschrift der Richtlinie.

Gemäß Artikel 3 Abs. 1a der Richtlinie sind Verzugszinsen ab dem Tag zu zahlen, der auf den vertraglich festgesetzten Zahlungstermin oder auf das vertraglich festgelegte Ende der Zahlungsfrist folgt. Damit hat der Rat den Grundsatz festgeschrieben, dass bei Zahlungsverzug Zinsen fällig werden. Für den Fall, dass der Zahlungstermin oder die Zahlungsfrist nicht vertraglich festgelegt wurden, bestimmt Artikel 3 Abs. 1b vier Varianten, nach denen Verzugszinsen - ohne Mahnung - anfallen. Von dieser Regelung profitieren besonders kleine und mittlere Unternehmen, da diese Unternehmen nach Ansicht der Kommission häufig ihre Geschäfte ohne schriftliche Verträge tätigen (EUROPÄISCHE KOMMISSION 1998, S. 7),

Verzugszinsen fallen danach ohne vorherige Mahnung 30 Tage nach dem Zeitpunkt des Eingangs der Rechnung bzw. einer gleichwertigen Zahlungsaufforderung beim Schuldner an. Für den Fall, dass der Zeitpunkt des Eingangs der Rechnung bzw. einer gleichwertigen Zahlungsaufforderung unsicher ist, sind es 30 Tage nach dem Zeitpunkt des Empfangs der Güter oder Dienstleistungen. Wird dem Schuldner die Rechnung vor Empfang der Güter oder Dienstleistungen zugestellt, fallen Verzugszinsen 30 Tage nach dem Empfang der Güter oder Dienstleistungen ohne vorherige Mahnung an. Der letzte Fall stellt auf Abnahme- oder Überprüfungsverfahren erbrachter Leistungen ab, die insbesondere im Baugewerbe von Bedeutung sind. Als Stichtag für die 30-Tage-Frist, ab der Verzugszinsen fällig werden, gilt der Tag des Abnahme- oder Überprüfungsverfahrens.

Artikel 3 Absatz 1c bestimmt, dass der Gläubiger berechtigt ist, nur insoweit Verzugszinsen geltend zu machen, als er seine vertraglichen und gesetzlichen

---

[1] 1. Unter Geschäftsverkehr werden alle Geschäftsvorgänge zwischen Unternehmen oder zwischen Unternehmen und öffentlichen Stellen verstanden, die zu einer Lieferung von Gütern oder Erbringung von Dienstleistungen gegen Entgelt führen. Ein Unternehmen ist dabei jede im Rahmen ihrer unabhängigen wirtschaftlichen oder beruflichen Tätigkeit handelnde Organisation, auch wenn die Tätigkeit von einer einzelnen Person ausgeübt wird. 2. Zahlungsverzug wird definiert als die Nichteinhaltung der vertraglich oder gesetzlich vorgesehenen Zahlungsfrist. 3. Der Begriff "vollstreckbarer Titel" umfasst Entscheidungen, Urteile oder Zahlungsbefehle eines Gerichts oder einer anderen zuständigen Behörde, nach denen eine Zahlung unverzüglich oder in Raten zu leisten ist und mit denen der Gläubiger seine Forderung gegen den Schuldner im Wege der Zwangsvollstreckung beitreiben kann.

Verpflichtungen erfüllt und den fälligen Betrag nicht rechtzeitig erhalten hat, es sei denn, dass der Schuldner für die Verzögerung nicht verantwortlich ist.

Die Höhe des Verzugszinses ist in Artikel 3 Abs. 1d geregelt; dieser soll 6 Prozentpunkte über dem Refinanzierungssatz[2] der Europäischen Zentralbank liegen und immer dann gelten, wenn die Vertragspartner nichts anderes vereinbart haben. Der vorgeschlagene Verzugszins würde entsprechend dieser Regelung 9 % betragen zum Ende des Jahres 1999. Der Verzugszins in Höhe von Refinanzierungssatz der Europäischen Zentralbank plus 6 % verringert damit die derzeitige Kluft zum marktmäßigen Zinssatz für Überbrückungsfinanzierungen. Die Europäische Kommission geht davon aus, dass hieraus eine Verringerung des Schuldenvolumens resultiert, was gerade den kleinen und mittleren Unternehmen nutzen wird.

Artikel 3 Abs. 2 räumt den Mitgliedstaaten die Möglichkeit ein, für bestimmte, auf nationaler Ebene zu definierende Vertragsarten die Frist, nach deren Ablauf Zinsen zu zahlen sind, auf bis zu 60 Tage festzusetzen. Voraussetzung ist, dass die Vertragsparteien diese Frist von 60 Tagen nicht überschreiten oder dass ein Verzugszins festgelegt wird, der deutlich über dem gesetzlichen Verzugszinssatz liegt. Diese Option ist für Vertragsarten gedacht, bei denen kleine und mittlere Unternehmen "normalerweise Zahlungsfristen von weit mehr als 60 Tagen auferlegt werden, also Verträge mit Behörden, Verträge zwischen Hauptauftragnehmern und Subunternehmern. In diesem Zusammenhang sind bei der Kommission Beschwerden eingegangen, aus denen hervorgeht, dass kleine und mittlere Unternehmen häufig Zahlungsfristen zwischen 90 und 150 Tagen hinnehmen müssen." (EUROPÄISCHE KOMMISSION 1999, S. 5).

Artikel 3 Abs. 3 legt fest, dass Vereinbarungen über den Zahlungstermin oder die Folgen eines Zahlungsverzugs, die nicht im Einklang mit den Absätzen 1 und 2 dieses Artikels stehen, entweder nicht geltend gemacht werden können oder einen Schadenersatzanspruch begründen. So können nationale Gerichte verhindern, dass lange Zahlungsfristen und niedrige Verzugszinsen vereinbart werden, wenn diese als grob nachteilig für den Gläubiger befunden werden. Bei dieser Bestimmung handelt es sich nicht um eine Option; sie gilt für alle Vertragsarten in den Mitgliedstaaten. Artikel 3 Abs. 2 und 3 sollen vertraglichen

---

2 Für die Berechnung des Verzugszinses wird die Höhe dieses Zinssatzes zweimal im Jahr, jeweils am 2. Januar und dem 1. Juli zugrundegelegt.

Vereinbarungen über lange Zahlungsfristen entgegenwirken; auch hiervon werden insbesondere die kleinen und mittleren Unternehmen profitieren.

Die Richtlinie sieht nicht nur einheitliche Maßnahmen in bezug auf das materiellrechtliche Verzugsrecht vor; sie macht auch prozessuale Vorgaben. So ist das Beitreibungsverfahren für unbestrittene Forderungen in Artikel 4 geregelt. Dieser Artikel beinhaltet Regelungen für die verfahrensmäßige Durchsetzung von unbestrittenen Geldforderungen. Danach kann ein vollstreckbarer Titel unabhängig von dem Betrag der Geldforderung in der Regel binnen 90 Kalendertagen ab Einreichung der Klage erwirkt werden.

Der Rat hat die Artikel 7 und 8 des geänderten Richtlinienvorschlags der Europäischen Kommission gestrichen, so dass für öffentliche Aufträge im gegenwärtigen Vorschlag keine besonderen Regelungen gelten. Einerseits hat der Rat in Artikel 2 Abs. 1 deutlich gemacht, dass die Richtlinie für Geschäftsvorgänge zwischen Unternehmen und öffentlichen Stellen gilt, so dass für letztere die gleichen Regeln gelten wie für die Privatwirtschaft. Andererseits vertritt der Rat die Auffassung, dass auch große Privatunternehmen ihre Stellung am Markt missbrauchen, so dass die Prämisse nicht haltbar sei, die öffentlichen Stellen würden später zahlen als Privatunternehmen (EUROPÄISCHE KOMMISSION 1999, S. 7).

Hinsichtlich der Umsetzung der Richtlinie in den Mitgliedstaaten der Europäischen Union gemäß Artikel 5 wird den Mitgliedstaaten die Möglichkeit eingeräumt, Vorschriften beizubehalten oder zu erlassen, "die für Gläubiger günstiger sind als die zur Erfüllung dieser Richtlinie notwendigen Maßnahmen" (RAT DER EUROPÄISCHEN UNION 1999, S. 10).

4.4.3 Vergleich der nationalen Regelungen zum Zahlungsverkehr und der Regelungen in der Europäischen Union

Die nationalen, im Gesetzentwurf der Regierungskoalition vorgeschlagenen Regelungen zur Verbesserung der Zahlungsmoral sind im wesentlichen das Ergebnis der Untersuchung des Zahlungsverhaltens in Deutschland durch die Bund-Länder Arbeitsgruppe "Verbesserung der Zahlungsmoral". Sie hat die spezielle Situation in Deutschland analysiert und entsprechende Verbesserungsvorschläge erarbeitet. Der Schwerpunkt der im Gesetzentwurf vorgeschlagenen Änderungen liegt im Werkvertragsrecht und spiegelt demzufolge Schwächen in diesem Bereich wieder; einzig die Einführung des variablen Verzugszinses sowie seine Anhebung betreffen den gesamten Geschäfts- und Rechtsverkehr.

Die Zielsetzung des Europäischen Richtlinienentwurfs ist allgemeinerer Natur, mit einem Focus auf die Verbesserung der Durchsetzung von Forderungen insbesondere kleiner und mittlerer Unternehmen zur Förderung des grenzüberschreitenden Handelsverkehrs und der Schaffung einheitlicher Zahlungsusancen im Binnenmarkt. Allerdings haben die Regelungen dispositiven Charakter, d.h. die Mitgliedstaaten können auch strengere Regeln festlegen.

Das derzeit noch bestehende Regulierungsgefälle in der Europäischen Union kommt in den tabellarischen Übersichten 5 bis 9 deutlich zum Ausdruck. Den Ergebnissen der European Payment Habits Survey zufolge besteht ein eindeutiger Zusammenhang zwischen den gesetzlichen Bestimmungen und dem Zahlungsverhalten (INTRUM JUSTITIA 1997). Nach dieser Untersuchung zählt Deutschland zu den Ländern mit dem kürzesten Zahlungsverzug in der Europäischen Union. Die längsten Zeiten bis zum Forderungseingang weisen Griechenland, Portugal und Italien auf. In Norwegen, Finnland und Schweden werden Forderungen am schnellsten beglichen. Letztere haben im Vergleich zu den anderen Mitgliedstaaten der Europäischen Union auch die strengeren Regelungen.

Die Höhe der Verzugszinsen ist in den meisten Ländern relativ niedrig im Vergleich zu den Sätzen für Überziehungskredite. Es ist daher nicht verwunderlich, dass das Problem des vorsätzlichen Zahlungsverzugs einer Befragung von kleinen und mittleren Unternehmen zufolge (GRANT THORNTON INTERNATIONAL 1997) in Großbritannien und Deutschland am schwerwiegendsten ist. In Großbritannien bestand bislang kein gesetzlicher Anspruch auf Verzugszinsen, in Deutschland ist der gesetzliche Verzugszins sehr niedrig im Vergleich zu marktüblichen Zinssätzen, so dass spürbare Zinsvorteile zu einer Überziehung von Zahlungszielen verleiten. Des weiteren geht aus dieser Untersuchung hervor, dass insgesamt nur 53 % der europäischen Unternehmen stets oder gelegentlich Verzugszinsen geltend machen, während dieser Anteil in den nordischen Ländern, in denen die kürzesten Zahlungsfristen gelten, mit 94 % der Unternehmen wesentlich höher ist. Empirische Untersuchungen belegen, dass die Überschreitung von Zahlungsfristen in diesen Ländern ebenfalls am geringsten ist (INTRUM JUSTITIA 1997; GRANT THORNTON INTERNATIONAL 1997).

Die Europäische Kommission kommt mit Blick auf die Situation in den nordischen Ländern zu dem Ergebnis, dass deren gesetzliche Bestimmungen besonders wirksam sind und den Unternehmen zumindest bei Inlandsgeschäften pünktliche Zahlungen garantieren. Daher sind Unternehmen in diesen Ländern bei Ausfuhren am ehesten benachteiligt, wenn sie ihre inländischen Zulieferer in kurzer Frist bezahlen müssen, aber gleichzeitig lange Zahlungszeiträume ausländischer Kunden in Kauf nehmen müssen.

Darüber hinaus spielen auch Mentalitätsunterschiede eine Rolle und beeinflussen die Herausbildung schnellerer und kostengünstigerer Forderungseintreibungsverfahren. Während sich z.B. nach dieser Untersuchung 63 % der deutschen Unternehmen an Anwälte und nur 37 % an Inkasso-Firmen wenden, werden in Finnland, Norwegen und Schweden wesentlich häufiger Inkasso-Unternehmen beauftragt als Rechtsanwälte (INTRUM JUSTITIA 1997). In den nordischen Ländern herrscht ein wesentlich stärkerer Wettbewerb zwischen Rechtsanwälten und Inkasso-Firmen hinsichtlich der Forderungseintreibung; die Wettbewerbssituation sorgt offenbar auch für eine Verringerung der Kosten der Forderungseintreibung.

In jüngerer Zeit hat es lediglich in sechs Ländern der Europäischen Union Gesetzesinitiativen im Bereich des Zahlungsverzugs gegeben. Neben Deutschland sind dies Irland, Italien, Luxemburg, Island und Großbritannien. Bemerkenswert ist, dass in diesem Kreis alle drei Länder vertreten sind, die im Jahre 1997 - dem Berichtszeitpunkt der Europäischen Kommission für den Vergleich nationaler Regelungen - keinen gesetzlichen Verzugszins aufwiesen, nämlich Irland, Luxemburg und Großbritannien. Die Reformbestrebungen in Italien dürften hingegen primär auf die im EU-Vergleich weit überdurchschnittlichen Zahlungsfristen und Verzugszeiträume zurückzuführen sein.

Übersicht 5: Zahlungsfristen in der Europäischen Union*

	Gesetzliche Zahlungsfristen	Gängige Praxis	Beginn der Zahlungsfrist	Export-/ Inlandsgeschäfte
B	Nein.	0 - 90 Tage. Im Durchschnitt ca. 43 Tage. 60 % der Firmen räumen eine Frist von mindestens 30 Tagen ein.	In der Regel Datum des Rechnungseingangs.	Längere Zeiträume beim Verkauf von Konsumgütern, Rohstoffen, Fertig/Halbfertigprodukten in der EU.
DK	Nein.	Weniger als 30 Tage.	In der Regel das Rechnungsdatum.	Längere Zahlungszeiträume für Exportgeschäfte.
D	Nein, bei Fehlen einer vertraglichen Vereinbarung kann sofortige Zahlung verlangt werden.	30 Tage.	In der Regel das Rechnungsdatum.	k. A.
EL	Nein.	Ca. 90 Tage, abhängig vom Wirtschaftszweig.	Rechnungsdatum.	k. A.
E	Ja, für öffentliche Aufträge: max. 2 Monate.	Ca. 90 Tage.	In der Regel Tag des Waren-/ Leistungseingangs.	k. A.
F	Ja, für verderbliche Nahrungsmittel und für Zahlungen öffentlicher Stellen.	Ca. 60 Tage, abhängig vom Wirtschaftszweig.	Bei gesetzlichen Fristen der Tag der Lieferung.	Unterschiedlich je nach Land, z.B. 30 - 45 Tage für Deutschland, >80 Tage für Italien.
IRL	Nein, geplant für Zahlungen öffentlicher Stellen: max. 45 Tage.	30 Tage.	Abhängig vom Vertrag.	Kein Unterschied.
I	Ja, für Zahlungen öffentlicher Stellen: 30 Tage.	135 Tage vom Rechnungsdatum oder 2 - 3 Monate nach der Annahme.	Rechnungsdatum oder Annahme.	Kein Unterschied.
L	Nein.	30 - 90 Tage.	Rechnungsdatum.	Kein Unterschied.
NL	Nein, bei Fehlen einer vertraglichen Vereinbarung kann sofortige Zahlung verlangt werden.	30 Tage.	Abhängig vom Vertrag, normalerweise jedoch das Rechnungsdatum.	k. A.
A	Nein, bei Fehlen einer vertraglichen Vereinbarung kann sofortige Zahlung verlangt werden.	30 Tage.	Normalerweise Rechnungsdatum.	Kein Unterschied.

Fortsetzung Übersicht 5

	Gesetzliche Zahlungsfristen	Gängige Praxis	Beginn der Zahlungsfrist	Export-/ Inlandsgeschäfte
P	Ja, für öffentliche Aufträge: max. 44 Tage.	60 Tage.	Rechnungsdatum.	Kein Unterschied
FIN	Nein.	7 - 14 Tage; 30 Tage und mehr für langfristige Verträge.	Rechnungsdatum.	Längere Fristen für Exportverkäufe: 45 - 60 Tage.
S	Ja, wenn nicht anders vereinbart: 30 Tage.	30 Tage.	Rechnungsdatum und falls keine Rechnung vorliegt, Datum der Aufforderung zur Zahlung.	Längere Fristen für Exportgeschäfte, 15 - 90 Tage, je nach Wirtschaftszweig und Land, in der Regel jedoch 30 - 90 Tage.
UK	Nein.	30 Tage oder Ende des Monats, der auf den Monat der Rechnungsausstellung folgt.	Abhängig vom Vertrag.	Unterschiedlich je nach Wirtschaftszweig und Land, in der Regel jedoch 30 - 90 Tage.
IC	Nein.	30 Tage.	Abhängig vom Vertrag, häufig jedoch Ende des Verkaufsmonats.	k. A.
LI	Ja.	30 Tage.	Rechnungsdatum.	Kein Unterschied.
N	Ja, wenn keine Frist vereinbart ist, Fälligkeit 1 Monat nach dem Mahndatum.	15 - 30 Tage.	Rechnungsdatum.	In der Regel kein Unterschied.

© IfM Bonn

* Einschließlich Liechtenstein, Island und Norwegen.
Quelle: EUROPÄISCHE KOMMISSION (1997)

Übersicht 6: Verzugszinsen in der Europäischen Union*

	Gesetzlich festgelegter Zinssatz	Verfahren zur Anpassung des Zinssatzes	Marktübliche Zinssätze (Kontokorrentkredit, 3/97)	Möglichkeiten für die Vereinbarung eines abweichenden Satzes	Mahnschreiben erforderlich für Entstehen von Verzugszinsen	Zeitpunkt, ab dem Verzugszinsen anfallen
B	Ja, 7 %. Zahlbar sobald der Verkäufer den Käufer gemahnt hat.	Königlicher Erlass (zuletzt 4.8.96).	Kontokorrent: 8,5 %; Überziehung: 12,5 %.	Kann von den Vertragsparteien vereinbart werden. Darf nicht überhöht sein (Wucher).	Ja, wenn nicht vertraglich vereinbart: Verzugszinsen werden erst ab Mahnung fällig.	Datum des Mahnschreibens.
DK	Ja, Diskontsatz + 5 % = 8,25 %.	Änderung mit dem Diskontsatz.	Für Unternehmen mit < 1,35 Mio. ECU Umsatz Kontokorrent: 7,5 % - 10,5 %; Überziehung: 13,5 % - 16,5 %.	Kann von den Vertragsparteien vereinbart werden, in der Regel zwischen 8 % und 24 %.	Nein, Verzugszinsen werden automatisch fällig.	Tag nach dem Fälligkeitsdatum.
D	Ja, 5 %.	Änderung per Gesetz.	Kontokorrent: 9,75 %; Überziehung: 14,25 %.	Kann von den Vertragsparteien vereinbart werden. Darf nicht überhöht sein (Wucher).	Nein, Verzugszinsen werden automatisch fällig.	Tag nach dem Fälligkeitsdatum.
EL	Ja, 23 %.	Gesetz des Gouverneurs der griechischen Nationalbank.	Fester Satz für Kontokorrentkredite (Dispositions- oder Überziehungskredit: 22 %).	Kann von den Vertragsparteien vereinbart werden.	Nein, alle vertraglich vereinbarten Verzugszinsen werden automatisch fällig.	Tag nach dem Fälligkeitsdatum, falls Zinsen vertraglich vereinbart.
E	Ja, 10 %, für öffentliche Verträge + 1,5 Prozentpunkte.	Änderung per Gesetz.	Kontokorrent: 11 % - 13 %, Überziehung: ca. 20,8 %.	Kann von den Vertragsparteien vereinbart werden.	Nein, Verzugszinsen werden automatisch fällig.	Tag nach dem Fälligkeitsdatum.
F	Ja, mindestens das 1,5 fache des gesetzlichen Zinsfußes (3,87 % seit 1.1.97).	Der gesetzliche Zins wird jährlich berechnet und stützt sich auf die Verzinsung von Schatzwechseln.	Für Unternehmen mit < 0,75 Mio. ECU Umsatz Kontokorrent: 9,9 %; Überziehung: 12,3 %.	Gesetzlich festgelegter Mindestzins, höherer Satz kann vereinbart werden.	Nein, Verzugszinsen werden automatisch fällig.	Tag nach dem Fälligkeitsdatum.

Fortsetzung Übersicht 6

	Gesetzlich festgelegter Zinssatz	Verfahren zur Anpassung des Zinssatzes	Marktübliche Zinssätze (Kontokorrentkredit, 3/97)	Möglichkeiten für die Vereinbarung eines abweichenden Satzes	Mahnschreiben erforderlich für Entstehen von Verzugszinsen	Zeitpunkt, ab dem Verzugszinsen anfallen
IRL	Nein, außer bei Gerichtsentscheid: 8 %.	k. A. Bei Gerichtsentscheid Anpassung per Gesetz	Kontokorrent: 9,5 % - 11,95 %; Überziehung: 9,5 % - 11,95 % + Provision bis zu 0,5 % per Monat.	Die Vertragsparteien können den Zinssatz frei aushandeln	Nein, alle vertraglich vereinbarten Zinsen werden automatisch fällig.	Tag nach dem Fälligkeitsdatum bei vertraglicher Vereinbarung von Zinsen.
I	Ja, 5 %.	Anpassung durch einen Erlass vom Finanzminister.	Kontokorrent: 9,5 % - 16 %; Überziehung: 11,3 % - 16,75 %.	Kann von den Vertragsparteien vereinbart werden.	Ja, Einforderung von Verzugszinsen notwendig.	Tag nach dem Fälligkeitsdatum.
L	Nein (außer bei Gerichtsentscheid: 6,5 %)	k. A. Bei Gerichtsentscheid Anpassung per Gesetz.	Kontokorrent: ca. 5 %; Überziehung: 12,15 %	Die Vertragsparteien können den Zinssatz frei aushandeln.	Nein, Verzugszinsen werden automatisch fällig.	Tag nach dem Fälligkeitsdatum.
NL	Ja, 5 %	Anpassung an die Kapitalmarktzinsen alle sechs Monate.	Kontokorrent: 6,25 %; Überziehung: 6,25 % + 1,5 % per Monat.	Minimum gesetzlicher Mindestzinssatz, höherer Satz kann vereinbart werden.	Nein, Verzugszinsen werden automatisch fällig.	Tag nach dem Fälligkeitsdatum.
A	Ja, 5 %	Änderung per Gesetz.	Kontokorrent: ca. 6,5 %; Überziehung: 10,5 %.	Kann von den Vertragsparteien vereinbart werden. Darf nicht überhöht sein (Wucher).	Nein, Verzugszinsen werden automatisch fällig.	Tag nach dem Fälligkeitsdatum.
P	Ja, 10 %.	Anpassung durch einen gemeinsamen Erlass von Justiz- und Finanzminister.	Kontokorrent: 9 % - 11 %; Überziehung: 15 % - 22,5 %.	Kann von den Vertragsparteien vereinbart werden.	Ja, Einforderung von Verzugszinsen notwendig, mit einigen Ausnahmen.	Datum des Mahnschreibens.
FIN	Ja, 11 %.	Anpassung zum 1. Januar auf der Grundlage der Überziehungszinsen.	Kontokorrent: Helibor + 2 % + 1,5 % p.a.; Überziehung: 16 %.	Kann von den Vertragsparteien vereinbart werden, i.d.R. zwischen 16 % und 18 %. Max. 26 % - 28 %.	Nein, aber die Verzugszinsen müssen auf der Rechnung aufgeführt werden.	Tag nach dem Fälligkeitsdatum, falls kein Fälligkeitstermin festgelegt ist, 30 Tage nach dem Rechnungsdatum.

Fortsetzung Übersicht 6

	Gesetzlich festgelegter Zinssatz	Verfahren zur Anpassung des Zinssatzes	Marktübliche Zinssätze (Kontokorrentkredit, 3/97)	Möglichkeiten für die Vereinbarung eines abweichenden Satzes	Mahnschreiben erforderlich für Entstehen von Verzugszinsen	Zeitpunkt, ab dem Verzugszinsen anfallen
S	Ja, Diskontsatz + 8 % =10,5 %.	Änderung mit dem Diskontsatz.	Kontokorrent: 9 % - 10 %; Überziehung: 12 % - 15 %.	Kann von den Vertragsparteien vereinbart werden, i.d.R. zwischen 18 % und 24 %. Keine Obergrenze.	Nein, Verzugszinsen werden automatisch fällig, wenn Fälligkeitstermin festgelegt wurde.	Tag nach dem Fälligkeitsdatum. Falls kein Fälligkeitstermin festgelegt ist, ab dem 30. Tag nach dem Rechnungsdatum.
UK	Nein, außer bei Gerichtsurteil: 8 %.	k. A. Bei Gerichtsurteil Änderung per Gesetz.	Kontokorrent: 7,25 % - 10,75 %; Überziehung: 8,75 % - 12,25 %.	Die Vertragsparteien können den Zinssatz frei vereinbaren. Keine Obergrenze.	Nein, alle vertraglich vereinbarten Verzugszinsen werden automatisch fällig.	Tag nach dem Fälligkeitsdatum bei vertraglich vereinbarten Zinsen.
IC	Ja, der Zinssatz ist von der Währung abhängig (für Isländische Kronen 16 %).	Monatliche Festlegung durch die Zentralbank in Anlehnung an die durchschnittlichen Darlehenszinsen.	Kontokorrent: 14,5 % - 14,75 %; Überziehung: 16 %.	Die Vertragsparteien können keinen Zinssatz vereinbaren, der über dem gesetzlich fixierten Zinsfuß liegt.	Nein, Verzugszinsen werden automatisch fällig.	In der Regel Tag nach dem Fälligkeitsdatum.
LI	Ja, 5 %	Kein Anpassungsmechanismus.	Kontokorrent: 5,5 %; Überziehung: 6,5 % - 7,5 %.	Kann von den Vertragsparteien vereinbart werden. Max. ca. 18 %.	Nein, Verzugszinsen werden automatisch fällig.	Tag nach dem Fälligkeitsdatum.
N	Ja, 12 % (wenn keine Vereinbarung vorliegt).	Änderung durch königliches Dekret in Anlehnung an das allgemeine Zinsniveau.	Kontokorrent: 6,5 % - 11,9 %; Überziehung: 18 % - 24 %.	Kann von den Vertragsparteien vereinbart werden.	Nein, Verzugszinsen werden automatisch fällig, es sei denn, es wurde kein Fälligkeitstermin vereinbart.	Tag nach dem Fälligkeitsdatum. Wenn kein Fälligkeitstermin vereinbart wurde, 1 Monat nach der Zahlungsaufforderung.

* Einschließlich Liechtenstein, Island und Norwegen.
Quelle: EUROPÄISCHE KOMMISSION (1997)

Übersicht 7: Skontogewährung in der Europäischen Union*

	Gängige Praxis	Höhe und Bedingungen	Angabe von Verzugszinsen/ Skonto auf der Rechnung erforderlich
B	Nach Vereinbarung	2 % - 3 %, bei Bezahlung am Verkaufstag/folgenden Tag.	Nein.
DK	Unüblich, wird nur in einigen Wirtschaftszweigen gewährt.	2 % - 3 %, bei Zahlung innerhalb von 10 Tagen.	Nein.
D	In einigen Wirtschaftszweigen üblich, z. B. in der Textilbranche.	3 %, bei Zahlung innerhalb von 10 Tagen.	Nein.
EL	Ja.	10 % - 15 %, bei Zahlung innerhalb von 10 Tagen.	Nein.
E	Unüblich.	k. A.	Nein.
F	Häufig gefordert, z. B. im Handel.	1 % - 2,5 %, bei sofortiger Bezahlung.	Ja (Gesetz vom 31.12.92).
IRL	Nach Vereinbarung.	Nach Vereinbarung.	Nein.
I	Nein.	k. A.	Nein.
L	Ja.	2 % - 3 %, bei Zahlung innerhalb von 3 - 8 Tagen.	Nein.
NL	Nicht oft gewährt.	In bestimmten Wirtschaftszweigen, 2 % bei Zahlung innerhalb von 8 Tagen.	Nein.
A	Ja.	2 % - 3 %, bei Zahlung innerhalb von 10 - 30 Tagen.	Nein.
P	Ja.	3 %, bei Zahlung innerhalb von 30 Tagen.	Nein.
FIN	Nein, aber bei Stammkunden.	1 % - 2 %, bei Zahlung innerhalb von 7 - 14 Tagen.	Zinsen: ja, andernfalls kein Anspruch. Skonti: nein.
S	Nein.	k. A.	Zinsen: ja, bei vertraglich vereinbartem Fälligkeitstermin.
UK	Unüblich, nur in einigen Wirtschaftszweigen.	k. A.	Nein.
IC	Nach Vereinbarung.	5 % - 10 %, bei sofortiger Bezahlung.	Nein.
LI	Manchmal.	Maximal 2 %, bei Zahlung innerhalb von 10 Tagen.	Nein.
N	Unüblich, nur in einigen Wirtschaftszweigen.	2 %, bei Zahlung innerhalb von 10 Tagen.	Ja, wenn der Höchstzinssatz gefordert wird.

* Einschließlich Liechtenstein, Island und Norwegen.
Quelle: Europäische Kommission (1997)

Übersicht 8: Mahn-/Inkassoverfahren in der Europäischen Union*

	Allgemeines Verfahren	Anwaltspflicht	Beauftragung von Inkassobüros	Lizenzierung von Inkassobüros	Anspruch auf Erstattung der Beitreibungskosten
B	2 - 3 Mahnungen, dann gerichtliche Schritte.	Nicht für Mahnungen und Zahlungsaufforderungen.	Selten bei Unternehmen mit weniger als 10 Mill. BEF Umsatz.	Ja.	Kosten für Inkassobüro: nein; Prozesskosten: ja, aber keine Anwaltshonorare.
DK	Mahnung, Inkassobeauftragte/ gerichtliche Verfahren.	Ja, für Gerichtsverfahren (wird gegenwärtig überprüft).	Durchaus üblich.	Ja.	Verfahrenskosten und Beitreibungskosten zahlt in der Regel der Schuldner.
D	Mahnung, dann beschleunigtes gerichtliches Verfahren.	Nicht im beschleunigten Gerichtsverfahren.	Der Gläubiger kann Inkassobüros beauftragen.	Ja.	Abhängig von der Rechtsprechung.
EL	Gerichtliches Verfahren.	Ja, bei gerichtlichen Verfahren.	Nur für schnelle Beitreibung von Schulden. Keine gängige Praxis.	Ja.	Verfahrenskosten und Beitreibungskosten zahlt in der Regel der Schuldner.
E	Mahnung, gerichtliches Verfahren.	Ja, bei gerichtlichen Verfahren.	Eher unüblich.	Nein.	Verfahrenskosten werden u. U. vom Schuldner getragen, wenn er im Gerichtsverfahren unterliegt.
F	Zahlungsbefehl: Inkassobeauftragter.	Nicht für Mahnverfahren oder Inkassobeauftragte.	Entscheidung des Unternehmens.	Nein.	Kosten für Inkassobüro: nein; Prozesskosten: ja, aber keine Anwaltshonorare.
IRL	Mahnung, Inkassobeauftragte/ gerichtliche Verfahren.	Nein.	Häufig.	Nein.	Kosten für Inkassobüro: nein; Verfahrenskosten: ja.
I	Mahnung; Inkassobeauftragter; Gerichtsverfahren.	Ja, bei gerichtlichen Verfahren.	Möglich.	Ja.	Keine Verpflichtung für den Schuldner, die Beitreibungskosten zu begleichen.
L	Gerichtsverfahren.	Ja, bei allen gerichtlichen Verfahren mit einem Streitwert > 400 000 LF.	Möglich.	Ja.	Die Kosten des Gerichtsverfahrens trägt die unterlegene Partei (nicht jedoch die Anwaltskosten).

Fortsetzung Übersicht 8

	Allgemeines Verfahren	Anwaltspflicht	Beauftragung von Inkassobüros	Lizenzierung von Inkassobüros	Anspruch auf Erstattung der Beitreibungskosten
NL	Bezirks- bzw. Amtsgerichtsverfahren.	Vor dem Bezirks-, nicht jedoch vor dem Amtsgericht.	Möglich.	Nein.	Ja, wenn das Gericht dem Schuldner die Kosten auferlegt (einschl. der Kosten für Inkassobüro).
A	Beschleunigtes gerichtliches Verfahren.	Ja, bei allen gerichtlichen Verfahren mit einem Streitwert > 30 000 ÖS.	Möglich, aber seltener in Anspruch genommen als Gerichtsverfahren.	Ja.	Nein, soweit nicht vertraglich vereinbart.
P	Persönliche Kontaktaufnahme; Rechtsanwalt; Gerichtsverfahren.	Ja	Nicht offiziell anerkannt, das Gesetz kennt nur Factoringunternehmen.	k. A.	Nein, sofern nicht das Gericht dem Schuldner die Kosten auferlegt.
FIN	Mahnung; Anrufung des Gerichts.	Nein.	In 2/3 oder mehr der Fälle bzw. von 50 % der Gläubigerunternehmen in Anspruch genommen.	Nein, wird gegenwärtig überprüft.	Kosten außer Verfahrenskosten: Schuldner, Verfahrenskosten: unterschiedlich.
S	Mahnung; gerichtliches Verfahren.	Nein.	Kann unbegrenzt in Anspruch genommen werden.	Ja.	Ja, sind vom Schuldner bis zu einem festgelegten Betrag zu übernehmen.
UK	Mahnung, Inkassobeauftragter, gerichtliches Verfahren	Nein, außer für Unternehmen.	Häufig.	Nein, für die Beitreibung von Handelsschulden.	Außergerichtliche Kosten: nein; Gerichtskosten: nicht bei geringfügigeren Forderungen.
IC	Mahnung, Telefon, Rechtsanwalt.	Normalerweise nicht, außer bei zivilrechtlichen Verfahren.	Möglich.	Nein, außer für Inkassobüros arbeitende Anwälte.	Ja, Begleichung durch den Schuldner.
LI	Beitreibungs- bzw. Gerichtsverfahren.	Nein.	Möglich.	Ja.	Keine Verpflichtung für den Schuldner, die Beitreibungskosten zu begleichen.
N	Mahnung, Schlichtung, Gerichtsverfahren.	Ja, außer bei beschleunigten Verfahren.	Möglich.	Ja.	Ja, Kosten werden vom Schuldner getragen. © IfM Bonn

* Einschließlich Liechtenstein, Island und Norwegen.
Quelle: EUROPÄISCHE KOMMISSION (1997)

Übersicht 9: Weitere ausgewählte Aspekte zum Zahlungsverhalten in der Europäischen Union*

	Verjährung: Forderungen des Verkäufers	Verjährung: Gewährleistungsansprüche des Käufers	Statistik
B	Keine Verjährungsfrist.	Keine allgemeinen Bestimmungen, die Gewährleistungsansprüche des Käufers befristen.	Keine amtliche Statistik, Untersuchungen privater Unternehmen.
DK	5 Jahre.	1 Jahr.	Keine amtliche Statistik.
D	2 Jahre für Unternehmen, sofern nicht besondere Bestimmungen gelten.	Bei Geschäften zwischen Kaufleuten müssen Beanstandungen unverzüglich geltend gemacht werden (d. h. innerhalb von 7 Tagen).	Keine amtliche Statistik. Zwei jährliche Erhebungen durch private Einrichtungen (Verband der Vereine Creditreform).
EL	5 Jahre, sofern nicht besondere Bestimmungen gelten.	6 Monate.	Untersuchung durch die griechische Bankenvereinigung.
E	Verschiedene Bestimmungen, normalerweise jedoch 15 Jahre.	Verschiedene Bestimmungen, bis zu 3 Jahre.	Monatliche Statistiken: nationales statistisches Amt; vertrauliche Informationen: Register unbezahlter Schulden.
F	10 Jahre im Einzelhandel. 1 Jahr für Transportleistungen, 6 Monate für Hotels.	Keine allgemeine Befristung von Gewährleistungsansprüchen des Käufers.	Jährliche Berichte der Beobachtungsstelle für Zahlungsverhalten; Erhebung privater Unternehmen (z. B. UFB-Locabail).
IRL	6 Jahre.	Keine allgemeinen Befristung von Gewährleistungsansprüchen.	Seit 1996 Erhebung über die Zahlungspraktiken des Staates. Ein Gesetzesvorschlag sieht regelmäßige Erhebungen vor.
I	10 Jahre.	8 Tage nach Entdeckung des Mangels.	Keine offizielle Einrichtung, die sich mit Zahlungsverzug befasst. Untersuchungen von Privatunternehmen (z. B. Dun & Bradstreet).
L	Ja, oft 1 Jahr.	Ja, besonders für Bauwerke.	Keine offizielle Einrichtung, die sich mit Zahlungsverzug befasst.
NL	Keine besondere Frist für Handelsgeschäfte: in der Regel Verjährung nach 5 Jahren, Verjährungsunterbrechung durch neue Mahnung.	Keine besondere Befristung, normalerweise 5 Jahre.	Keine offizielle Einrichtung, die sich mit Zahlungsverzug befasst.
A	Entweder 30 Jahre (lange Frist) oder 3 Jahre (kurze Frist).	Bei Geschäften zwischen Kaufleuten müssen Beanstandungen unverzüglich geltend gemacht werden (d. h. innerhalb von 7 Tagen).	Ja, durch die Handelskammern und auch durch die Kreditvereinigungen.

Fortsetzung Übersicht 9

	Verjährung: Forderungen des Verkäufers	Verjährung: Gewährleistungsansprüche des Käufers	Statistik
P	Ja (§ 317 des Zivilgesetzbuches).	Ja (§§ 913-922 des Zivilgesetzbuches).	Keine offizielle Einrichtung, die sich mit Zahlungsverzug befasst.
FIN	Keine besonderen Verjährungsfristen, aber der Verkäufer muss seine Forderung innerhalb eines angemessenen Zeitraums geltend machen.	Keine besonderen Fristen, aber der Käufer muss seine Beanstandungen innerhalb eines angemessenen Zeitraums geltend machen.	Keine Datenerhebung durch staatliche Stellen, aber Untersuchungen einer landesweit arbeitenden Auskunftei.
S	Keine besonderen Verjährungsbestimmungen.	Die Beanstandungen müssen innerhalb eines angemessenen Zeitraums geltend gemacht werden, 2 Jahre nach Erhalt (soweit nicht anderweitig vereinbart oder geregelt).	Keine amtliche Statistik.
UK	6 Jahre nach der Transaktion, die die Forderung begründet (in Schottland 5 Jahre nach dem Fälligkeitstermin).	6 Jahre nach Auftreten des Beanstandungsgrundes (5 Jahre nach Vertragsverletzung in Schottland).	Berichte über Zahlungsverzug werden von verschiedenen privaten Einrichtungen erarbeitet, diese werden von der Regierung kontrolliert.
IC	Allgemeine gesetzliche Einschränkung, so muss der Verkäufer z. B. seine Forderungen innerhalb von 4 Jahren geltend machen.	1 Jahr für Qualitätsbeanstandungen des Käufers.	Die Bankeninspektion der Zentralbank führt Prüfungen zum Zahlungsverzug im Finanzsektor durch.
LI	Ja (keine näheren Angaben).	Ja (keine näheren Angaben).	Keine amtliche Statistik.
N	Keine Verjährungsfristen.	Ja, bestimmte Fristen für Gebrauchsgüter.	Keine amtliche Statistik

* Einschließlich Liechtenstein, Island und Norwegen.
Quelle: EUROPÄISCHE KOMMISSION (1997)

Besonders erwähnenswert ist die neue Regelung in Großbritannien, die eine stufenweise Umsetzung des am 1. November 1998 in Kraft getretenen "Late Payment of Commercial Debts (Interest) Act" vorsieht. In der ersten Stufe haben nach diesem Gesetz nur kleine Unternehmen mit weniger als 50 Beschäftigten einen gesetzlichen Anspruch auf Verzugszinsen bei ausstehenden Forderungen gegenüber Großunternehmen. Nach rd. zwei Jahren wird der Anspruch auf Verzugszinsen auf alle Forderungen der kleinen Unternehmen, inklusive Forderungen an öffentliche Auftraggeber, ausgeweitet und nach weiteren zwei Jahren wird mit der dritten Stufe der Anspruch auf Verzugszinsen auf alle Unternehmen unabhängig von ihrer Größe ausgedehnt (DEPARTMENT FOR TRADE AND INDUSTRY 1998).

4.5 Würdigung

Insgesamt betrachtet deuten alle Anzeichen - unter Beachtung (inter-)national durchgeführter Studien zum Zahlungsverhalten - darauf hin, dass es sich beim Zahlungsmoralproblem um ein strukturelles Problem handelt, welches vom Konjunkturzyklus unabhängig ist. Die Verzugszinsen sind beispielsweise gegenwärtig in den meisten Mitgliedstaaten der Europäischen Union relativ niedrig im Vergleich zu den marktüblichen Sätzen für Überziehungskredite (EUROPÄISCHE KOMMISSION 1997, S. 6). Die von der Regierungskoalition im Gesetzentwurf vorgesehene Erhöhung des Verzugszinses und die Ablösung des fixen durch die Einführung eines variablen Verzugszinses für Geldschulden ist ein deutliches Zeichen für die Übereinstimmung mit der Sicht der Europäischen Kommission hinsichtlich der Notwendigkeit, säumige Schuldner stärker zu sanktionieren.

Obwohl im ursprünglichen Richtlinienvorschlag ein gesetzlicher Verzugszins in Höhe der Summe aus dem Repo-Satz der Europäischen Zentralbank zuzüglich mindestens 8 % vorgeschlagen wird, hat sich der Ministerrat für einen gesetzlichen Verzugszins in Höhe von 6 % über dem Repo-Satz der Europäischen Zentralbank ausgesprochen. Eine endgültige Entscheidung liegt noch nicht vor. Dessen ungeachtet werden der nationale und der europäische Verzugszins einen effektiveren Sanktionsmechanismus für säumige Schuldner im Vergleich zur gegenwärtigen Situation schaffen.

Als kritisch erweist sich allerdings nach wie vor die Durchsetzungsfähigkeit von Ansprüchen insbesondere kleiner und mittlerer Unternehmen. Eine Erhebung im Vereinigten Königreich im vierten Quartal 1996 zeigt, dass Großunternehmen regelmäßig schneller bezahlt werden als kleine Unternehmen (vgl. TRA-

DE INDEMNITY 1997). Die formale Festlegung von dispositiven Mindeststandards in der Richtlinie der Europäischen Kommission - und die bessere formale Einklagbarkeit des Rechts - sagt noch nichts über die Durchsetzungsfähigkeit der Ansprüche aus, weil kleinere Unternehmen aufgrund ihrer meist schwachen Marktposition nur selten in der Lage sind, auf Vertragsbedingungen so wesentlich Einfluss zu nehmen; es ist daher auch weiterhin nicht davon auszugehen, dass sie sich einer - für sie nachteiligen - vertraglichen Abweichung von dispositiven Vorschriften widersetzen können (GSELL 1999, S. 1576).

Ein anderes Problem betrifft die Tatsache, dass kleinere Unternehmen nicht einmal die im Gesetz bereits angelegten Lösungen anwenden. Dazu zählt nach dem im § 284 BGB geregelten Verzug die Möglichkeit, einen bestimmten Kalendertag als Fixdatum für den Verzugseintritt nach § 284 Abs. 2 Satz 1 BGB festzulegen, so dass der Schuldner bereits nach geltendem Recht ohne Mahnung in Verzug gesetzt werden kann. Obwohl auch kleinere Unternehmen ohne weiteren Aufwand ein konkretes Datum als Zahlungsfrist angeben könnten, machen sie in ausgesprochen geringem Umfang von der Möglichkeit einer kalendermäßigen Festlegung des Zahlungstermins Gebrauch (KNAPP 1999, S. 310). Auch dies ist ein Indiz dafür, dass die Unternehmen fürchten, ihre Geschäftsbeziehungen zu gefährden bzw. zu belasten. Die Pflege der Geschäftsbeziehungen sowie unter Umständen eine geringe Verhandlungsmacht dieser Unternehmen führen dazu, dass auch gegenwärtig bestehende und gesetzlich verankerte Möglichkeiten nicht genutzt werden, um die Zahlung zu beschleunigen bzw. den Zahlungsverzug zu unterbinden.

Ein Kritikpunkt bezieht sich auf den Geltungsbereich der Richtlinie der Europäischen Kommission. Zwar soll die Richtlinie definitionsgemäß auf alle Zahlungen im Geschäftsverkehr anwendbar sein, allerdings wurde der Begriff Geschäftsverkehr so gefasst, dass er sich nur auf überfällige Zahlungen zwischen Unternehmen einerseits sowie zwischen öffentlichen Auftraggebern und Unternehmen andererseits bezieht. Ziel der Richtlinie ist damit die Einhaltung der Zahlungsfristen durch Unternehmen und öffentliche Auftraggeber; der Geschäftsverkehr zwischen Unternehmen und Privatpersonen wird ausgeklammert.

Positiv zu werten ist die Tatsache, dass für alle Mitgliedstaaten Mindeststandards gelten sollen, was Transparenz schafft, ebenfalls insbesondere für kleinere Unternehmen. Diesen Unternehmen, die überwiegend immer noch eher auf regionalen Märkten operieren, sind die Vorschriften und Handelspraktiken anderer Mitgliedstaaten häufig nicht bekannt, so dass bisher auch ein psychologisches Hemmnis im grenzüberschreitenden Handelsverkehr bestand (EUROPÄISCHE KOMMISSION 1997, S. 14). Diese Problematik entfällt zukünftig.

Die dargestellten rechtlichen Änderungsvorhaben zur Regelung des Zahlungsverzugs in Deutschland und in der Europäischen Union zielen - u.a. motiviert durch ältere empirische Studien - darauf ab, den Zahlungsverzug stärker zu sanktionieren. Um zu prüfen, ob die für Deutschland vorgesehenen Maßnahmen aus Sicht der Unternehmen die entscheidenden Ansatzpunkte zur Verbesserung der Zahlungsverzugsproblematik sind, wurden in die Unternehmensbefragung des Instituts für Mittelstandsforschung Bonn alle im Zusammenhang mit den rechtlichen Rahmenbedingungen relevanten Fragestellungen zum Zahlungsverzug aufgenommen. Neben den rechtlichen Aspekten des Zahlungsverzugs werden aber auch die betriebswirtschaftlichen Aspekte dargestellt.

Diese umfassende Betrachtungsweise ist aufgrund der Komplexität der Problematik zwingend, weil die Vernachlässigung entweder der betriebswirtschaftlichen oder der rechtlichen Aspekte des Zahlungsverzugs zu einer Polarisierung führen und einseitige - aber nicht problemadäquate - Maßnahmen nach sich ziehen würde. So ist die Zahlungsverzugsproblematik den nationalen und europäischen Untersuchungen zufolge zwar unstrittig; ihre Ursachen müssen jedoch differenziert betrachtet werden, da sie sowohl durch die schlechte Zahlungsmoral (stärkere Sanktionierung der Schuldner) als auch durch ein unprofessionelles Forderungsmanagement in den Unternehmen verursacht sein kann (betriebswirtschaftliche Maßnahmen). Erst diese umfassende Darstellung der Ursachen - wie sie in der vorliegenden Studie vorgenommen wird - liefert einen Einblick in die Notwendigkeit einerseits eines gesetzgeberischen Handlungsbedarfs und andererseits eines unternehmerischen Handlungsbedarfs.

5. Die empirische Erhebung des Instituts für Mittelstandsforschung Bonn

5.1 Die Befragungsgrundgesamtheit

Das IfM Bonn hat im August/September 1999 insgesamt 6.053 kleine und mittlere Unternehmen in den Bundesländern Hessen, Thüringen und Berlin zum Themenkomplex Zahlungsverzug und Forderungsmanagement mittels eines standardisierten Fragebogens befragt. Die Untersuchung erfolgte im Benehmen und in Kooperation mit den jeweiligen Landesregierungen bzw. dem Senator für Wirtschaft und Betriebe in Berlin.

In Hessen unterstützten die Industrie- und Handelskammern über die Arbeitsgemeinschaft der hessischen Industrie- und Handelskammern die Befragung durch die Generierung eines Adresssamples. In Thüringen erfolgte die Unterstützung durch die drei zuständigen Industrie- und Handelskammern sowie die drei Handwerkskammern. Der Minister für Wirtschaft und Infrastruktur in Thüringen - Franz Schuster - unterstützte die Untersuchung durch ein Empfehlungsschreiben. In Berlin erhielt das IfM Hilfe vom Senator für Wirtschaft und Betriebe - Wolfgang Branoner - der die Durchführung der Befragung sowohl mit einem Adresssample als auch einem Empfehlungsschreiben unterstützte. Allen Kooperationspartnern, die durch ihre Hilfestellung die Befragung erst ermöglichten, sei an dieser Stelle herzlich gedankt.

Einbezogen in die Untersuchung wurden Unternehmen mit weniger als 500 Beschäftigten aus den Wirtschaftsbereichen verarbeitendes Gewerbe, Handwerk, Baugewerbe, Großhandel, Dienstleistungen sowie Verkehr und Nachrichtenübermittlung. Die Befragungssamples in Hessen und Thüringen wurden nach einer vorgegebenen Wirtschaftsbereichschichtung, innerhalb der Wirtschaftsbereiche nach dem Zufallsprinzip gezogen; für das Befragungssample in Berlin waren aufgrund des Adressmaterials keine wirtschaftsbereichsbezogenen Ziehungsvorgaben möglich. Ferner ist zu beachten, dass es sich bei den Handwerksunternehmen in Hessen nur um solche handelt, die (auch) Mitglied einer Industrie- und Handelskammer sind, bei den Handwerksunternehmen in Thüringen handelt es sich um in die Handwerksrolle eingetragene Unternehmen. Die Grundgesamtheit und der Rücklauf nach Bundesländern ist in Tabelle 1 wiedergegeben.

Tabelle 1: Befragungsgesamtheit und Rücklauf nach Bundesländern

Adressbestand	Verschickt	Rücklauf	Irrläufer	Bereinigte Rücklaufquote
Thüringen				
• Handwerks-kammern	650	152	16	24,0
• Industrie- und Handelskammern	2.450	687	76	28,9
Berlin	953	276	4	29,1
Hessen	2.000	195	44	10,0
Insgesamt	6.053	1.310	140	22,2

Insgesamt haben 1.310 der angeschriebenen Unternehmen einen ausgefüllten Fragebogen zurückgesandt, 140 Fragebogen erwiesen sich als unzustellbar. Die um die Fehlläufer bereinigte Rücklaufquote beträgt somit 22,2 %. Weitere 26 Fragebogen konnten nicht in die Auswertung einbezogen werden, weil sie erst nach Auswertungsschluss eingingen. Die große Diskrepanz zwischen den sehr hohen Rücklaufquoten in Thüringen und Berlin und der relativ niedrigen Rücklaufquote in Hessen liegt darin begründet, dass in Thüringen und Berlin die Fragebogen mit einem Minister- bzw. Senatoranschreiben versandt wurden, die die Antwortbereitschaft der angeschriebenen Unternehmen um ein Vielfaches gesteigert haben.

Um zu vermeiden, dass sich Unternehmen, die nur Barverkäufe tätigen oder keine Zahlungsziele gewähren, generell nicht an der Befragung beteiligen, wurde der Fragebogen so gestaltet, dass im Anschluss an die Strukturfragen eine weitere Frage gestellt wurde. Die Unternehmen sollten angeben, ob sie überhaupt Zahlungsziele gewähren, falls nicht, endete für sie dort der Fragebogen. Diese Vorgehensweise gewährleistete, dass mit der Untersuchung auch Aussagen über den Anteil von Unternehmen, für die Zahlungsverzug und Forderungsmanagement sachlich nicht relevant sind, gesondert nach Wirtschaftsbereichen, Unternehmensgröße oder Bundesländern getroffen werden können. Selbstverständlich schließt sofortige Fälligkeit nicht die Möglichkeit von Forderungsverlusten aus, z.B. bei ungedeckten Schecks. Diese Sonderfälle sind jedoch nicht Untersuchungsgegenstand. Insgesamt waren es 72 Unternehmen, die ausschließlich Barverkäufe tätigen bzw. sofortige Zahlung bei Lieferung und Leistung verlangen. Dies entspricht 5,5 % der antwortenden Unternehmen und belegt, dass in den untersuchten Wirtschaftsbereichen Zahlungsverzug und Forderungsmanagement für fast jedes Unternehmen sachlich relevant ist. Nach Ausschluss dieser 72 Unternehmen basiert die Auswertung über Zahlungsverzug und Forderungsmanagement auf den Angaben von 1.238 Unternehmen.

5.2 Die Struktur der befragten Unternehmen

5.2.1 Wirtschaftsbereichsstruktur

Rund ein Drittel der antwortenden Unternehmen stammt aus dem verarbeitenden Gewerbe, knapp ein Viertel der Befragten sind Dienstleistungsunternehmen und bei ca. ein Fünftel handelt es sich um Handwerksunternehmen. Das Baugewerbe ist mit einem Anteil von knapp 10 % vertreten, der Großhandel und Verkehr und Nachrichtenübermittlung machen 7,6 % bzw. 4,4 % der untersuchten Unternehmen aus. Die Wirtschaftsbereichsverteilung ist zum einen Folge der Schichtung der Grundgesamtheit, zum anderen geht hier auch die unterschiedliche wirtschaftsbereichsspezifische Sensibilität für das Problem Zahlungsverzug und daraus resultierend eine unterschiedliche Antwortbereitschaft der Unternehmen je nach Wirtschaftsbereich ein.

Tabelle 2: Verteilung der Unternehmen nach Wirtschaftsbereichen

Wirtschaftsbereich	absolut	in %
Verarbeitendes Gewerbe	422	34,1
Handwerk	251	20,3
Dienstleistungen	289	23,3
Großhandel	94	7,6
Verkehr und Nachrichtenübermittlung	55	4,4
Baugewerbe	115	9,3
Sonstige	12	1,0
Insgesamt	1.238	100,0

© IfM Bonn

Für die drei Bundesländer weist die Wirtschaftsbereichsverteilung deutliche Unterschiede zwischen Hessen einerseits und Berlin und Thüringen andererseits auf. In Hessen sind Dienstleistungsunternehmen deutlich stärker, das verarbeitende Gewerbe und das Handwerk hingegen wesentlich schwächer vertreten als in Berlin und Thüringen, was auf die unterschiedlichen Adressbestände zurückzuführen ist. Z.B. stand dem IfM für Hessen keine Adressdatei für reine Handwerksunternehmen zur Verfügung, so dass diese nur insoweit mit der Befragung erreicht wurden, wie sie gleichzeitig auch Mitglied einer Industrie- und Handelskammer sind. Das Untersuchungsdesign war daher von Anfang an nicht auf eine strenge Repräsentativität ausgelegt, sondern auf die Generierung einer ausreichend hohen Besetzungszahl von Unternehmen in den untersuchten Wirtschaftsbereichen, um Bereichs- und Größenspezifika untersuchen zu können.

Tabelle 3: Wirtschaftsbereichsverteilung der Unternehmen nach Bundesländern in %

Wirtschaftsbereich	Bundesland			Insgesamt
	Hessen	Berlin	Thüringen	
Verarbeitendes Gewerbe	23,7	36,9	35,6	34,2
Handwerk	10,4	23,2	21,6	20,3
Dienstleistungen	42,2	24,7	18,9	23,4
Großhandel	12,7	3,0	8,0	7,6
Verkehr und Nachrichtenübermittlung	3,5	1,5	5,6	4,5
Baugewerbe	6,4	10,3	9,7	9,3
Sonstige	1,1	0,4	0,6	0,7
n =	175	263	800	1 238

5.2.2 Unternehmensgrößenstruktur

Bezogen auf die Beschäftigtenzahl handelt es sich bei den befragten Unternehmen überwiegend um kleinere Unternehmen. 15,8 % der Befragten haben bis zu 4 Beschäftigte, weitere 14,4 % weisen 5 bis 9 Beschäftigte auf. Damit fällt rd. ein Drittel der befragten Unternehmen nach der Definition des IfM Bonn in die Kategorie Kleinunternehmen. Ein-Mann-Unternehmen machen lediglich einen Anteil von 1,7 % aus, so dass "Micro"-Unternehmen vergleichsweise selten vertreten sind. Relativ am stärksten besetzt ist die Größenklasse 20 bis 49 Beschäftigte, in die fast ein Viertel der Befragten fallen. Insgesamt liegt bei rd. 70 % der Unternehmen die Beschäftigtenzahl unter 49 Mitarbeitern, so dass diejenigen Unternehmen, bei denen aufgrund der personellen, organisatorischen und qualifikatorischen Voraussetzungen im allgemeinen mit besonderen betriebsgrößenbedingten Problemen bei der Errichtung und Durchführung eines betrieblichen Forderungsmanagements zu rechnen ist, den Großteil der Befragten ausmachen. Dies zeigt auch die Mittelwertbetrachtung: Die durchschnittliche Beschäftigtenzahl beträgt 59 Beschäftigte, der Median liegt bei 22 Beschäftigten.

Insgesamt gesehen kommt die Größenstruktur einer Gleichverteilung recht nahe, mithin ist in jeder Größenklasse eine hinreichend große Anzahl von Unternehmen für die Analyse vorhanden.

Tabelle 4: Verteilung der Unternehmen nach Beschäftigtengrößenklassen

Unternehmen mit ... Beschäftigten	absolut	in %
bis 4	191	15,8
5 - 9	174	14,4
10 - 19	201	16,6
20 - 49	282	23,3
50 - 99	199	16,5
100 und mehr	162	13,4
Insgesamt	1.209	100,0

Wirtschaftsbereich und Beschäftigtengröße sind eng miteinander verbunden. Typischerweise sind im Handwerk, im Dienstleistungsbereich und im Großhandel kleinbetriebliche Größenstrukturen vorzufinden, während die Produktions-/Leistungsbedingungen im verarbeitenden Gewerbe, im Baugewerbe sowie im Gewerbe Verkehr und Nachrichtenübermittlung eher größere Unternehmenseinheiten verlangen. Dies zeigt auch der Mittelwert- und Medianvergleich: Ein Handwerksunternehmen beschäftigt im Durchschnitt 24 Mitarbeiter und ist damit gut dreimal bzw. rd. viermal kleiner als ein durchschnittliches Unternehmen im verarbeitenden Gewerbe (durchschnittliche Beschäftigtenzahl: 83) bzw. im Baugewerbe (durchschnittliche Beschäftigtenzahl: 98). Die Hälfte der Handwerksunternehmen hat bis zu 9 Beschäftigte, im verarbeitenden Gewerbe und im Baugewerbe liegt der Median bei 44 bzw. 35 Beschäftigten.

Tabelle 5: Beschäftigtengrößenklassen nach Wirtschaftsbereichen in %

Wirtschaftsbereich	Unternehmen mit ... Beschäftigen					
	bis 4	5-9	10-19	20-49	50-99	100 u.m.
Verarbeitendes Gewerbe	6,3	8,0	10,8	28,7	25,1	21,1
Handwerk	25,5	26,3	17,7	20,2	6,6	3,7
Dienstleistungen	21,7	18,4	19,9	19,5	9,4	11,1
Großhandel	21,7	13,0	30,4	20,7	10,9	3,3
Verkehr und Nachrichtenübermittlung	10,9	9,1	18,2	27,3	21,8	12,7
Baugewerbe	13,0	5,2	17,4	21,7	23,5	19,2
Insgesamt	15,8	14,4	16,7	23,3	16,4	13,4

n = 1.205

Die unterschiedliche Wirtschaftsbereichsverteilung der befragten Unternehmen in den drei betrachteten Bundesländern hat Auswirkungen auf die regionale Verteilung der Beschäftigtengrößenklassen. Hessen weist aufgrund des hohen Anteils von Dienstleistungs- und Großhandelsunternehmen deutlich höhere Anteile von Kleinunternehmen auf (Größenklassen bis 4 und 5 bis 9 Beschäftigte: 58,8 %) als Thüringen (28,4 %) und Berlin (26,6 %). In Berlin sind Unternehmen des verarbeitenden Gewerbes und des Baugewerbes überdurchschnittlich häufig vertreten, so dass die befragten Berliner Unternehmen tendenziell größer sind als die befragten hessischen und thüringer Unternehmen.

Tabelle 6: Beschäftigtengrößenstruktur nach Bundesländern in %

Unternehmen mit ... Beschäftigten	Hessen	Berlin	Thüringen	Insgesamt
bis 4	37,0	4,3	15,0	15,8
5 - 9	21,8	12,3	13,4	14,4
10 - 19	12,4	15,9	17,8	16,7
20 - 49	12,9	29,5	23,6	23,3
50 - 99	8,8	15,5	18,4	16,4
100 und mehr	7,1	22,5	11,8	13,4
n =	170	258	781	1.209

5.2.3 Altersstruktur

Gut ein Fünftel der untersuchten Unternehmen sind junge Unternehmen, d.h. sie sind nicht älter als 5 Jahre. Am höchsten ist der Anteil junger Unternehmen im Dienstleistungssektor (29,4 %), was dem allgemeinen Gründungsgeschehen entspricht. Im Baugewerbe und im Großhandel liegt der Anteil junger Unternehmen deutlich unter dem Gesamtdurchschnitt; der Marktzutritt und die Überlebenschancen in den ersten Jahren nach der Gründung sind in diesen Wirtschaftsbereichen aufgrund des intensiven Wettbewerbs und aufgrund der relativ begrenzten Innovations- und Abgrenzungspotentiale gegenüber den Mitbewerbern weniger günstig.

Da Unternehmen i.d.R. klein starten, sind junge Unternehmen erwartungsgemäß am häufigsten in der Größenklasse bis 4 (42,9 %) sowie in der darauffolgenden Größenklasse mit 5 bis 9 Beschäftigten (23,1 %) vorzufinden. Jedoch haben auch viele junge Unternehmen eine sehr dynamische Entwicklung in Hinsicht auf den Beschäftigtenaufbau genommen, da auch in den Größenklassen 50 bis 99 sowie 100 und mehr Beschäftigte die Anteile junger Unternehmen mit 17,6 % bzw. 15,4 % beachtlich hoch liegen.

Tabelle 7: Unternehmensalter nach Wirtschaftsbereichen, Beschäftigtengrößenklassen und Bundesländern in %

Merkmal	Unternehmensalter	
	bis 5 Jahre	älter als 5 Jahre
Wirtschaftsbereich		
Verarbeitendes Gewerbe	20,4	79,6
Handwerk	19,9	80,1
Dienstleistungen	29,4	70,6
Großhandel	12,8	87,2
Verkehr und Nachrichtenübermittlung	16,4	83,6
Baugewerbe	14,0	86,0
n = 1.232		
Unternehmen mit ... Beschäftigten		
bis 4	42,9	57,1
5 - 9	23,1	76,9
10 - 19	16,5	83,5
20 - 49	12,8	87,2
50 - 99	17,6	82,4
100 und mehr	15,4	84,6
n = 1.207		
Bundesland		
Hessen	35,4	64,6
Thüringen	20,6	79,4
Berlin	13,7	86,3
Insgesamt	22,4	77,6
n = 1.236		© IfM Bonn

Differenziert nach Bundesländern ist der Anteil junger Unternehmen in Hessen am höchsten, in Berlin am niedrigsten. Dieses ist jedoch auf die unterschiedlichen Befragungssamples und nicht auf das Gründungsgeschehen zurückzuführen.

5.2.4 Kundenstruktur

Die Kundenstruktur der befragten Unternehmen wurde nicht direkt erfragt, sondern durch Rückschluss aus der Differenzierung der Gewährung von Zahlungszielen nach privaten Haushalten, anderen Unternehmen und der öffentlichen Hand gewonnen. Grundsätzlich sind bei drei unterschiedlichen Kundengruppen 7 Fallgruppen möglich, wobei einige Kundenstrukturen in dem Befragungssample praktisch bedeutungslos sind. Wie aus der nachfolgenden Tabelle ersichtlich, besitzen nur vier Kundenstrukturtypen Relevanz für die befragten Unternehmen.

Tabelle 8: Typologie der Kundenstruktur

Kunden	Abs.	in %
Nur private Haushalte	8	0,6
Nur private Haushalte und Unternehmen	98	8,0
Nur private Haushalte und öffentliche Auftraggeber	4	0,3
Nur Unternehmen	305	24,7
Nur Unternehmen und öffentliche Auftraggeber	129	10,5
Nur öffentliche Auftraggeber	4	0,3
Alle 3 Kundengruppen	686	55,6
Insgesamt	1.234	100,0

Die Mehrheit der befragten Unternehmen setzt ihre Güter/Dienstleistungen an alle drei Kundengruppen ab, d.h. private Haushalte, gewerbliche Abnehmer und die öffentliche Hand. Bei dieser gemischten Kundenstruktur ist davon auszugehen, dass unterschiedliche Vertragsmodalitäten je nach Kundengruppe vorherrschen. Bei rd. ein Viertel der Unternehmen handelt es sich um reine Zulieferbetriebe bzw. unternehmensnahe Dienstleister, die dementsprechend nur Handelsgeschäfte im Sinne von Verträgen zwischen Kaufleuten aufweisen werden. Rd. ein Zehntel der Unternehmen zählt nur die öffentliche Hand und gewerbliche Abnehmer zu seinen Kunden, für diese sind neben den rechtlichen Bedingungen für Handelsgeschäfte zwischen Kaufleuten die Vergabebedingungen der öffentlichen Hand von Bedeutung. Weitere 8,0 % der befragten Unternehmen haben nur private Abnehmer, nämlich gewerbliche Kunden und private Haushalte. Eine Kundenstruktur, die ausschließlich nur die Kundengruppe der privaten Haushalte oder die öffentliche Hand sowie die Kombination dieser beiden Abnehmergruppen enthält, ist für das Befragungssample praktisch bedeutungslos.

Insgesamt gesehen heißt dies, dass fast jedes Unternehmen (98,0 %) ausschließlich oder teilweise seine Produkte/Dienstleistungen an andere Unternehmen absetzt, die öffentliche Hand zählt bei 64,4 % der Befragten zu der Abnehmerschaft, in etwa gleich oft (63,4 %) sind in der Kundschaft private Haushalte vertreten.

Tabelle 9: Kundenstruktur nach Wirtschaftsbereichen in %

Abnehmer	Verar-beitendes Gewerbe	Hand-werk	Dienst-leistun-gen	Groß-handel	Verkehr-u. Nach-richten-übermitt-lung	Bau-gewerbe	Insge-samt
Private Haushalte	0,2	0,4	0,8	1,1	-	2,6	0,6
Unternehmen	45,0	4,8	23,5	22,3	18,2	2,6	24,7
Private Haushalte und Unternehmen	5,9	12,4	7,6	6,4	10,8	5,2	8,0
Öffentliche Auftrag-geber	-	-	0,4	-	-	2,6	0,3
Private Haushalte und öffentliche Auftragge-ber	-	0,4	1,0	-	-	-	0,3
Öffentliche Auftrag-geber und Unterneh-men	12,6	3,2	13,1	17,0	5,5	9,6	10,5
Private Haushalte, Unternehmen und öffentliche Auftragge-ber	36,3	79,0	53,6	53,2	65,5	77,4	55,6

n = 1.234 © IfM Bonn

Die Kundenstruktur hängt vom Wirtschaftsbereich und z.T. von der Unternehmensgröße ab. Erwartungsgemäß ist im verarbeitenden Gewerbe aufgrund der Wertschöpfungsketten der höchste Anteil reiner Zulieferbetriebe (45,0 %) und der niedrigste Anteil von Unternehmen mit Absatz an alle drei Kundengruppen (36,3 %) vorzufinden. Das Handwerk und das Baugewerbe weisen hingegen weit überwiegend eine gemischte Kundschaft auf, die alle drei Kundengruppen umfasst (79,0 % bzw. 77,4 %). Reine Zulieferbetriebe bzw. eine Spezialisierung auf ausschließlich gewerbliche Bauten sind im Handwerk (4,8 %) und im Baugewerbe (2,6 %) nur ganz selten, noch seltener ist die Spezialisierung auf ausschließlich private Haushalte oder die öffentliche Hand. Im Dienstleistungsbereich hingegen sind fast ein Viertel der Befragten reine unternehmensnahe Dienstleister.

Ein Beschäftigtengrößeneffekt hinsichtlich des Abnehmerkreises ist im wesentlichen nur für die Kundengruppe der privaten Haushalte festzustellen. So sinkt der Anteil von Unternehmen, die ihre Güter/Leistungen u.a. auch an private Haushalte absetzen, mit steigender Unternehmensgröße stetig ab: In der Beschäftigtengrößenklasse mit bis zu 4 Mitarbeitern zählen drei Viertel der Befragten private Haushalte zu ihren Kunden, in der Größenklasse mit 100 und mehr Beschäftigten sind es nur noch 53,1 %.

Tabelle 10: Kundenstruktur nach Beschäftigtengrößenklassen in %

Abnehmer	Unternehmen mit ... Beschäftigten						Insgesamt
	bis 4	5 - 9	9 - 10	20 - 49	50 - 99	100 u.m.	
Private Haushalte	2,2	1,2	0,5	-	-	-	0,6
Unternehmen	15,5	15,8	21,4	25,4	32,2	32,1	24,7
Private Haushalte und Unternehmen	11,2	13,0	6,2	5,2	4,0	4,2	8,0
Öffentliche Auftraggeber	-	0,5	0,5	0,7	-	0,6	0,3
Private Haushalte und öffentliche Auftraggeber	-	0,5	1,0	0,3	-	-	0,3
Öffentliche Auftraggeber und Unternehmen	5,3	7,6	9,2	12,0	12,8	12,8	10,5
Private Haushalte, Unternehmen und öffentliche Auftraggeber	66,0	61,4	61,2	56,4	51,0	50,3	55,6

n = 1.209

© IfM Bonn

5.3 Zahlungsziele

5.3.1 Einräumung von Zahlungszielen

Wie bereits erwähnt, gewähren 94,5 % der befragten Unternehmen ihren Abnehmern bzw. bestimmten Kunden oder Kundengruppen Zahlungsziele. Die restlichen 5,5 % der Befragten verkaufen bzw. leisten ausschließlich gegen sofortige Zahlung oder stellen ihre Rechnungen sofort fällig. Bevor die Struktur der Zahlungsziele näher analysiert wird, soll kurz auf die Charakteristika dieser 72 Unternehmen, die nicht zur Zielgruppe der Untersuchung gehören, eingegangen werden.

Vornehmlich stammen Unternehmen ohne Zahlungszielgewährung aus dem Handwerk und dem Dienstleistungsbereich sowie aus dem Bereich Verkehr und Nachrichtenübermittlung. Diese Gruppe von Kleinunternehmen ohne Gewährung von Zahlungszielen setzt i.d.R. ihre Produkte/Dienstleistungen ausschließlich an private Haushalte ab, denen, wie weiter unten gezeigt wird, auch von den großen Unternehmen relativ seltener ein Handelskredit eingeräumt wird als gewerblichen Kunden und der öffentlichen Hand. In den übrigen Wirtschaftsbereichen kommt der sofortigen Fälligkeit von Zahlungen aufgrund der branchenüblichen Geschäftsusancen und der hohen Bedeutung von gewerblichen Kunden praktisch keinerlei Bedeutung zu. Unternehmen, die generell keine Zahlungsziele gewähren, finden sich verstärkt (15,5 %) unter den Kleinstunternehmen mit bis zu 4 Beschäftigten. Bereits in der darauffolgenden Beschäftigtengrößenklasse mit 5 bis 9 Mitarbeitern liegt ihr Anteil nur noch bei 4,9 % und sinkt mit steigender Unternehmensgröße weiter ab.

Tabelle 11: Einräumung von Zahlungszielen nach Wirtschaftsbereichen und Beschäftigtengrößenklassen in %

Merkmal	Zahlungsziele	
	Ja	Nein
Wirtschaftsbereich		
Verarbeitendes Gewerbe	99,1	0,9
Handwerk	90,6	9,4
Dienstleistungen	92,6	7,4
Großhandel	96,9	3,1
Verkehr und Nachrichtenübermittlung	94,8	5,2
Baugewerbe	97,5	2,5
n = 1.304		
Unternehmen mit ... Beschäftigten		
bis 4	84,5	15,5
5 - 9	95,1	4,9
10 - 19	97,6	2,4
20 - 49	96,9	3,1
50 - 99	98,5	1,5
100 und mehr	98,2	1,8
Insgesamt	94,5	5,5
n = 1.273		© IfM Bonn

Regionale Unterschiede hinsichtlich der Gewährung von Zahlungszielen bestehen nicht. Zwar ist der Anteil von Unternehmen ohne Zahlungszielgewährung mit 10,3 % in Hessen mehr als doppelt so hoch wie in Berlin (4,7 %) und Thüringen (4,5 %), was jedoch ausschließlich auf die unterschiedliche Größen- und Wirtschaftsbereichsstruktur der in den verschiedenen Bundesländern befragten Unternehmen und nicht auf etwaige unterschiedliche Geschäftsusancen zurückzuführen ist.

Insgesamt gesehen wird deutlich, dass die Lieferung/Leistung gegen Einräumung von Zahlungszielen durchweg eine gängige Praxis in allen Wirtschaftsbereichen und Unternehmensgrößen ist. Demzufolge besteht theoretisch für fast alle Unternehmen auch die Notwendigkeit, ein Forderungsmanagement zu betreiben.

5.3.2 Zahlungsziele nach Kundengruppen

Die Befragungsergebnisse belegen - wie bereits oben erwähnt -, dass Unternehmen bei der Einräumung von Handelskrediten privaten Haushalten gegenüber zurückhaltender sind als bei den beiden anderen Kundengruppen. So verlangen von den 783 Unternehmen des Befragungssamples, die ihre Güter/Leistungen auch an private Haushalte absetzen, 102 Unternehmen (13,0%) Barzahlung oder sofortige Rechnungsbegleichung, wohingegen sie ihren gewerblichen Kunden und der öffentlichen Hand bis auf wenige Ausnahmen stets Zahlungsziele einräumen. Diese unterschiedliche Kreditierungspolitik begründet sich in erster Linie daraus, dass die Beurteilung der Bonität privater Haushalte aufwendiger und schwieriger ist, da geeignete Informationen i.d.R. nicht vorliegen und der Aufwand einer Informationsbeschaffung aufgrund zu geringer Auftragsvolumina den Nutzen übersteigt. Häufig handelt es sich bei privaten Haushalten um einmalige oder unstete Geschäftsabschlüsse, so dass eine Zahlungszielgewährung als absatzpolitisches Instrument zur Bindung des Kunden an das Unternehmen keine große Rolle spielt. Zudem sind die privaten Haushalte aufgrund der relativ geringen Bedeutung des einzelnen Geschäftsabschlusses in der Regel nicht in einer überlegenen Verhandlungsposition, um die Unternehmen zur Einräumung von Zahlungszielen zu bewegen. Insbesondere der Großhandel verhält sich bei der Gewährung von Handelskrediten zurückhaltend, sofern er überhaupt private Haushalte beliefert. Ein Drittel dieser Großhandelsunternehmen verlangt von privaten Haushalten sofortige Zahlung oder Rechnungsbegleichung. Auch der Dienstleistungssektor (16,0%) verhält sich privaten Haushalten gegenüber überdurchschnittlich zurückhaltend bei der Einräumung von Handelskrediten. Anders hingegen stellt sich die Situation im Baugewerbe dar: Nur 3,1 % der Bauunternehmen, die für Privatkunden Leistungen erbringen, gewähren diesen keine Zahlungsziele.

5.3.3 Üblicherweise eingeräumte Zahlungsziele

Private Haushalte erhalten Handelskredite nicht nur seltener, sondern die gewährten Zahlungsfristen sind darüber hinaus deutlich kürzer als diejenigen, die der öffentlichen Hand oder gewerblichen Kunden zugestanden werden. Im Durchschnitt wird privaten Haushalten eine Zahlungsfrist von 16 Tagen, Unternehmen und öffentlichen Haushalten hingegen ein durchschnittliches Zahlungsziel von 24 Tagen gewährt.

Tabelle 12: Struktur der Zahlungsziele nach Kundengruppen

Tage	Private Haushalte		Unternehmen		Öffentliche Auftraggeber	
	abs.	in %	abs.	in %	abs.	in %
bis 7	39	6,6	15	1,2	14	2,0
8 - 14	386	65,1	427	35,3	225	31,7
15 - 21	47	7,9	117	9,7	91	12,8
22 - 30	114	19,2	576	47,7	329	46,3
31 und mehr	7	1,2	74	6,1	51	7,2
Insgesamt	593	100,0	1.209	100,0	710	100,0
n = 1.228						© IfM Bonn

Im Hinblick auf die zeitliche Struktur der Zahlungsziele unterscheiden sich die Zahlungsvereinbarungen, wie bereits aus dem Mittelwertvergleich ersichtlich, deutlich zwischen den privaten Haushalten und den beiden anderen Kundengruppen. Zwischen den gewerblichen Kunden und der öffentlichen Hand hingegen bestehen keine wesentlichen Unterschiede in der Länge der Zahlungsziele. Rd. zwei Drittel der Unternehmen vereinbaren mit privaten Haushalten ein Zahlungsziel von 8 bis 14 Tagen, nur rd. 20 % gewähren ihnen eine längere Frist von 22 bis 30 Tagen. Noch längere Zahlungsziele an private Haushalte kommen so gut wie nicht vor (1,2 %). Anders verhält es sich bei gewerblichen Kunden und der öffentlichen Hand: Fast die Hälfte der Unternehmen vereinbart mit gewerblichen Kunden oder mit der öffentlichen Hand ein Zahlungsziel von 22 bis 30 Tagen, auch längere Zahlungsfristen kommen durchaus vor (6,1 % gewerblichen Kunden bzw. 7,2 % bei der öffentlichen Hand). Dementsprechend geringer ist bei diesen beiden Kundengruppen die Bedeutung von kurzen Zahlungsfristen von bis zu 14 Tagen; von den befragten Unternehmen setzt nur jeweils (gut) ein Drittel gewerblichen und öffentlichen Kunden entsprechend kurze Zahlungsziele.

Die Dauer der eingeräumten Zahlungsziele unterliegt einem deutlichen Unternehmensgrößeneinfluss. Kleinere Unternehmen mit bis zu 19 Beschäftigen richten ihre Geschäftspolitik wesentlich stärker auf kurzfristige Zahlungsziele aus als die größeren Unternehmen. Allerdings hat auch für kleinere Unternehmen die Differenzierung zwischen den Kundengruppen Bestand, auch sie gestehen gewerblichen Kunden und der öffentlichen Hand deutlich häufiger als privaten Haushalten längere Zahlungsfristen zu. Zur Geschäftspolitik der kurzen Zahlungsziele sind kleinere Unternehmen zumeist gezwungen: Einerseits räumen ihnen ihre Lieferanten häufig ebenfalls nur kürzere Zahlungsfristen als Großkunden ein. Diese kürzeren Zahlungsfristen geben sie an ihre Kunden weiter. Andererseits spielen Liquiditätsaspekte in kleineren Unternehmen, die kaum über zusätzliche Finanzreserven oder einen hohen und/oder günstigen Kreditrahmen verfügen, eher eine Rolle als in größeren Unternehmen, die ihre Zahlungsziele dementsprechend großzügiger gestalten bzw. die Zahlungszielgestaltung gegenüber den Kundengruppen stärker als absatzpolitisches Instrument einsetzen können. Eine Trennlinie, ab der Kundenkreditierung gebräuchlicher wird, ergibt sich bereits bei einer Unternehmensgröße ab 20 Beschäftigten.

Tabelle 13: Verteilung der Zahlungsziele nach Beschäftigtengrößenklassen in %

Zahlungsziel/ Kundengruppe	Unternehmen mit ... Beschäftigten						Insgesamt
	bis 4	5-9	10-19	20-49	50-99	100 u.m.	
bis 7 Tage							
Private Haushalte	8,3	3,2	6,0	5,8	7,4	9,5	6,6
Unternehmen	1,2	1,2	2,0	1,1	0,0	1,9	1,2
Öffentliche Auftraggeber	0,9	0,9	1,6	3,6	1,9	1,2	2,0
8 bis 14 Tage							
Private Haushalte	70,2	70,8	74,0	59,5	54,4	54,0	65,1
Unternehmen	49,7	45,3	43,8	27,1	24,1	23,7	35,3
Öffentliche Auftraggeber	52,2	35,2	37,9	20,4	22,6	20,2	31,7
15 bis 21 Tage							
Private Haushalte	3,3	8,5	4,0	9,9	13,2	9,5	7,9
Unternehmen	8,6	8,8	8,8	9,7	10,6	11,5	9,7
Öffentliche Auftraggeber	9,0	15,7	11,4	13,6	11,3	17,9	12,8
22 bis 30 Tage							
Private Haushalte	17,4	17,0	15,0	23,1	22,1	25,4	19,2
Unternehmen	37,3	41,2	41,8	55,2	57,8	50,0	47,7
Öffentliche Auftraggeber	35,2	43,6	43,5	55,6	55,7	41,7	46,3
31 Tage und mehr							
Private Haushalte	0,8	0,0	1,0	1,7	2,9	1,6	1,2
Unternehmen	3,2	3,5	3,6	6,9	7,5	12,9	6,1
Öffentliche Auftraggeber	2,7	4,6	5,6	6,8	8,5	19,0	7,2

n = 1.200

Kürzere Zahlungsziele für private Haushalte im Vergleich zur öffentlichen Hand oder anderen Unternehmen gelten in allen betrachteten Wirtschaftszweigen.

Abgesehen von dieser Grundstruktur zeigen sich jedoch deutliche wirtschaftsbereichsspezifische Unterschiede in der Bedeutung bestimmter Zahlungsfristen, die sich für alle drei Kundengruppen bemerkbar machen.

Tabelle 14: Verteilung der Zahlungsziele nach Wirtschaftsbereichen in %

Zahlungsziel/ Kundengruppe	Verar-beiten-des Ge-werbe	Hand-werk	Dienst-leistun-gen	Groß-handel	Verkehr u. Nach-richten-übermitt-lung	Bau-gewerbe	Insge samt
bis 7 Tage							
Private Haushalte	8,5	5,8	9,1	9,2	3,1	3,4	6,6
Unternehmen	0,7	0,8	2,8	2,2	-	-	1,2
Öffentliche Auftraggeber	0,7	1,0	5,1	1,8	3,1	-	2,0
8 bis 14 Tage							
Private Haushalte	41,5	72,1	68,9	63,6	90,6	60,7	65,1
Unternehmen	15,1	45,5	54,8	21,5	67,3	35,5	35,3
Öffentliche Auftraggeber	14,6	33,3	42,9	24,6	78,1	24,2	31,7
15 bis 21 Tage							
Private Haushalte	7,4	8,6	7,6	3,0	-	11,2	7,9
Unternehmen	4,6	15,2	8,9	9,7	3,6	22,4	9,7
Öffentliche Auftraggeber	6,6	19,0	9,1	7,0	6,3	23,2	12,8
22 bis 30 Tage							
Private Haushalte	40,4	13,0	13,6	24,2	6,3	21,3	19,2
Unternehmen	69,5	34,8	31,0	61,3	27,3	32,7	47,7
Öffentliche Auftraggeber	72,8	39,5	38,9	64,8	12,5	30,5	46,3
31 Tage und mehr							
Private Haushalte	2,2	0,5	0,8	-	-	3,4	1,2
Unternehmen	10,1	3,7	2,5	5,3	1,8	9,4	6,1
Öffentliche Auftraggeber	5,3	7,2	4,0	1,8	-	22,1	7,2
n = 1.224						© IfM Bonn	

Das verarbeitende Gewerbe räumt allen drei Kundengruppen durchschnittlich die längsten Zahlungsziele ein. Zahlungsziele zwischen 22 und 30 Tagen werden für die jeweilige Kundengruppe im verarbeitenden Gewerbe stets häufiger gesetzt als in anderen Wirtschaftsbereichen. Auch für den Großhandel ist diese Zahlungsfrist von besonderer Bedeutung für die vertraglichen Vereinbarungen mit gewerblichen Kunden und der öffentlichen Hand. Als Ursachen für längere Zahlungsfristen können z.B. die hohe Wettbewerbsintensität in den entsprechenden Wirtschaftsbereichen, aber auch branchenübliche Gepflogenheiten, die die Einräumung längerer Zahlungsfristen als Mittel der Kundenbindung erforderlich machen, herangezogen werden. Zahlungsziele von 31 und mehr Tagen finden sich insbesondere im Baugewerbe bei öffentlichen Auftraggebern. Da bei Verträgen mit der öffentlichen Hand die Bestimmungen der VOB maßgebend sind, die auch die Zahlungsbedingungen regeln, ist dieses Ergebnis plausibel.

Im Handwerk und im Dienstleistungsgewerbe wird jeder Kundengruppe häufiger als im Gesamtdurchschnitt nur eine Zahlungsfrist von 8 bis 14 Tagen gewährt. Noch stärker ausgeprägt ist die Dominanz dieser kurzen Zahlungsfrist im Wirtschaftsbereich Verkehr und Nachrichtenübermittlung. Unternehmen aus diesem Wirtschaftsbereich setzen privaten Kunden fast immer diese Frist (90,6 %), aber auch Kundengruppen aus dem öffentlichen Bereich (78,1%) und gewerbliche Kunden (67,3%) müssen weit überwiegend diese Zahlungsfrist akzeptieren.

Die durchschnittlich gewährten Zahlungsziele im Handwerk (20 Tage), im Dienstleistungsgewerbe (19 Tage) sowie im Bereich Verkehr und Nachrichtenübermittlung (17 Tage) sind daher nicht nur über alle Kunden betrachtet, sondern auch für jede einzelne Kundengruppe wesentlich knapper bemessen als im verarbeitenden Gewerbe, im Großhandel und im Baugewerbe.

5.3.4 Sonderkonditionen für Zahlungsziele

5.3.4.1 Fallweise Einräumung längerer Zahlungsfristen

Längere Zahlungsfristen als die im jeweiligen Unternehmen üblich werden insgesamt von zwei Drittel der befragten Unternehmen bestimmten, vermutlich wichtigen, Kunden eingeräumt. Besonders stark verbreitet ist die Gewährung längerer Zahlungsfristen im Großhandel (78,7 %) und im verarbeitenden Gewerbe (76,0 %), weniger häufig ist sie im Handwerk, dem Dienstleistungsgewerbe und dem Bereich Verkehr und Nachrichtenübermittlung. Im Baugewerbe werden hingegen aufgrund der hohen Bedeutung der Nachfrage öffentlicher Stellen und der von diesen angewandten Vergabebestimmungen relativ selten zusätzliche fristrelevante Sonderkonditionen, das Zahlungsziel betreffend, eingeräumt.

Tabelle 15: Gewährung längerer Zahlungsfristen nach Wirtschaftsbereichen und Beschäftigtengrößenklassen in %

Merkmal	Fallweise längere Zahlungsfristen	
	Ja	Nein
Wirtschaftsbereich		
Verarbeitendes Gewerbe	76,0	24,0
Handwerk	60,3	39,7
Dienstleistungen	62,5	37,5
Großhandel	78,7	21,3
Verkehr und Nachrichtenübermittlung	60,0	40,0
Baugewerbe	48,7	51,3
n = 1.229		
Unternehmen mit ... Beschäftigten		
bis 4	54,2	45,8
5 - 9	62,1	37,9
10 - 19	68,3	31,7
20 - 49	66,4	33,6
50 - 99	70,9	29,1
100 und mehr	79,6	20,4
Insgesamt	66,7	33,3
n = 1.205		© IfM Bonn

Die Bereitschaft zur Gewährung von Sonderkonditionen wächst mit zunehmender Unternehmensgröße. So rücken nur gut die Hälfte der kleinen Unternehmen mit bis zu 4 Beschäftigten für bestimmte Kunden von ihren üblichen Konditionen ab, während von den großen Unternehmen mit 100 und mehr Beschäftigten rd. vier Fünftel in bestimmten Fällen günstigere Fristen einräumen. Der Dispositionsspielraum der kleineren Unternehmen hinsichtlich einer individuellen Konditionsgestaltung ist demnach im Vergleich zu größeren Unternehmen deutlich eingeschränkt oder wird bewusst nicht genutzt.

5.3.4.2 Nutznießer

Vorrangig werden Sonderkonditionen über Zahlungsziele langjährigen Geschäftspartnern (48,3 %) und Großkunden (45,1 %) eingeräumt. Bereits deutlich seltener erhalten diejenigen Kunden Sonderkonditionen, die gezielt um längere Zahlungsfristen ersuchen (35,2 %). Knapp ein Drittel der Unternehmen, die längere Zahlungsfristen gewähren, kommen Kunden bei Liquiditätsproblemen entgegen. Öffentliche Nachfrager kommen ebenso wie ausländische Kunden vergleichsweise selten (18,6 % bzw. 16,7 %) in den Genuss längerer

Zahlungsfristen. Erwartungsgemäß wird Neukunden in Anbetracht des zunächst schwerer abzuschätzenden Bonitätsrisikos nur in Ausnahmefällen eine längere Zahlungsfrist (3,7 %) zugestanden.

Tabelle 16: Nutznießer längerer Zahlungsfristen nach Wirtschaftsbereichen in % (Mehrfachnennungen)

Begünstigte Kundengruppe	Verarbeitendes Gewerbe	Handwerk	Dienstleistungen	Großhandel	Verkehr u. Nachrichtenübermittlung	Baugewerbe	Insgesamt
Großkunden	52,5	30,9	42,2	62,2	45,5	25,0	45,1
Öffentliche Auftraggeber	6,9	34,2	24,4	10,8	9,1	42,9	18,6
Langjährige Geschäftspartner	38,1	57,7	53,9	59,5	54,5	39,3	48,3
Kunden mit Liquiditätsschwierigkeiten	30,6	36,9	31,1	32,4	39,4	17,9	32,1
Ausländische Kunden	34,4	2,0	7,8	5,4	12,1	1,8	16,7
Individuelle Kundennachfrage	34,4	34,9	40,0	29,7	30,3	28,6	35,2
Neukunden	4,4	0,7	2,8	5,4	9,1	3,6	3,7

n = 818 © IfM Bonn

Große Auftragsvolumina, Exportgeschäfte, Geschäfte mit der öffentlichen Hand oder langjährige Geschäftsbeziehungen sind in den jeweiligen Wirtschaftsbereichen aufgrund der Produkt-/Leistungscharakteristika von unterschiedlicher Bedeutung für Sonderfristen. Dementsprechend sind wirtschaftsbereichsspezifische Besonderheiten festzustellen.

Großkunden, langjährige Geschäftspartner, die öffentliche Hand und ausländische Kunden kommen je nach Wirtschaftsbereich in unterschiedlichem Maße in den Genuss besonderer Zahlungsziele. Der Großhandel und das verarbeitende Gewerbe räumen in erster Linie Großkunden über die üblichen hinausgehende Zahlungsziele ein, wobei der Großhandel auch ähnlich häufig langjährigen Geschäftspartnern Sonderkonditionen zubilligt. Im Handwerk und im Baugewerbe werden der öffentlichen Hand längere Zahlungsfristen gewährt, was sich daraus erklären lässt, dass im Handwerk und im Baugewerbe öffentliche Kunden einen besonders hohen Stellenwert besitzen und die Auftragskonditionen stark reglementiert sind. Die Reglementierung der Zahlungsfristen bei Geschäften mit öffentlichen Stellen und ein hoher Anteil von längeren als den üblichen Zahlungsfristen für diese Kundengruppe stehen nicht im Widerspruch, sondern zeigen lediglich, dass die Zahlungsfristen nach den Vergabebedingungen der öffentlichen Hand über diejenigen hinausgehen, die im Baugewerbe und im Handwerk, z.T. auch in den Dienstleistungen allgemein üblich sind.

Im verarbeitenden Gewerbe als besonders exportorientiertem Wirtschaftsbereich werden von einem Drittel der Befragten ausländischen Kunden längere Zahlungsfristen gewährt als den übrigen Abnehmern. Auch im Wirtschaftsbereich Verkehr und Nachrichtenübermittlung ist die Exportorientierung größer als in den anderen Wirtschaftsbereichen, die sich eher auf den nationalen Markt oder auf regionale Märkte konzentrieren. Es ist davon auszugehen, dass Sonderkonditionen für ausländische Kunden aufgrund eines intensiven Wettbewerbs auf internationalen Märkten oder in Angleichung an international gebräuchliche Handelsusancen zugestanden werden müssen.

Keine signifikanten Wirtschaftsbereichsspezifika ergeben sich für Kunden mit Liquiditätsschwierigkeiten, Kunden mit explizitem Wunsch nach längeren Zahlungsfristen oder Neukunden. Die Neigung, in diesen Fällen Sonderkonditionen zu gewähren, ist in allen Wirtschaftsbereichen eher gering, am geringsten im Baugewerbe.

Auch die Unternehmensgröße bestimmt die Geschäftspolitik im Hinblick auf die Gewährung von Sonderkonditionen. Je kleiner das Unternehmen ist, desto wichtiger sind stabile, auf Dauer angelegte Geschäftsbeziehungen. Die Neigung, langfristige Geschäftsbeziehungen mit Sonderkonditionen zu honorieren, ist umso größer, je kleiner das Unternehmen ist. Ein umgekehrter Zusammenhang ist für die Gewährung von längeren Zahlungsfristen an Großkunden und an ausländische Kunden festzustellen. Betriebliches Wachstum geht i.d.R. mit einer steigenden Kundenzahl einher. Als Folge nimmt vielfach die Intensität der Kundenbeziehung ab, der Stellenwert langjähriger Geschäftspartner sinkt. Großkunden hingegen, mit denen bedeutende Umsatzanteile realisiert werden, gewinnen mit zunehmender Unternehmensgröße und damit steigender Produktions-/Leistungskapazität beständig an Bedeutung und können am ehesten ihre Wünsche nach längeren Zahlungsfristen durchsetzen. Ebenso wächst mit der Unternehmensgröße die Notwendigkeit nach Ausweitung des Absatzgebietes und die Exportneigung nimmt zu, so dass der Anteil von Unternehmen, die ausländischen Kunden längere Zahlungsfristen einräumen, stetig mit der Unternehmensgröße ansteigt.

Tabelle 17: Nutznießer längerer Zahlungsfristen nach Beschäftigtengrößenklassen in % (Mehrfachnennungen)

Begünstigte Kundengruppe	Unternehmen mit ... Beschäftigten						Insgesamt
	bis 4	5 - 9	10 - 19	20 - 49	50 - 99	100 u.m.	
Großkunden	32,6	40,7	41,2	44,6	54,6	54,3	45,1
Öffentliche Auftraggeber	13,6	14,8	25,0	17,7	21,3	17,8	18,6
Langjährige Geschäftspartner	61,2	53,7	50,7	47,3	41,8	36,4	48,3
Kunden mit Liquiditätsschwierigkeiten	22,3	49,1	28,7	28,0	33,3	30,2	32,1
Ausländische Kunden	5,8	6,5	11,0	18,3	23,4	30,2	16,7
Individuelle Kundennachfrage	36,9	39,8	36,8	29,0	35,5	34,9	35,2
Neukunden	5,8	3,7	1,5	5,4	2,8	2,3	3,7

n = 803

© IfM Bonn

5.3.4.3 Gründe für die Gewährung längerer Zahlungsfristen

Ein besonderes Vertrauensverhältnis, der Wunsch nach Bindung des Kunden und die Auswirkungen des Wettbewerbs sind die wesentlichen, in etwa gleichrangigen Gründe für die Gewährung längerer Zahlungsfristen. Wirtschaftliche Probleme des Kunden oder die Auftragsbedingungen der öffentlichen Hand begründen hingegen im Durchschnitt deutlich seltener längere Zahlungsfristen. Je nach Wirtschaftsbereich und Unternehmensgröße kommt den jeweiligen Gründen ein unterschiedliches Gewicht zu.

Im verarbeitenden Gewerbe erklären sich längere Zahlungsfristen primär aus dem intensiven Wettbewerb, an zweiter Stelle entspringen sie dem Wunsch nach einer Bindung des Kunden an den Lieferanten. Auch im Großhandel führt in erster Linie der Wettbewerbsdruck zur Gewährung von Sonderkonditionen, in zweiter Linie resultieren sie aus einem besonderen Vertrauensverhältnis zu langjährigen Kunden. Letzteres stellt hingegen für Handwerks-, Dienstleistungs- sowie Verkehrs- und Nachrichtenübermittlungsunternehmen den wichtigsten Grund für die Einräumung von Sonderkonditionen dar. Der zweitwichtigste Grund ist im Dienstleistungssektor die Kundenbindung, im Bereich Verkehr und Nachrichtenübermittlung die Wettbewerbssituation und im Handwerk die Auftragsbedingungen der öffentlichen Hand. Die Auftragsbedingungen der öffentlichen Hand sind wiederum im Baubereich der wichtigste Grund für über übliche Zahlungsfristen hinausgehende Sonderkonditionen. Auch im Baugewerbe und im Handwerk spielen die öffentlichen Vergabebedingungen ebenso wie im Dienstleistungsbereich eine quantitativ bedeutende Rolle bei der Gewährung von Sonderkonditionen. Wirtschaftliche Probleme des Kunden führen in allen Wirtschaftsbereichen in etwa gleich häufig zu längeren Zahlungsfristen, signifikante wirtschaftsbereichsbedingte Unterschiede sind nicht zu beobachten.

Tabelle 18: Gründe für die Gewährung längerer Zahlungsfristen nach Wirtschaftsbereichen in % (Mehrfachnennungen)

Grund	Verarbeitendes Gewerbe	Handwerk	Dienstleistungen	Großhandel	Verkehr u. Nachrichtenübermittlung	Baugewerbe	Insgesamt
Besonderes Vertrauensverhältnis	37,2	57,0	53,3	50,0	51,5	42,9	46,8
Wunsch nach Bindung des Kunden	51,9	38,9	46,1	41,9	36,4	30,4	46,2
Wettbewerbsdruck	60,6	37,5	34,4	59,5	45,5	30,4	48,4
Auftragsbedingungen der öffentlichen Hand	7,5	41,6	27,2	18,9	12,1	50,0	22,3
Wirtschaftliche Probleme des Kunden	30,0	35,6	33,9	35,1	33,3	26,8	32,9
n = 818							© IfM Bonn

Tabelle 19: Gründe für die Gewährung längerer Zahlungsfristen nach Beschäftigtengrößenklassen in % (Mehrfachnennungen)

Grund	Unternehmen mit ... Beschäftigten						Insgesamt
	bis 4	5 - 9	10 - 19	20 - 49	50 - 99	100 u.m.	
Besonderes Vertrauensverhältnis	61,2	53,7	45,6	43,5	41,1	38,8	46,8
Wunsch nach Bindung des Kunden	41,7	45,4	39,7	49,5	46,8	50,4	46,2
Wettbewerbsdruck	33,0	37,0	47,8	51,1	52,5	58,9	48,4
Auftragsbedingungen der öffentlichen Hand	15,5	19,4	30,1	21,5	23,4	21,7	22,3
Wirtschaftliche Probleme des Kunden	32,0	46,3	33,1	26,9	31,9	27,9	32,9
n = 803							© IfM Bonn

Je kleiner das Unternehmen ist, desto häufiger resultieren Sonderkonditionen aus einem besonderen Vertrauensverhältnis zu den jeweiligen Kunden. Mit zunehmender Unternehmensgröße sinkt die vertrauensvolle Geschäftsbeziehung als Ursache. Genau entgegengesetzt verhält es sich bei der Sonderkonditionsgewährung aus Wettbewerbszwängen. Je größer das Unternehmen ist, desto häufiger muss aus wettbewerblichen Gründen eine längere Zahlungsfrist gewährt werden.

Der Wunsch nach Kundenbindung ist hingegen nicht signifikant von der Unternehmensgröße abhängig, ebenso wie sich die Auftragsbedingungen der öffentlichen Hand nicht in einer signifikanten Weise in einer bestimmten Größenklasse als Grund für längere Zahlungsfristen identifizieren lassen.

5.4 Zahlungsverzug

5.4.1 Außenstände

Außenstände haben vier Ursachen. Sie gehen auf Rechnungen zurück, die noch in der Zahlungsfrist liegen, rekrutieren sich aus überfälligen Rechnungen, deren Zahlungsfrist bereits verstrichen ist, sind das Ergebnis von Mängeleinreden oder betreffen abgeschriebene/uneinbringliche Forderungen. Die Zusammensetzung der Außenstände bietet eine erste Information über die relative Bedeutung von überfälligen Rechnungen (Zahlungsverzug) am Gesamtvolumen der Außenstände.

Abbildung 3: Struktur der Außenstände

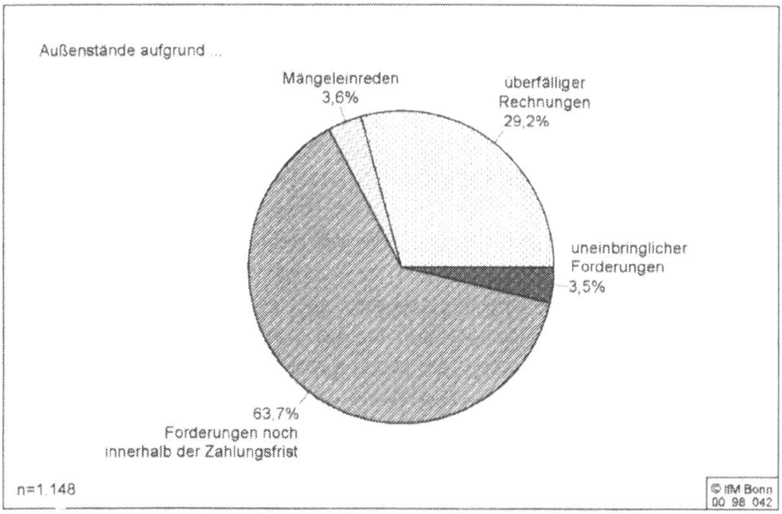

Im Idealfall, d.h. wenn alle Rechnungen einredefrei und pünktlich beglichen werden, besteht der Forderungsbestand aus Lieferung/Leistung ausschließlich aus der Komponente: Forderungen noch innerhalb der Zahlungsfrist. Nach den Befragungsbefunden wird allerdings bei nur 8 % der Unternehmen dieser Idealzustand (fast) erreicht. Nur bei dieser kleinen Gruppe entfallen 91 % bis 100 % der Außenstände auf Rechnungen, die noch innerhalb der Zahlungsfrist liegen. Diese Unternehmen werden somit nur in sehr geringem Ausmaß vom Zahlungsverzug betroffen; die Struktur ihres Forderungsbestands ist als äußerst günstig zu bezeichnen. In Anbetracht der Gesamtverteilung ist auch die Situation von weiteren 29,3 % der befragten Unternehmen noch als günstig zu interpretieren, die einen Rechnungsbestand aufweisen, der zu 76 % bis 90 % aus Forderungen besteht, die noch innerhalb der Zahlungsfrist liegen, d.h. von deren Forderungsgesamtbestand nur zwischen 10 % und 25 % überfällig sind.

Abbildung 4: Forderungen noch innerhalb der Zahlungsfrist

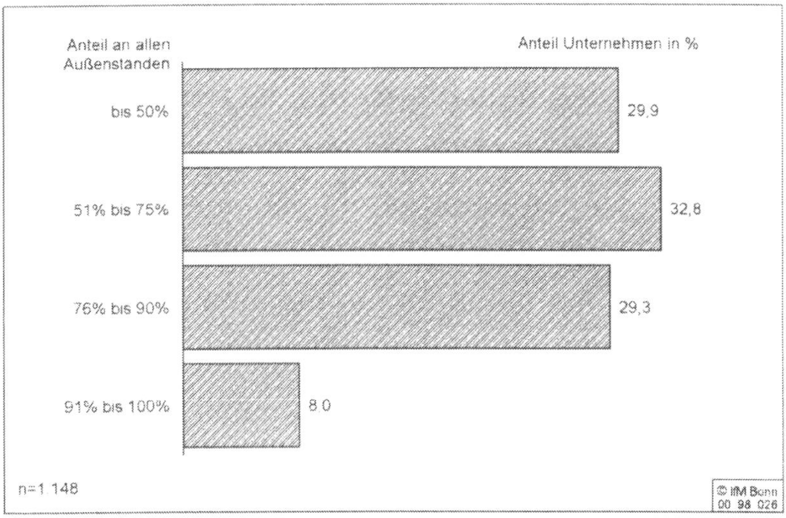

Für die übrigen Unternehmen, die eine deutliche Mehrheit bilden, dürfte der Zahlungsverzug hingegen erhebliche Liquiditäts- und teilweise auch Rentabilitätseinbußen zur Folge haben. Dies gilt insbesondere für diejenigen Unternehmen, deren Außenstände nur noch bis zu maximal 50 % auf Rechnungen zurückgehen, die innerhalb der Zahlungsfrist liegen, während mindestens die andere Hälfte des Forderungsbestands überfällig ist. In diese Kategorie fallen nach den vorliegenden Befunden fast zwei Drittel der Unternehmen, rechnet man die Gruppe hinzu, bei der noch im Termin liegende Rechnungen zwischen 51 % und 75 % der Gesamtforderungen ausmachen. Jedes dritte Unternehmen (29,9 %) weist Außenstände auf, bei denen die schwer eintreibbaren Rechnungen überwiegen.

Die Überschreitung des Zahlungsziels kann sowohl durch Zahlungsunwilligkeit als auch (temporäre) Zahlungsunfähigkeit der Abnehmer begründet sein. Wird das Zahlungsziel ohne Angabe von Gründen überschritten, ist im Regelfall von Zahlungsunwilligkeit auszugehen, da keine Mängeleinreden geltend gemacht werden. Nach den Befragungsbefunden repräsentieren Außenstände, bei denen die Zahlungsfrist bereits verstrichen ist, für 21,7 % der antwortenden Unternehmen über 40 % ihres Forderungsbestands. Bei dieser Größenordnung dürfte durch Zahlungsverzug eine deutliche Liquiditätsverschlechterungen die Folge sein. Nur bei weniger als einem Viertel der antwortenden Unternehmen beträgt der Anteil überfälliger Forderungen am Gesamtbestand maximal 10 %. Diese Unternehmen sind vergleichsweise wenig von Zahlungsverzögerungen betroffen. Bei 31 % der Befragten ist mindestens jede fünfte Rechnung überfällig und bei gut jedem fünften Unternehmen liegt der Anteil überfälliger Forderungen am Gesamtbestand aller Außenstände zwischen 41 % und 100 %.

Abbildung 5: Forderungen außerhalb der Zahlungsfrist

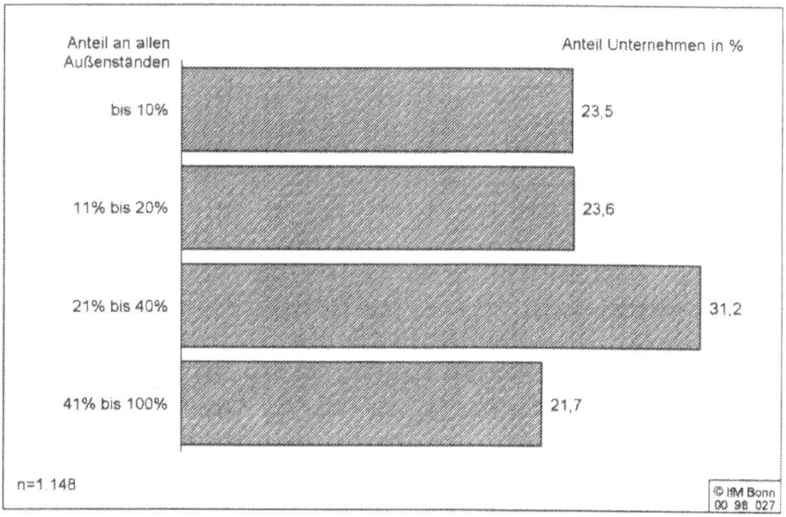

Eine Zahlungsverweigerung aufgrund von Mängeleinreden ist bei tatsächlichem Vorliegen der angeführten Mängel berechtigt. Zusätzlich zu den finanziellen Auswirkungen eines verspäteten Zahlungseingangs kommen auf das betroffene Unternehmen in diesem Fall weitere Kosten infolge notwendiger Nachbesserungen und/oder etwaiger Regressforderungen zu. Werden Mängel jedoch nur vorgeschoben, handelt es sich um unberechtigte Zahlungsverzögerungen. Insgesamt kommt es jedoch relativ selten aufgrund von Mängeleinreden zu Außenständen. 46,4 % der Unternehmen hatten keine Forderungen aufgrund von Mängeleinreden. Bei rd. einem Drittel bewegt sich der Anteil mängelbedingter Zahlungsverzögerungen in einer Größenordnung von mehr als Null bis zu 5 % am gesamten Forderungsbestand. Höhere Anteile an auf Mängeleinreden zurückzuführende offene Rechnungen weist rd. ein Fünftel der Befragten auf, wobei bei 7,1 % der Unternehmen mehr als 10 % bis zum gesamten Forderungsbestand mit Mängeleinreden zu erklären ist. Immerhin deuten die Befragungsergebnisse darauf hin, dass mängelfreies Arbeiten entweder die Regel ist oder ein Großteil der Abnehmer auf das Instrument der Mängeleinrede verzichtet.

Abbildung 6: Ausstehende Forderungen aufgrund von Mängeleinreden

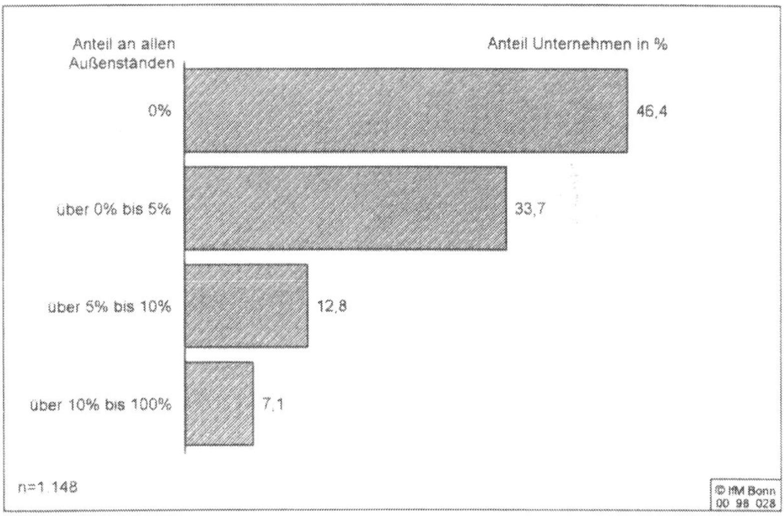

Ist Zahlungsunfähigkeit der Kunden erkennbar oder erwiesen, kann die Forderung im Regelfall abgeschrieben werden. Denkbare Ursache könnte zumindest z.T. aber auch eine unzureichende Ausdauer der Lieferanten bei der Forderungseintreibung sein, da manche Unternehmen den gegebenenfalls erforderlichen Inkasso-Aufwand - insbesondere bei kleineren Rechnungsbeträgen - scheuen. Lediglich 31 % der antwortenden Unternehmen kann nach den vorliegen Befunden auf die völlige Abschreibung von Forderungen verzichten. Die überwiegende Mehrheit der Unternehmen ist hingegen mit totalen Forderungsausfällen in einem mehr oder minder großen Ausmaß konfrontiert. Dabei müssen 35,8 % aller Unternehmen Zahlungsausfälle in einer Größenordnung zwischen 5 % und 10 % des Forderungsgesamtbestands wegen Uneinbringlichkeit abschreiben. Bei jedem sechsten der antwortenden Unternehmen beträgt der als uneinbringlich zu betrachtende Anteil am gesamten Forderungsbestand sogar z.T. deutlich mehr als 10 %.

Von Forderungsabschreibungen sind die befragten Unternehmen damit in einem deutlich höheren Ausmaß betroffen als von Mängeleinreden. Dies ist besorgniserregend, da sich die endgültige Abschreibung einer Forderung nicht allein auf die Liquiditätssphäre des Unternehmens, sondern auch auf seine Rentabilität in stärkerem Ausmaß negativ auswirkt, als dies bei Mängeleinreden der Fall ist.

Abbildung 7: Abgeschriebene/uneinbringliche Forderungen

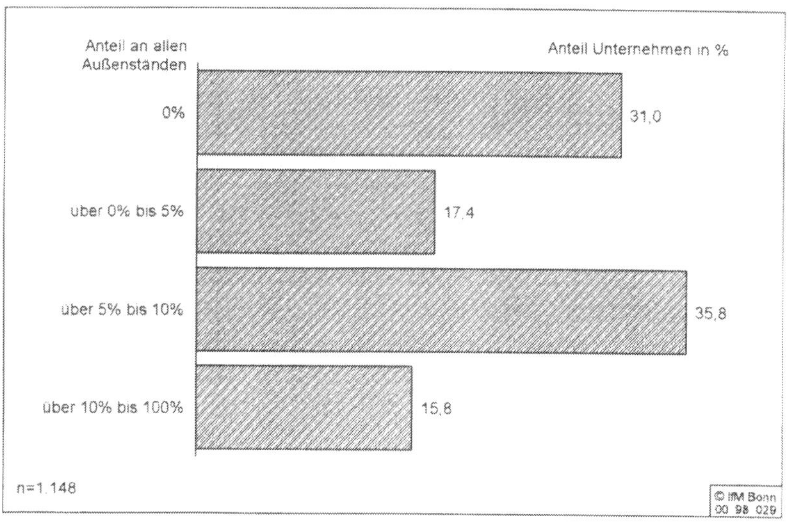

Nach den Befragungsergebnissen bestehen zwischen den Wirtschaftsbereichen signifikante Unterschiede in der qualitativen Zusammensetzung der Außenstände. Zahlungsverzug, Mängeleinreden und/oder Forderungsausfälle haben für die verschiedenen Wirtschaftsbereiche eine unterschiedliche Bedeutung. Als vergleichsweise günstig stellt sich die Situation im verarbeitenden Gewerbe dar; bei Unternehmen dieses Wirtschaftsbereichs beläuft sich der Anteil offener Rechnungen, die noch in der Zahlungsfrist liegen, im Durchschnitt auf rd. 71 %. Entsprechend sind die durchschnittlichen Anteile von Forderungen mit bereits verstrichener Zahlungsfrist, aufgrund von Mängeleinreden oder die abgeschrieben/uneinbringlich sind deutlich niedriger als im Gesamtdurchschnitt.

Besonders kritisch ist hingegen nach den Befragungsbefunden die Struktur des Forderungsbestands im Handwerk und im Baugewerbe. Der durchschnittliche Anteil an Außenständen, die noch innerhalb der Zahlungsfrist liegen, beläuft sich in diesen beiden Wirtschaftsbereichen auf lediglich rd. 52 % bzw. rd. 57 %. Handwerk und Baugewerbe sind damit von der Problematik des Zahlungsverzugs am stärksten betroffen. Verursacht wird die ungünstige Situation der Unternehmen des Baugewerbes und des Handwerks vorrangig durch Zahlungsverweigerung aufgrund von Mängeleinreden und hohe Anteile uneinbringlicher Forderungen. So liegen die durchschnittlichen Anteilswerte für Außenstände aufgrund von Mängeleinreden mit 9,0 % im Handwerk bzw. 5,5 % im Baugewerbe weit über dem Gesamtdurchschnitt von 3,6 %. Gleiches gilt für den Anteil uneinbringlicher Forderungen, wohingegen der durchschnittliche Anteil offener Rechnungen mit bereits verstrichener Zahlungsfrist nur vergleichsweise moderat über dem Gesamtdurchschnitt liegt.

Tabelle 20: Struktur der Außenstände nach Wirtschaftsbereichen in %

Wirtschaftsbereich	Forderungen			
	innerhalb Zahlungsfrist	Zahlungsfrist verstrichen	Mängel-einreden	abge-schrieben
Verarbeitendes Gewerbe	70,9	24,7	2,2	2,2
Handwerk	57,2	31,9	5,5	5,4
Dienstleistungen	62,7	31,1	2,8	3,4
Großhandel	65,1	29,5	1,8	3,6
Verkehr und Nachrichten-übermittlung	67,1	26,6	2,1	4,2
Baugewerbe	51,7	34,8	9,0	4,5
Insgesamt	63,7	29,2	3,6	3,5

n = 1.145

Die Befragungsergebnisse für die übrigen Wirtschaftsbereiche - Verkehr und Nachrichtenübermittlung, Großhandel und Dienstleistungen - bewegen sich, was den Anteil offener Rechnungen innerhalb der Zahlungsfrist am Gesamtforderungsbestand betrifft, in der Nähe des Durchschnitts und unterscheiden sich nur geringfügig. Relevanter sind hingegen die Unterschiede, die sich für die Anteilswerte der drei anderen Komponenten des Forderungsbestands ergeben. So sind Unternehmen des Dienstleistungssektors und des Großhandels zwar in höherem Ausmaß von Zahlungszielüberschreitungen betroffen als Unternehmen des Wirtschaftsbereichs Verkehr und Nachrichtenübermittlung, allerdings treten totale Forderungsausfälle bei Dienstleistern und Großhändlern deutlich seltener auf als im Wirtschaftsbereich Verkehr und Nachrichtenübermittlung. Mängeleinreden wiederum sind für Dienstleistungsunternehmen von größerer Bedeutung, während Unternehmen des Großhandels sowie des Nachrichten- und Verkehrssektors wohl aufgrund ihrer üblicherweise erbrachten Leistungen kaum von diesem Problem betroffen sind.

Insgesamt gesehen sind aus der wirtschaftsbereichsspezifischen Betrachtung zwei wesentliche Schlussfolgerungen zu ziehen: Zum einen stellt Zahlungsverzug aufgrund von Mängeleinreden in erster Linie ein Problem im Baugewerbe und im Handwerk dar. Für diese Wirtschaftsbereiche sind Werkverträge typisch, allerdings gilt dies auch für das Dienstleistungsgewerbe und Verkehr und Nachrichtenübermittlung, die jedoch nicht annähernd in einem solch großen Ausmaß von Mängeleinreden betroffen sind. Zum anderen zeigen die Befunde, dass selbst in den am stärksten betroffenen Wirtschaftsbereichen nur ein Bruchteil aller Forderungen aus Lieferung und Leistung mit Mängeleinreden behaftet sind, was nicht heißen soll, dass Zahlungsverzug aus diesem Grunde nicht problematisch ist, sondern eine Relativierung der vielfach in der öffentlichen Diskussion verbreiteten Ansicht, Mängeleinreden seien sozusagen zum Regelfall für Zahlungsverzögerungen geworden, notwendig macht.

Die Betrachtung der Zusammensetzung des Gesamtbestands an offenen Rechnungen nach Beschäftigtengrößenklassen zeigt zunächst einmal, dass die Unternehmensgröße nicht unbedingt einen signifikanten Einfluss auf Struktur und Anteilsgewicht der Forderungskomponenten an den Außenständen hat. Ausnahme sind Unternehmen mit 5 bis 19 Beschäftigten. Sie sind von Zahlungsverzögerungen häufiger betroffen als die kleinsten sowie größere Unternehmen mit mehr als 20 Beschäftigten.

Tabelle 21: Struktur der Außenstände nach Beschäftigtengrößenklassen in %

Unternehmen mit ... Beschäftigten	Forderungen innerhalb Zahlungsfrist	Zahlungsfrist verstrichen	Mängeleinreden	abgeschrieben
bis 4	67,7	25,3	3,0	4,0
5 - 9	58,6	33,3	3,3	4,8
10 - 19	60,7	32,1	3,7	3,5
20 - 49	63,0	29,5	4,0	3,5
50 - 99	66,1	27,9	3,6	2,4
100 und mehr	67,1	25,7	4,3	2,9
Insgesamt	63,7	29,2	3,6	3,5

n = 1.124 © IfM Bonn

Auffällig ist, dass der durchschnittliche Anteil uneinbringlicher Forderungen bei kleineren Unternehmen deutlich höher ist als bei größeren Unternehmen. Dies weist darauf hin, dass bei Kleinstunternehmen auf ein Forderungsmanagement verzichtet wird und damit auch auf den Einsatz von Maßnahmen zum Forderungseinzug. Am ehesten betroffen vom Problem des Zahlungsverzuges sind Unternehmen mit 5 bis 9 und 10 bis 19 Beschäftigten. Die persönliche Beziehung zum Kunden nimmt hier offenbar bereits graduell ab, gleichzeitig ist das Forderungsmanagement dieser Unternehmen häufig eher nur wenig besser als bei Kleinstunternehmen.

Tabelle 22: Struktur der Außenstände nach Abnehmergruppen in %

Kundenstruktur	Forderungen innerhalb Zahlungsfrist	Zahlungsfrist verstrichen	Mängeleinreden	abgeschrieben
Nur Unternehmen	71,0	25,5	1,8	1,8
Private Haushalte und Unternehmen	67,0	27,9	3,3	3,9
Unternehmen und öffentliche Auftraggeber	64,0	29,1	4,0	3,1
Alle 3 Kundengruppen	60,0	31,0	4,4	4,4
Insgesamt	64,0	29,2	3,6	3,5

n = 1.148 © IfM Bonn

Auch hinsichtlich des Unternehmensalters und der Kundenstruktur zeigen sich einige bemerkenswerte Unterschiede. So sind junge Unternehmen nach den Befragungsbefunden deutlich seltener mit dem Problem der Mängeleinreden oder der Forderungsabschreibungen konfrontiert als Unternehmen, die älter als fünf Jahre sind. Hinsichtlich der Kundenstruktur wurde bereits festgestellt, dass Bau- und Handwerksunternehmen weitaus häufiger eine gemischte Abnehmerschaft aufweisen als Unternehmen anderer Wirtschaftsbereiche. Es überrascht daher nicht, dass Unternehmen, die ihre Leistungen an alle drei Kundengruppen absetzen, in deutlich höherem Ausmaße von dem Problem des Zahlungsverzuges in seinen unterschiedlichen Facetten betroffen sind. Hingegen ist die Situation der Zulieferbetriebe, die nur gewerbliche Abnehmer beliefern, als vergleichsweise günstig zu beurteilen.

5.4.2 Einhaltung der gesetzten Zahlungsfristen

Der Anteil verspätet zahlender Kunden hängt nach den Befragungsbefunden davon ab, ob es sich bei den Kunden um private Haushalte, öffentliche Stellen oder andere Unternehmen handelt. Obgleich privaten Haushalten, wie gezeigt, regelmäßig kürzere Zahlungsfristen als gewerblichen und öffentlichen Kunden eingeräumt werden, ist deren Zahlungsdisziplin weitaus besser als die gewerblicher und öffentlicher Nachfrager. Im Durchschnitt beträgt der Anteil unpünktlich zahlender privater Haushalte "nur" 23 % an der Gesamtheit der Schuldner, während der durchschnittliche Anteil verspätet zahlender gewerblicher Kunden rd. 38 %, und wenn es sich um öffentliche Auftraggeber handelt sogar 43 % beträgt. Öffentliche Nachfrager zahlen demnach deutlich häufiger unpünktlich als Unternehmen und überschreiten die Zahlungsziele fast doppelt so häufig wie private Haushalte. Die Struktur der Anteile unpünktlicher Zahler zeigt jedoch, dass der allgemeine Befund zur Zahlungspünktlichkeit insbesondere im Vergleich der Kundengruppe öffentliche Nachfrager und Unternehmen einer Differenzierung und Relativierung bedarf.

So gab einerseits mehr als ein Viertel der Unternehmen an, dass von den öffentlichen Kunden 75 % bis 100 % nicht pünktlich zahlen, wohingegen der entsprechende Wert bei gewerblichen Kunden nur bei 12,9 % der Unternehmen erreicht wird. Andererseits ist der Anteil der Unternehmen, die unter den öffentlichen Kunden nur wenige säumige Zahler haben (Anteil säumiger Zahler bis 9 %) mit 20,1 % deutlich höher als der entsprechende Anteil für gewerbliche Kunden (11,2 %). Die Befunde zu den Anteilen säumiger Zahler an den jeweiligen Kundengruppen weisen im Hinblick auf öffentliche Auftraggeber eine starke Polarisierung auf. Besonders hohe Anteile pünktlicher und besonders hohe Anteile unpünktlicher Zahler stehen einander gegenüber. Bei gewerblichen Kunden konzentrieren sich die Anteile unpünktlicher Zahler auf eine Bandbreite von zwischen 10 % bis 74 % aller gewerblichen Kunden. Nach der Strukturbetrachtung kann demnach die Zahlungsdisziplin der öffentlichen Hand im Vergleich zum gewerblichen Sektor nicht pauschal als schlechter beurteilt werden, sondern die Neigung zu besonders pünktlicher oder besonders säumiger Zahlung ist wesentlich stärker ausgeprägt als bei gewerblichen Kunden.

Tabelle 23: Säumige Zahler nach Kundengruppen in %

Kundengruppe	... % aller Kunden der jeweiligen Gruppe zahlen unpünktlich					Mittelwert	n =
	bis 9	10 - 24	25 - 49	50 - 74	75 - 100		
Private Haushalte	27,7	43,2	11,4	10,0	7,7	23,0	599
Unternehmen	11,2	26,7	25,5	23,8	12,9	37,7	1.165
Öffentliche Auftraggeber	20,1	20,6	12,7	20,3	26,3	43,0	646

n = 1.191

Nach Wirtschaftsbereichen analysiert sind signifikante Unterschiede in der Zahlungsdisziplin nur bei gewerblichen Kunden und öffentlichen Kunden festzustellen. Die Anteile verspätet zahlender privater Haushalte zeigen hingegen keine signifikanten Wirtschaftsbereichsbesonderheiten, d.h. die Neigung, verspätetet zu zahlen, ist bei privaten Haushalten unabhängig vom Wirtschaftsbereich, von welchem sie die Produkte/Leistungen beziehen. Anders hingegen verhält es sich für gewerbliche und öffentliche Kunden. Sowohl öffentliche Auftraggeber als auch Unternehmen überschreiten die gesetzte Zahlungsfrist mit Abstand am häufigsten im Baugewerbe und im Handwerk. In diesen beiden Wirtschaftsbereichen ist fast eine Situation erreicht, in der eine pünktliche Begleichung der Rechnung bei Absatz an gewerbliche Kunden und öffentliche Auftraggeber kaum noch als Regelfall zu bezeichnen ist. Im Handwerk unterscheidet sich die Zahlungsdisziplin von Unternehmen und öffentlichen Auftraggebern nicht, d.h. sowohl Unternehmen als auch öffentliche Hand zahlen gleichermaßen unpünktlich. Im Baugewerbe hingegen wird die schlechte Zahlungsdisziplin der gewerblichen Kunden von derjenigen öffentlicher Auftraggeber mit einem Anteil von 55,4 % säumiger Zahler noch deutlich übertroffen.

Im verarbeitenden Gewerbe und im Wirtschaftsbereich Verkehr und Nachrichtenübermittlung zahlen gewerbliche und öffentliche Kunden am ehesten pünktlich, jedoch kann bei einer Größenordnung von jeweils ca. ein Drittel säumiger Zahler auch hier nicht von einer befriedigenden Situation gesprochen werden. Insgesamt gesehen korrespondieren die wirtschaftsbereichsspezifischen Befunde zur Einhaltung von Zahlungsfristen mit den oben dargestellten Ergebnissen zum Gesamtbestand offener Rechnungen.

Tabelle 24: Durchschnittlicher Anteil von säumigen Zahlern nach Kundengruppen und Wirtschaftsbereichen in %

Wirtschaftsbereich	Private Haushalte	Unternehmen	Öffentliche Auftraggeber
Verarbeitendes Gewerbe	24,4	30,2	33,5
Handwerk	22,3	47,6	47,4
Dienstleistungen	24,3	37,9	41,3
Großhandel	21,7	34,8	37,2
Verkehr und Nachrichtenübermittlung	25,1	33,4	31,4
Baugewerbe	21,3	48,9	55,4
Insgesamt	23,0	37,7	43,0

n = 1.187

© IfM Bonn

Nach Unternehmensgrößen bestehen tendenzielle Unterschiede in den Anteilen pünktlicher Zahler, die im Einklang mit den bereits dargestellten Ergebnissen über den gesamten Forderungsbestand stehen. So weisen die kleinsten Unternehmen mit bis zu 4 Beschäftigten in ihrem Gesamtbestand an offenen Rechnungen den niedrigsten Anteil solcher Rechnungen auf, deren Zahlungsziele bereits überschritten sind. Die Betrachtung der Anteile unpünktlicher Zahler nach Kundengruppen zeigt, dass sie von allen drei Kundengruppen deutlich seltener Zahlungszielüberschreitung in Kauf müssen als größere Unternehmen. Umgekehrt ist der hohe Anteil von überfälligen Rechnungen an allen Außenständen bei Unternehmen mit 5 bis 9 und 10 bis 19 Beschäftigten tendenziell auf überdurchschnittlich häufige Zahlungszielüberschreitungen durch gewerbliche Kunden und öffentliche Auftraggeber zurückzuführen. Unter den Unternehmen mit 50 und mehr Beschäftigten ist vermutlich der Anteil gewerblicher Zulieferer besonders hoch. Daher wirkt sich in diesen Größenklassen das Zahlungsverhalten nachfragender Unternehmen besonders stark aus: Die vergleichsweise niedrigen Anteile säumiger gewerblicher Kunden üben einen überproportionalen Einfluss auf die Struktur des Gesamtbestand offener Rechnungen aus und erklären so auch die relativ niedrigen Anteile von überfälligen Rechnungen.

Tabelle 25: Durchschnittlicher Anteil säumiger Zahler nach Kundengruppen und Beschäftigtengrößenklassen in %

Unternehmen mit ... Beschäftigten	Private Haushalte	Unternehmen	Öffentliche Auftraggeber
bis 4	19,9	38,0	37,2
5 - 9	23,0	42,7	47,4
10 - 19	25,1	40,2	47,5
20 - 49	21,7	36,9	41,8
50 - 99	22,7	34,5	43,4
100 und mehr	27,5	34,1	44,7
Insgesamt	23,0	37,7	43,0

n = 1.163 © IfM Bonn

5.4.3 Zeitliche Dauer der Zahlungszielüberschreitung

Neben dem Anteil verspätet zahlender Kunden bestimmt die Dauer der Zahlungszielüberschreitung, in welchem Ausmaß Zahlungsverzögerungen die wirtschaftliche Situation des Unternehmens beeinträchtigen. Je größer die Zahlungsverzögerung und somit der Überbrückungszeitraum für fehlende Zahlungseingänge ist, desto wahrscheinlicher treten in den betroffenen Unternehmen Liquiditätsengpässe auf und desto höher werden die Finanzierungskosten für die Überbrückung.

Unter den säumigen Kunden sind die privaten Haushalte mit einer Zahlungsverspätung von durchschnittlich 14 Tagen noch die relativ besten Zahler. Insgesamt gesehen sind private Haushalten relativ am seltensten für Zahlungsverzögerungen verantwortlich und wenn, dann ist die Dauer der Verzögerung am kürzesten. Deutlich mehr Zeit für die Begleichung überfälliger Rechnungen nehmen sich gewerbliche und öffentliche Kunden. Die durchschnittliche Zahlungszielüberschreitung beträgt bei öffentlichen Auftraggebern 24 Tage, noch schleppender zahlen gewerbliche Kunden mit einer durchschnittlichen Überziehungsdauer von 27 Tagen. Zieht man zur Beurteilung der Zahlungsdisziplin beide Komponenten, die Häufigkeit, mit der Zahlungszielüberschreitungen auftreten und die Zahl der Überziehungstage heran, so findet sich bestätigt, dass das Zahlungsverhalten öffentlicher Kunden nicht schlechter ist als das Zahlungsverhalten gewerblicher Abnehmer: Unternehmen verzögern Zahlungen zwar weniger häufig als die öffentlichen Nachfrager, dafür überscheitet der Zahlungsverzug - gemessen in Tagen - den der öffentlichen Hand.

Eine differenzierte Betrachtung der Zeiträume von Zahlungszielüberschreitungen bestätigt diese Befunde. Relativ kurze Zahlungszielüberschreitungen von bis zu 7 Tagen sind im Regelfall nicht problematischer als eine Zahlung zum spätestmöglichen Zeitpunkt innerhalb der gesetzten Frist. Auch eine Fristüberschreitung von 8 bis 14 Tagen kann noch als relativ zeitnahe Begleichung von Rechnungen gelten. In diesem zeitlichem Rahmen bewegt sich mehrheitlich der Zahlungsverzug der privaten Haushalte. So gaben 71,2 % der betreffenden Unternehmen an, dass überfällige offene Rechnungen von privaten Haushalten spätestens zwei Wochen nach Ablauf des eigentlichen Zahlungsziels eingehen. Extreme Zahlungszielüberschreitungen von mehr als einem Monat berichten hingegen nur 5,3 % der betreffenden Unternehmen, soweit private Haushalte ihre Kunden sind. Tolerable Zahlungszielüberschreitungen von bis zu 7 Tagen sind hingegen bei gewerblichen Kunden mit einem Anteil von 6,1 % eher als Ausnahmefälle zu betrachten. Nicht so bei öffentlichen Nachfragern. Hier zahlt immerhin mehr als ein Fünftel der Schuldner innerhalb dieser relativ geringen Verspätung.

Insgesamt haben 44,5 % der öffentlichen Kunden binnen einer relativ kurzen Zeitspanne von maximal 14 Tagen nach dem eigentlich fälligen Zahlungsziel ihre Rechnungen beglichen. Von den gewerblichen Kunden ist es nicht einmal ein Drittel. Vor allem extrem lange Zahlungszielüberschreitungen von mehr als einem Monat kommen bei gewerblichen Kunden häufiger vor als bei öffentlichen Auftraggebern, so dass im Hinblick auf die zeitliche Struktur der Zahlungszielüberschreitungen öffentliche Schuldner besser abschneiden als gewerbliche, was aber keinesfalls bedeutet, dass das Zahlungsverhalten als befriedigend zu bezeichnen ist.

Tabelle 26: Zeitliche Struktur der Zahlungszielüberschreitungen nach Kundengruppen in %

Tage	Private Haushalte	Unternehmen	Öffentliche Auftraggeber
bis 7	29,8	6,1	22,2
8 bis 14	41,4	24,4	22,3
15 bis 21	14,1	23,4	19,5
22 bis 30	9,5	26,8	19,5
31 und mehr	5,3	19,2	16,6
n =	568	1.156	611

n = 1.181

© IfM Bonn

Der Wirtschaftsbereich übt für die Kundengruppen Unternehmen und öffentliche Hand einen signifikanten Einfluss auf die Dauer der Zahlungszielüberschreitungen aus, nicht hingegen für die Kundengruppe der privaten Haushalte. Das Zahlungsverhalten der privaten Haushalte steht in keiner Abhängigkeit vom Wirtschaftsbereich.

Tabelle 27: Durchschnittliche Überschreitung von Zahlungsfristen nach Kundengruppen und Wirtschaftsbereichen in Tagen

Wirtschaftsbereich	Private Haushalte	Unternehmen	Öffentliche Auftraggeber
Verarbeitendes Gewerbe	13	25	16
Handwerk	14	30	27
Dienstleistungen	14	25	20
Großhandel	16	35	27
Verkehr und Nachrichtenübermittlung	14	23	17
Baugewerbe	15	29	37
Insgesamt	14	27	24

n = 1.177

Bereits oben wurde dargelegt, dass das Handwerk und das Baugewerbe überdurchschnittlich häufig unter Zahlungszielüberschreitungen ihrer gewerblichen und öffentlichen Kunden leiden. Die ermittelte durchschnittliche Dauer des Zahlungsverzugs unterstreicht die besondere Relevanz dieser Problematik für diese beiden Wirtschaftsbereiche. So müssen Bauunternehmen bei öffentlichen Auftraggebern mit durchschnittlich 37 Tagen nach vereinbarter Zahlungsfrist die größte Verspätung der Zahlungseingänge hinnehmen, bei gewerblichen Kunden müssen sie immerhin noch 29 Tage nach Ablauf des Zahlungsziels auf die Begleichung der Rechnung warten. Kaum besser, jedoch mit vertauschten Rollen zwischen den Kundengruppen stellt sich die Situation im Handwerk dar: Durchschnittlich am längsten warten Handwerksunternehmen auf Zahlungen von anderen Unternehmen, die öffentliche Hand zahlt im Durchschnitt 3 Tage früher. Da für Bau- und Handwerksunternehmen anderen Unternehmen und öffentliche Stellen als Abnehmer i.d.R. eine weitaus höhere Bedeutung zukommt als für die anderen Wirtschaftsbereiche, potenzieren sich die Risiken sowohl aus der Häufigkeit als auch der Dauer des Zahlungsverzugs.

Überdurchschnittliche Zahlungszielüberschreitungen, von der Anzahl der Tage her, muss auch der Großhandel in Kauf nehmen und zwar sowohl von den für ihn besonders relevanten Unternehmerkunden als auch von öffentlichen Nachfragern. Berücksichtigt man jedoch, dass Zahlungszielüberschreitungen im Großhandel insgesamt deutlich seltener an der Tagesordnung sind als im Handwerk und im Baugewerbe, so relativiert sich die Bedeutung dieses Befundes. Vergleichsweise günstig stellt sich die Zahlungsdisziplin im verarbeitenden Gewerbe und im Bereich Verkehr und Nachrichtenübermittlung dar. Diese beiden Bereiche werden von Zahlungszielüberschreitungen am seltensten getroffen und wenn, dann ist die Anzahl der Überziehungstage am niedrigsten. Aber auch hier fallen Unternehmerkunden aus dem Gesamtbild heraus.

Tabelle 28: Durchschnittliche Überschreitung von Zahlungsfristen nach Kundengruppen und Beschäftigtengrößenklassen in Tagen

Unternehmen mit ... Beschäftigten	Private Haushalte	Unternehmen	Öffentliche Auftraggeber
bis 4	12	25	19
5 - 9	17	29	24
10 - 19	13	29	25
20 - 49	14	28	25
50 - 99	14	26	23
100 und mehr	16	26	29
Insgesamt n =1.156	14	27	24

Differenziert nach der Unternehmensgröße sind ähnliche wie die zuvor geschilderten Tendenzen festzustellen. Bei kleinen Unternehmen mit bis zu 4 Beschäftigten gehen die relativ niedrigen Anteile verspäteter Zahler auch mit den durchschnittlich kürzesten Zahlungszielüberschreitungen einher, wohingegen Unternehmen mit 5 bis 19 Mitarbeitern auch unter dem Gesichtspunkt der Dauer der Verspätung verstärkt vom Zahlungsverzug ihrer Kunden betroffen sind.

5.4.4 Folgen des Zahlungsverzugs

5.4.4.1 Auftreten wirtschaftlicher Probleme

Gut drei Viertel der befragten Unternehmen gaben an, dass ihnen durch Zahlungsverzug wirtschaftliche Probleme entstehen. Wie bereits aus der wirtschaftsbereichsspezifischen Analyse des Zahlungsverhaltens zu erwarten war, sind die Unternehmen von den Folgeproblemen, die durch Zahlungsverzug verursacht werden, in signifikant unterschiedlichem Ausmaß betroffen.

Abbildung 8: Anteil von Unternehmen, denen Zahlungsverzögerungen Schwierigkeiten bereiten, nach Wirtschaftsbereichen

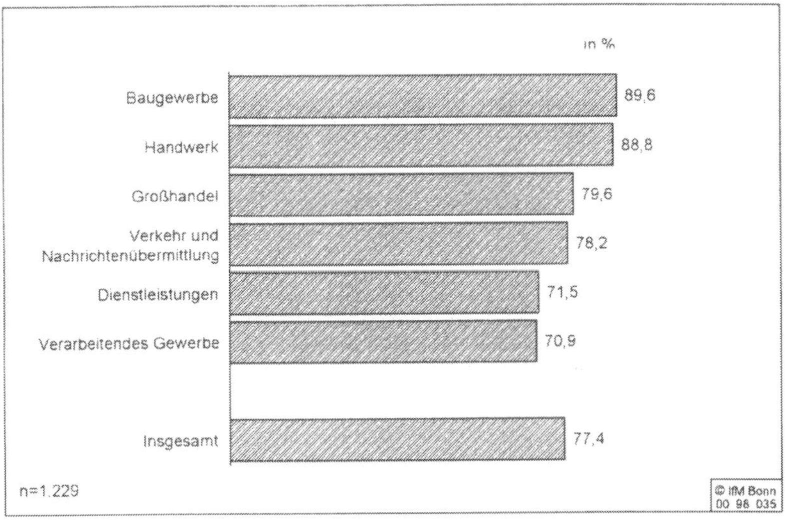

Unternehmen des Handwerks und des Baugewerbes sind am stärksten vom Problem des Zahlungsverzugs betroffen. Rund 90 % von ihnen bereitet der Zahlungsverzug wirtschaftliche Probleme. Es folgen der Großhandel und der Bereich Verkehr und Nachrichtenübermittlung. Eingedenk der Befunde über den Gesamtbestand an Forderungen und deren Struktur ist davon auszugehen, dass die überdurchschnittliche Problembetroffenheit vor allem des Baugewerbes und des Handwerks auf einen hohen Anteil uneinbringlicher Forderungen am Gesamtforderungsbestand verursacht ist. Selbst im verarbeitenden Gewerbe und im Dienstleistungssektor, die relativ selten mit zahlungsverzugsbedingten Schwierigkeiten zu kämpfen haben, kann mit Anteilswerten von jeweils gut 70 % von einer günstigen Lage keine Rede sein. Während der relativ niedrige Anteilswert von Unternehmen mit Schwierigkeiten im verarbeitenden Gewerbe als Ergebnis des besseren Zahlungsverhaltens in diesem Wirtschaftsbereich zu interpretieren ist, kann für die Dienstleister die geringere Problembetroffenheit angesichts des relativ hohen durchschnittlichen Anteils säumiger Kunden und der langen durchschnittlichen Überziehungsdauern nicht auf eine befriedigende Zahlungsdisziplin zurückgeführt werden.

Signifikante Unterschiede hinsichtlich des Auftretens wirtschaftlicher Schwierigkeiten infolge von Zahlungsverzögerungen zeigen sich auch bei Betrachtung der Unternehmensgröße. Die erkennbaren Differenzen korrespondieren mit den vorhergehend geschilderten Befunden: Wie erwähnt, sind die kleinsten Unternehmen mit bis zu 4 Beschäftigten dank ihrer besonders ausgeprägten Beziehung zum Kunden seltener mit Zahlungsunwilligkeit oder -unvermögen der Abnehmer konfrontiert. Im Einklang damit steht der Befund, dass Unternehmen dieser Größenklasse auch am seltensten über wirtschaftliche Schwierigkeiten infolge von Zahlungszielüberschreitungen klagen. Probleme bereitet der Zahlungsverzug vor allem Unternehmen mit 5 bis 19 Mitarbeitern. Angesichts der hohen durchschnittlichen Anteile säumiger Kunden am Gesamtabsatz und der überdurchschnittlichen Überziehungszeiten war ein solches Befragungsergebnis zu erwarten.

Abbildung 9: Anteil von Unternehmen, denen Zahlungsverzögerungen Schwierigkeiten bereiten, nach Beschäftigtengrößenklassen

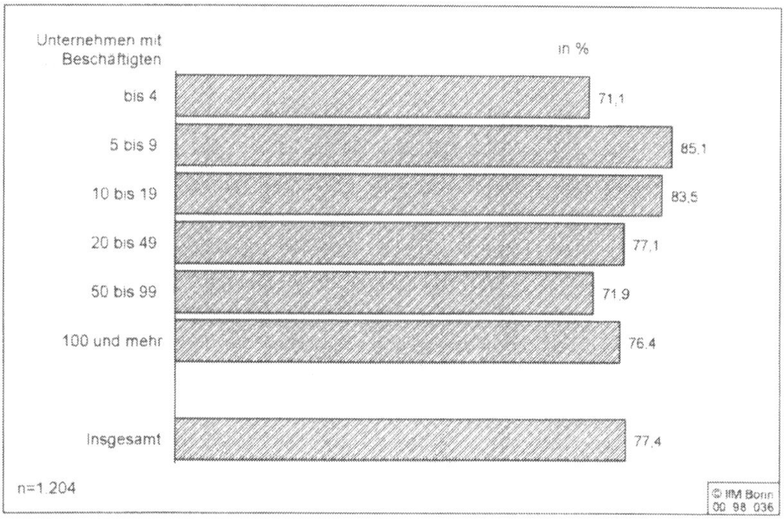

Ruft man sich das allgemein als ungünstig beurteilte Zahlungsverhalten gewerblicher Kunden in Erinnerung, so mag es auf den ersten Blick verwundern, dass Zahlungsverzögerungen den reinen Zulieferunternehmen weniger Schwierigkeiten bereiten als Unternehmen mit gemischter Kundenstruktur. Hierbei ist jedoch zu berücksichtigen, dass für gewerbliche Abnehmer von Zulieferprodukten/-leistungen im vorderen Teil der Untersuchung eine deutlich bessere

Zahlungsdisziplin festgestellt wurde als für gewerbliche Kunden anderer Unternehmen.

Abbildung 10: Anteil von Unternehmen, denen Zahlungsverzögerungen Schwierigkeiten bereiten, nach der Kundenstruktur

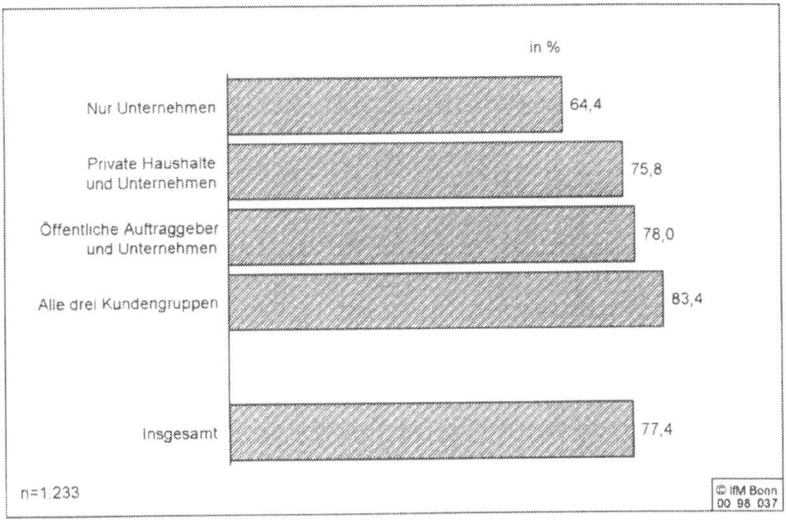

5.4.4.2 Partialanalyse der Auswirkungen des Zahlungsverzugs

Erwartungsgemäß verursacht der Zahlungsverzug den Unternehmen in erster Linie Liquiditätsprobleme: 86 % der Unternehmen, die infolge unpünktlicher Zahlungen Schwierigkeiten haben, konkretisieren diese als Einschränkung ihrer Liquidität. Je nach Ausmaß des Zahlungsverzugs und der jeweiligen finanziellen Gesamtsituation des Unternehmens können sich zu der regelmäßig als erstes bemerkbaren Liquiditätsverschlechterung weitere negative Auswirkungen gesellen. Diese können sich sowohl in einer ungewollt hohen Bindung finanzieller Reserven durch hohe Außenstände, einer Verschlechterung der Rentabilität durch höhere Finanzierungskosten, in einer Hinausschiebung eigener Zahlungen oder auch in hohen Aufwendungen für das Mahnwesen äußern. Nach Angaben der Befragten treten diese Schwierigkeiten durchaus häufig auf, allerdings mit deutlichem Abstand zur als Primärproblem zu betrachtenden Liquiditätseinschränkung.

Abbildung 11: Schwierigkeiten infolge des Zahlungsverzugs nach Art der Ausprägung (Mehrfachnennungen)

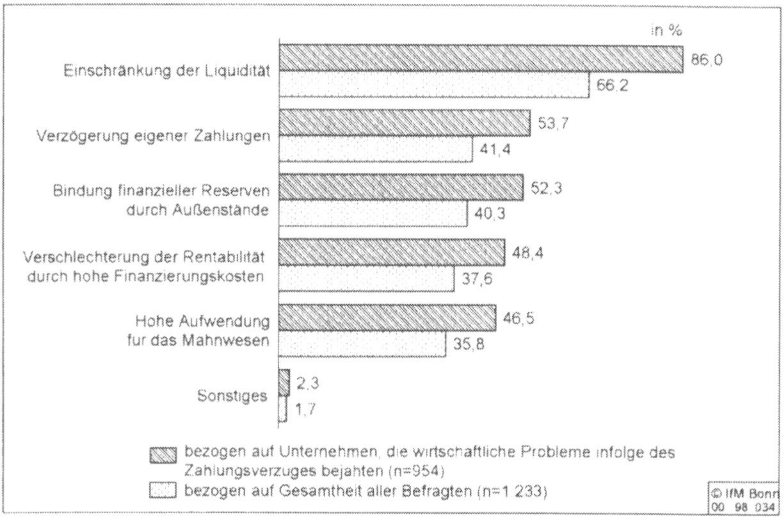

Nach dem Ranking der Probleme als zweithäufigste Auswirkung genannt, führen Zahlungsverzögerungen auch dazu, dass die Unternehmen ihren eigenen Zahlungsverpflichtungen nicht fristgemäß nachkommen können, gefolgt von einer erzwungenen Bindung finanzieller Reserven, die nun nicht mehr für andere eigentlich vorgesehene Zwecke genutzt werden können. Höhere Finanzierungskosten und hohe Aufwendungen für das Mahnwesen wurden nur unwesentlich seltener genannt.

Bei der Interpretation der obigen Befragungsbefunde ist zu beachten, dass sich die Angaben in Abbildung 11 auf die Unternehmen beschränken, die wirtschaftliche Probleme aufgrund des Zahlungsverhaltens ihrer Kunden haben. Legt man die Gesamtheit aller Befragten zugrunde, verringern sich die entsprechenden Anteilswerte deutlich. So sind von Liquiditätsverschlechterungen als Hauptfolge der Zahlungsverzögerungen der Kunden insgesamt 66,3 % aller befragten Unternehmen betroffen, die anderen genannten möglichen Folgen beklagen nur jeweils rund 40 % des Befragungssamples. Diese relativierte Betrachtungsweise unterstreicht, dass Zahlungszielüberschreitungen erst ab einem gewissen Ausmaß wirtschaftliche Konsequenzen nach sich ziehen.

Je nach Wirtschaftsbereichszugehörigkeit differiert die Bedeutung der möglichen Auswirkungen des Zahlungsverzugs signifikant. Über Liquiditätsentzug klagen insbesondere Unternehmen des Handwerks und des Baugewerbes, die ohnehin im Allgemeinen über eine sehr geringe Eigenkapitalausstattung und damit schwache Liquiditätspuffer verfügen.

Tabelle 29: Schwierigkeiten infolge des Zahlungsverzugs nach Art der Ausprägung nach Wirtschaftsbereichen in % (Mehrfachnennungen)

Problem	Verarbeitendes Gewerbe	Handwerk	Dienstleistungen	Großhandel	Verkehr u. Nachrichtenübermittlung	Baugewerbe	Insgesamt
Einschränkung der Liquidität	59,2	73,7	65,1	64,9	63,6	81,7	66,2
Bindung finanzieller Reserven	33,2	52,6	37,7	45,7	30,9	47,8	40,3
Verschlechterung der Rentabilität	34,6	46,6	29,4	53,2	23,6	45,2	37,6
Verzögerung eigener Zahlungen	34,6	57,8	34,6	29,8	38,2	60,0	41,1
Hohe Aufwendungen für das Mahnwesen	31,0	36,7	33,2	53,2	47,3	40,0	35,8
Sonstiges	0,7	3,6	1,0	3,2	3,6	1,7	1,8
n = 1.233							© IfM Bonn

Die Bindung finanzieller Reserven durch Außenstände, eine Verschlechterung der Rentabilität sowie die Verzögerung eigener Zahlungen sind Konsequenzen, die ebenfalls am ehesten Handwerks- und Bauunternehmen treffen, wohingegen sie deutlich seltener als andere Wirtschaftsbereiche hohe Aufwendungen für das Mahnwesen zu tragen haben. Letzteres ist eher für Unternehmen des Wirtschaftsbereichs Verkehr und Nachrichtenübermittlung ein Ergebnis schleppender Zahlungseingänge sowie ferner die Zurückstellung eigener Zahlungsverpflichtungen. Aber auch im Bereich Verkehr und Nachrichtenübermittlung ist der Liquiditätsentzug das Hauptproblem, was auch für den Großhandel zutrifft. Doch kommt es hier deutlich häufiger als in anderen Wirtschaftsbereichen auch zur Verschlechterung der Rentabilität. Aufgrund der geringen Gewinnmargen wirken sich Zahlungsverzögerungen oder Forderungsverluste im Großhandel im Vergleich zu den anderen Wirtschaftsbereichen stärker auf das Gesamtergebnis aus. Aufgrund des besseren Zahlungsverhaltens ihrer Kunden werden Unternehmen des verarbeitenden Gewerbes von allen zahlungsverzugsbedingten Folgewirkungen am seltensten betroffen. Auch für Dienstleistungsunternehmen spielen andere als liquiditätsrelevante Folgewirkungen nach den Befragungsbefunden nur eine im Vergleich der Wirtschaftsbereiche unterdurchschnittliche Rolle.

Tabelle 30: Schwierigkeiten infolge des Zahlungsverzugs nach Art der Ausprägung nach Beschäftigtengrößenklassen in % (Mehrfachnennungen)

Problem	Unternehmen mit ... Beschäftigten						Insgesamt
	bis 4	5 - 9	10 - 19	20 - 49	50 - 99	100 u.m.	
Einschränkung der Liquidität	61,8	73,0	72,6	63,5	65,8	64,2	66,2
Bindung finanzieller Reserven	36,1	47,7	40,8	40,8	38,2	38,9	40,3
Verschlechterung der Rentabilität	30,9	47,1	40,3	37,2	36,2	37,0	37,6
Verzögerung eigener Zahlungen	45,0	52,3	46,3	41,1	36,2	28,4	41,1
Hohe Aufwendungen für das Mahnwesen	26,2	33,3	38,8	42,2	32,7	37,0	35,8
Sonstiges	1,6	3,4	0,5	1,8	1,5	1,2	1,8
n = 1.209							© IfM Bonn

Unter dem Aspekt der Unternehmensgröße besteht nach den Befragungsbefunden ein enger Zusammenhang zwischen dem Zurückstellen eigener Zahlungsverpflichtungen und Problemen aufgrund von Zahlungszielüberschreitungen. Dieses Problem tritt in erster Linie bei kleinen Unternehmen auf. So sehen sich 45 % der Unternehmen mit bis zu 4 und 52,3 % der Unternehmen mit 5 bis 9 Beschäftigten zu einer Zurückstellung eigener Zahlungsverpflichtungen aufgrund von Zahlungszögerungen gezwungen, wohingegen sich der entsprechende Anteil bei Großunternehmen mit mehr als 100 Beschäftigten nur noch auf 28,4 % beläuft. Geringe finanzielle Reserven, enge Betriebsmittelkreditrahmen und eingeschränkte alternative Finanzierungsmöglichkeiten zwingen kleinere Unternehmen offenbar zu internen Ausgleichsmaßnahme der genannten Art.

5.4.5 Beurteilung der rechtlichen Bestimmungen zum Zahlungsverzug

Die überwiegende Mehrheit (84,4 %) der Befragten ist der Ansicht, dass die gesetzlichen Regelungen, die den Zahlungsverzug und die Durchsetzung von Forderungen betreffen, nicht ausreichen, um wirksam gegen säumige Zahler vorzugehen. Ein besonders negatives Urteil zu den geltenden rechtlichen Bestimmungen fällten das Baugewerbe, der Großhandel und das Handwerk, die andererseits auch am stärksten mit zahlungsverzugsbedingten Problemen belastet sind. Angesichts der unterschiedlichen Relevanz des Werkvertragsrechts für diese drei Wirtschaftsbereiche zeigen die Befunde, dass Dringlichkeit von Änderungen nicht nur im Werkvertragsrecht, sondern auch im Handelsverkehr gesehen wird.

Differenziert nach der Unternehmensgröße sind hingegen keine signifikanten Unterschiede festzustellen. Dieser Befund ist insofern von besonderem Interesse, als er belegt, dass das Urteil über die gegenwärtige Rechtslage nicht von Partikularinteressen einzelner Unternehmensgruppen beeinflusst ist, sondern einheitlich von allen Unternehmen getragen wird. Hinreichende praktische Erfahrungen mit der Rechtsmaterie zum Zahlungsverzug tragen zur Urteilsbildung bei. Dies äußert sich auch darin, dass die älteren Unternehmen ein deutlicheres Urteil fällten als junge Unternehmen.

Abbildung 12: Anteil von Unternehmen, die die gesetzlichen Regelungen zum Zahlungsverzug für unzureichend halten, nach Wirtschaftsbereichen

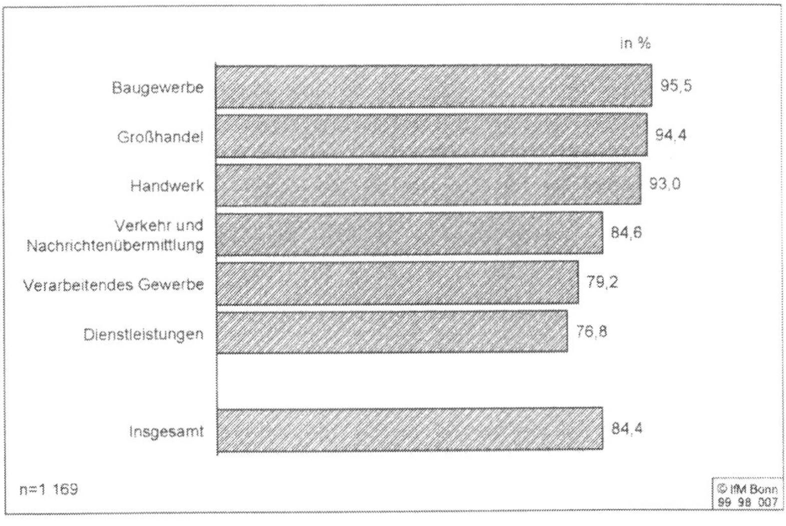

Während 86,4 % der Unternehmen, die älter als fünf Jahre sind, die gesetzlichen Regelungen zum Zahlungsverzug als unzureichend bezeichnen, sind es

nur 75,6 % der jüngeren Unternehmen, die zu dem gleichen Urteil gelangt sind. Die älteren Unternehmen haben naturgemäß mehr Erfahrung mit den gesetzlichen Bestimmungen zum Zahlungsverzug sowie über Möglichkeiten zur Durchsetzung von Forderungen, so dass ihr Votum für einen gesetzgeberischen Handlungsbedarf deutlicher ausfällt.

5.5 Forderungsmanagement

5.5.1 Kreditmanagement

5.5.1.1 Bonitätsprüfungen

5.5.1.1.1 Durchführung und Ausgestaltung

Durch Prüfung der Bonität eines Kunden vor Gewährung eines Handelskredites kann die Eintrittswahrscheinlichkeit von Termin- und Ausfallrisiken reduziert werden. Die Bonitätsprüfung liefert Informationen, mit deren Hilfe sich die zukünftige Zahlungsfähigkeit des jeweiligen Kunden abschätzen lässt und die Risiken, die mit der Einräumung eines Handelskredites verbunden sind, transparent werden.

Die Bonitätsprüfung bildet - wie bereits erläutert - den Kern des betrieblichen Kreditmanagements. Der Bedeutung einer Bonitätsprüfung für die Vermeidung von Zahlungsverzögerungen und Forderungsausfällen wird seitens der befragten Unternehmen jedoch nur bedingt Rechnung getragen. So nehmen zwar 81 % der befragten Unternehmen Bonitätsprüfungen vor, aber ihre überwiegende Mehrheit beschränkt sich allein auf die Überprüfung besonders risikoträchtiger, da neuer, Kunden.

Eine fortlaufende, regelmäßig wiederkehrende Überprüfung sämtlicher Kunden mit Kreditengagement findet nur bei 15 % der Unternehmen statt, die überhaupt Bonitätsprüfungen vornehmen. Ursächlich dafür, dass vergleichsweise wenige Unternehmen ihre Kunden einer regelmäßigen Bonitätsprüfung unterziehen, sind zwar vor allem die personellen und finanziellen Kapazitätsbeschränkungen in kleineren Unternehmen, aber es ist auch davon auszugehen, dass es in vielen Unternehmen an diesbezüglichen Kenntnissen mangelt. So ist es zwar verständlich, dass Kosten- und Personalüberlegungen aus Sicht der Unternehmen eine Fokussierung der Bonitätsprüfungen auf hohe Risiken nahe legen und dass (vermeintlich) geringe Risiken stillschweigend in Kauf genommen werden. Dabei wird aber häufig übersehen, dass auch kleinere Risiken, sofern sie gehäuft auftreten, die Existenz des Unternehmens gefährden können. Ebenso können Bonitätsverschlechterungen bei langjährigen Kunden im Zeitablauf eintreten. Ohne regelmäßige Prüfung werden solche Veränderungen häufig zu spät erkannt.

Abbildung 13: Ausgestaltung von Bonitätsprüfungen

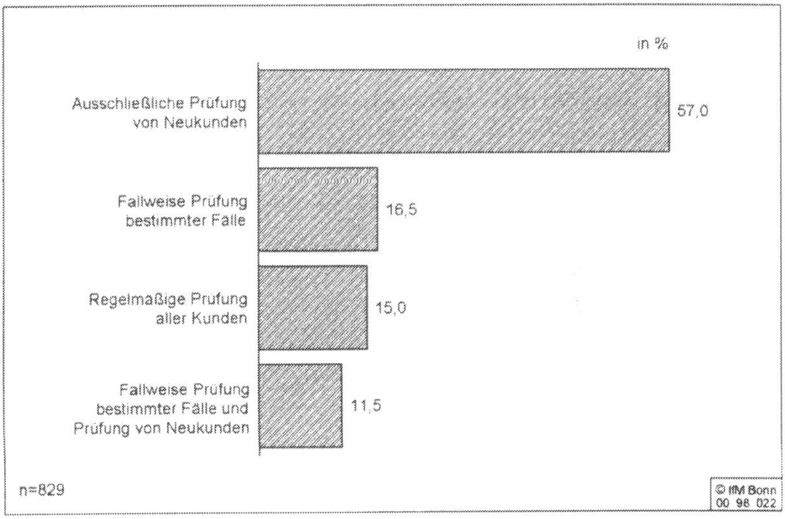

Mehrheitlich beschränken sich die Unternehmen auf die Überprüfung der Kreditwürdigkeit von Neukunden. Die Möglichkeiten, etwaige Bonitätsverschlechterungen bei bereits bestehenden Kundenbeziehungen zeitnah zu entdecken, sind bei einer einseitigen Ausrichtung auf Neukunden nicht gegeben. Berücksichtigt man, dass mit längeren Geschäftsbeziehungen vielfach auch höhere Auftragsvolumina und damit höhere Kredite verbunden sind, so wird das Gefährdungspotential einer ausschließlichen Eingangsprüfung deutlich. 11,5 % der Unternehmen praktizieren die Kombination von Neukundenüberprüfung und fallweiser Prüfung von bereits bestehenden Geschäftsbeziehungen. Ausschließlich fallweise wird eine Bonitätsprüfung bei 16,5 % der befragten Unternehmen durchgeführt.

Der Hauptgrund für eine einzelfallbezogene Bonitätsprüfung besteht in einem hohen Auftragswert (40 %) und damit einem hohen Einzelrisiko. Mit deutlichem Abstand folgen die Beweggründe Zweifel an der Bonität eines Kunden (24,0 %) und Zahlungsverzögerungen des Kunden (19,2 %). Daraus wird ersichtlich, dass sich die Unternehmen mit der fallweisen Bonitätsprüfung zum einen gegen betragsmäßig hohe Einzelrisiken zu schützen versuchen. Zum anderen zeigt sich ein reaktives Verhalten, wenn eine Bonitätsprüfung erst dann vorgenommen wird, wenn bereits Zahlungsverzögerungen eingetreten und damit Zahlungsschwierigkeiten des Kunden offensichtlich geworden sind oder wenn bereits Informationen über eine zweifelhafte Bonität des Kunden vorliegen. Eine reaktive Bonitätsprüfungspolitik vernachlässigt jedoch den wichtigen Aspekt der Risikoprophylaxe vollständig.

Abbildung 14: Anlässe für eine fallweise Bonitätsprüfung

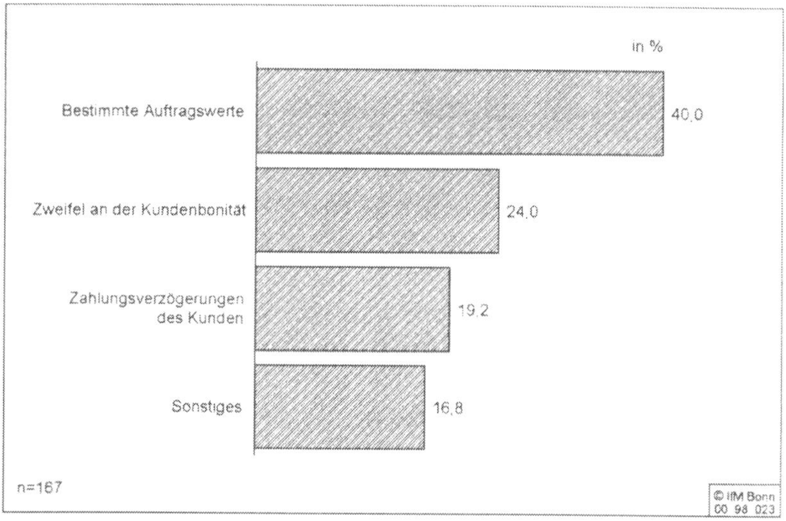

Bonitätsprüfungen werden je nach Wirtschaftsbereich unterschiedlich stark zur Risikosteuerung im Unternehmen genutzt. Eine Begründung für die variierenden Nutzungsgrade in Abhängigkeit vom Wirtschaftsbereich ist in den wirtschaftsbereichsspezifischen Vorleistungsquoten zu sehen. Wirtschaftsbereiche, die durch eine vergleichsweise hohe Vorleistungsquote geprägt sind, setzen überdurchschnittlich häufig das Instrument der Bonitätsprüfung ein. So führen fast alle Großhandelsunternehmen (94,6 %) und 88,1% der Unternehmen des verarbeitenden Gewerbes Bonitätsprüfungen durch. Bedingt durch die hohe Vorleistungsquote in diesen Wirtschaftsbereichen ist für diese Unternehmen das Bonitätsrisiko ausgeprägter, da von einem Zahlungsverzug oder Forderungsausfall zusätzlich zur erbrachten eigenen Leistung auch im erheblichen Ausmaß finanzielle Mittel betroffen sind, die zuvor in auftragsbedingte Vorleistungen wie z.B. Material oder Waren investiert wurden. Das von einem Bonitätsrisiko betroffene Auftragsvolumen ist so deutlich höher. In den Dienstleistungen und im Verkehr und Nachrichtenübermittlungsgewerbe, die relativ niedrige Vorleistungsquoten aufweisen, sind Bonitätsprüfungen mit einem Anteil von 71,6 % bzw. 72,7 % nur unterdurchschnittlich verbreitet.

Abbildung 15: Verbreitungsgrad von Bonitätsprüfungen nach Wirtschaftsbereichen

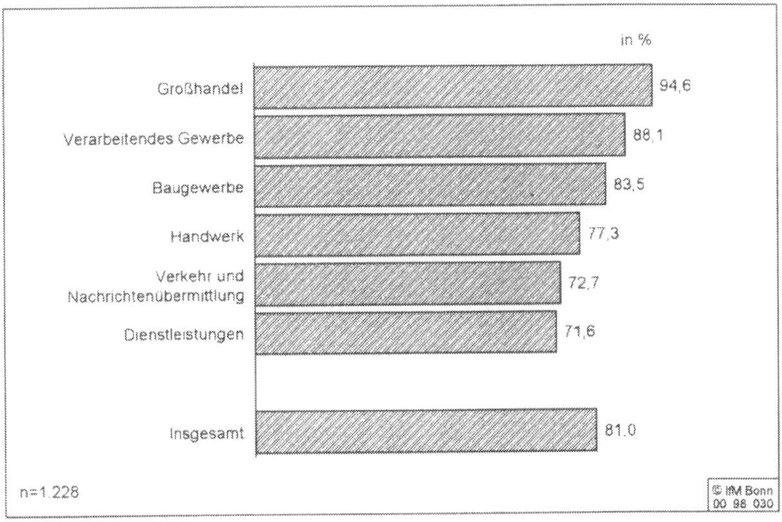

Die wirtschaftsbereichsbezogenen Unterschiede zeigen sich nicht nur hinsichtlich des allgemeinen Verbreitungsgrads von Bonitätsprüfungen, sondern wirken sich auch auf die Ausgestaltung der Bonitätsprüfung aus. Eine regelmäßig wiederkehrende Prüfung aller Kunden auf ihre Zahlungsfähigkeit erfolgt noch am ehesten im Großhandel, wo rd. ein Viertel der Unternehmen eine permanente Prüfung aller Kunden installiert haben. Auch im Bereich Verkehr und Nachrichtenübermittlung (18,9 %) und im verarbeitenden Gewerbe (16,2 %) ist im Vergleich der Wirtschaftsbereiche eine überdurchschnittliche Nutzung von permanenten Überprüfungen zu verzeichnen, wenngleich der Nutzungsgrad absolut betrachtet gering ist. Im Handwerk und im Dienstleistungsbereich ist die regelmäßig wiederholte Prüfung aller Kunden eher die Ausnahme; nur in jeweils rd. jedem zehnten Unternehmen findet sich diese umfassende, systematische Risikoeinschätzung. Dabei spielt die Unternehmensgröße eine wesentliche Rolle. Der Anteil von Unternehmen mit regelmäßiger Bonitätsprüfung steigt - wenn auch nicht stetig - mit zunehmender Unternehmensgröße an, was erklärt, dass in kleinbetrieblich strukturierten Wirtschaftsbereichen komplexere und systematische Prüfungen finanziell und personell kaum zu implementieren sind.

Tabelle 31: Art der Ausgestaltung von Bonitätsprüfungen nach Wirtschaftsbereichen in %

Wirtschaftsbereich	Art der Bonitätsprüfung			
	regelmäßig für alle Kunden	nur für Neukunden	nur fallweise für bestimmte Kunden	fallweise und für Neukunden
Verarbeitendes Gewerbe	16,2	59,6	13,7	10,5
Handwerk	11,1	54,2	22,9	11,8
Dienstleistungen	10,5	51,3	24,4	13,8
Großhandel	24,6	58,0	3,8	13,6
Verkehr und Nachrichtenübermittlung	18,9	54,1	16,2	10,8
Baugewerbe	14,6	61,3	14,8	9,3
Insgesamt	15,0	57,0	16,5	11,5

n = 826 © IfM Bonn

Mit zunehmender Mitarbeiterzahl steigen üblicherweise auch die finanziellen und personellen Ressourcen eines Unternehmens, aber auch die Kundenanzahl und das finanzielle Risiko und damit der Bedarf für eine Risikoevaluation. Dies findet seine Bestätigung darin, dass der Nutzungsgrad von Kreditwürdigkeitsanalysen mit zunehmender Unternehmensgröße stetig ansteigt von 64,6 % in der kleinsten auf 93,2 % in der Größenklasse mit 100 und mehr Beschäftigten.

In welcher Form Bonitätsprüfungen vorgenommen werden hängt ebenso von der Unternehmensgröße ab. Kleine Unternehmen bis 9 Beschäftigte entscheiden sich aufgrund ihrer begrenzten personellen und finanziellen Möglichkeiten typischerweise für die ausschließlich fallweise Überprüfung einzelner Kunden. Unternehmen mit 10 bis 99 Beschäftigten gehen eher zu einer Kombination aus fallweiser Überprüfung und gleichzeitiger Kontrolle von Neukunden über. Für Unternehmen mit 100 und mehr Beschäftigten gewinnt hingegen die regelmäßige Prüfung der Kundenbonität an Bedeutung.

Abbildung 16: Verbreitungsgrad von Bonitätsprüfungen nach Beschäftigtengrößenklassen

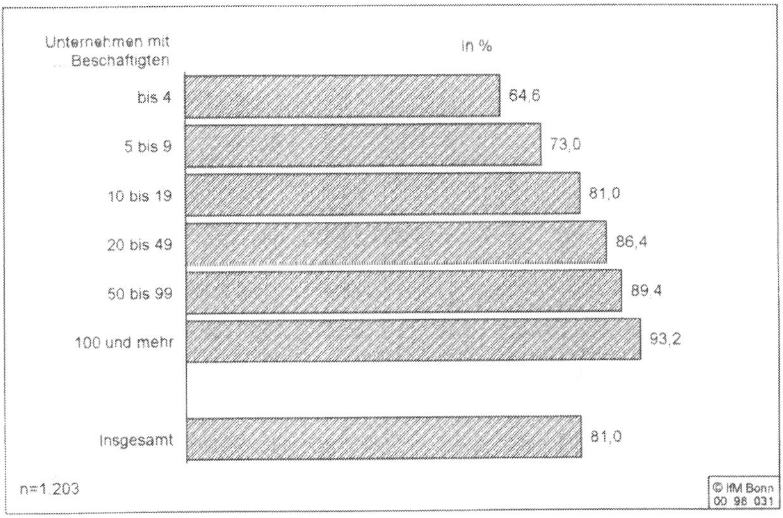

Die Durchführung und Ausgestaltung von Bonitätsprüfungen hängt auch von der Kundenstruktur ab. So nehmen Unternehmen, deren Abnehmerkreis sich ausschließlich aus privaten Kunden, d.h. privaten Haushalten und Unternehmen zusammensetzt, mit einem Anteilswert von 70,7% deutlich seltener Bonitätsprüfungen vor als dies bei anderen Kundenstrukturen der Fall ist. Unternehmen mit dieser Kundenstruktur sind in vorleistungsintensiven Wirtschaftsbereichen, die einen größeren Bedarf für Bonitätsprüfungen aufweisen, relativ selten anzutreffen. Reine Zulieferbetriebe führen nach den Befragungsbefunden wesentlich häufiger regelmäßige Überprüfungen von Neukunden (66,4 %) durch als Unternehmen mit gemischter Kundenstruktur. Letztere konzentrieren sich stärker auf fallweise Kontrollen, sei es nur in bestimmten Fällen oder in Ergänzung zur Prüfung von Neukunden.

Tabelle 32: Ausgestaltung von Bonitätsprüfungen nach Beschäftigtengrößenklassen in %

Unternehmen mit ... Beschäftigten	Bonitätsprüfung regelmäßig für alle Kunden	nur für Neukunden	nur fallweise für bestimmte Kunden	fallweise und für Neukunden
bis 4	10,8	60,8	27,0	1,4
5 - 9	7,8	56,2	28,1	7,9
10 - 19	14,3	56,1	14,4	15,2
20 - 49	15,7	54,0	19,4	10,9
50 - 99	15,0	57,8	12,7	14,5
100 und mehr	22,7	57,4	6,4	13,5
Insgesamt	15,0	57,0	16,5	11,5

n = 813 © IfM Bonn

Auch das Unternehmensalter wirkt sich tendenziell auf die Einsatzhäufigkeit von Bonitätsprüfungen aus. Ältere Unternehmen nehmen sie etwas häufiger vor (82,3%) als jüngere (78,4%). Nach der Ausgestaltung konzentrieren sich jüngere Unternehmen auf die Bonitätsprüfung von Neukunden. Diese Beschränkung ist bei 63,2% der jüngeren, jedoch nur bei 55,6% der älteren Unternehmen festzustellen, was darauf zurückzuführen ist, dass sich bei jüngeren Unternehmen noch keine langfristigen Geschäftsbeziehungen entwickeln konnten und der Kundenstamm sich in der Regel noch herausbildet.

5.5.1.1.2 Genutzte Informationsquellen

Wichtigste Informationsquelle für Bonitätsprüfungen sind die Inkasso-Unternehmen. Mehr als die Hälfte der Unternehmen holt über sie Auskünfte über die finanzielle Lage ihrer (potentiellen) Kunden ein. Die Befragten nutzen damit eine externe Informationsquelle, die in der Regel zuverlässige Informationen über das bisherige Zahlungsverhalten von Kunden liefern kann, sofern sie Daten über den angefragten Kunden gesammelt hat. Die Mehrzahl der Unternehmen stuft damit die Qualität dieser kostenpflichtigen Informationen hoch ein. Die Kosten belaufen sich bei Einzelanfragen auf 200 bis 400 DM; im Falle einer Mitgliedschaft erfolgt die Informationsabgabe kostenfrei, jedoch fällt ein jährlicher Mitgliedsbeitrag an. Dieser ist von verschiedenen Faktoren wie z.B. der Umsatzhöhe abhängig, als Richtwert mag ein Betrag von 800 DM gelten.

Mit jeweils ca. 38 % werden Auskünfte zur Finanz- und Ertragslage von Kunden aus dem geschäftlichen Umfeld eingeholt, nämlich von befreundeten oder verbundenen Unternehmen sowie von Banken. Befreundete oder verbundene Unternehmen erteilen Auskünfte i.d.R. kostenfrei, die Informationsqualität differiert jedoch sehr stark, da es sich hierbei nicht um systematisch gesammelte und nach einheitlichen Kriterien auswertbare Informationen handelt, sondern eher um subjektive Einschätzungen. Die Bereitschaft von Unternehmen, sensible Informationen preis zu geben, dürfte als nicht sehr hoch einzustufen sein, da eine Belastung der eigenen Geschäftsbeziehungen vermieden werden soll. Dies trifft grundsätzlich auch auf Banken zu, die aufgrund ihrer Geschäftsbeziehung zum jeweiligen Kunden die Informationen eher allgemein halten werden.

Ebenfalls ca. 38 % der Befragten geben als Informationsquelle die eigene Geschäftserfahrung und Intuition an. In diesem Befund spiegelt sich die zentrale Bedeutung des Unternehmers in mittelständischen Unternehmen wider, die aus der engen Verbindung von Unternehmen und Inhaber erwächst, der für alle unternehmensrelevanten Entscheidungen verantwortlich zeichnet. Die Anwendung betriebswirtschaftlicher Methoden zur Informationsgewinnung wird in kleinen und mittleren Unternehmen bekanntlich häufig durch persönliche Erfahrungswerte und Intuition des Unternehmers ersetzt. Die Zuverlässigkeit und Qualität von intuitiven Einschätzungen und subjektiven Erfahrungen ist schwer beurteilbar, da sie vom Einzelfall abhängt. Aus betriebswirtschaftlicher Sicht ist es jedoch nicht als vorteilhaft zu werten, dass 6,6 % der Unternehmen, die Bonitätsprüfungen durchführen, ausschließlich auf Geschäftserfahrung und Intuition setzen. In diesen Fällen handelt es sich auf jeden Fall nicht um eine Bonitätsprüfung im eigentlichen Sinne.

Das eigene Rechnungswesen wird von rd. einem Viertel der antwortenden Unternehmen als Informationsquelle genutzt. Bei bereits bestehenden Geschäftsbeziehungen kann ein aussagekräftiges Rechnungswesen fundierte Hinweise zu Änderungen im Zahlungsverhalten des jeweiligen Kunden geben. Da aber lediglich bereits eingetretene Veränderungen feststellbar sind, ist die prophylaktische Wirkung dieses Instrumentes jedoch eingeschränkt.

Abbildung 17: Informationsquellen für Bonitätsprüfungen (Mehrfachnennungen)

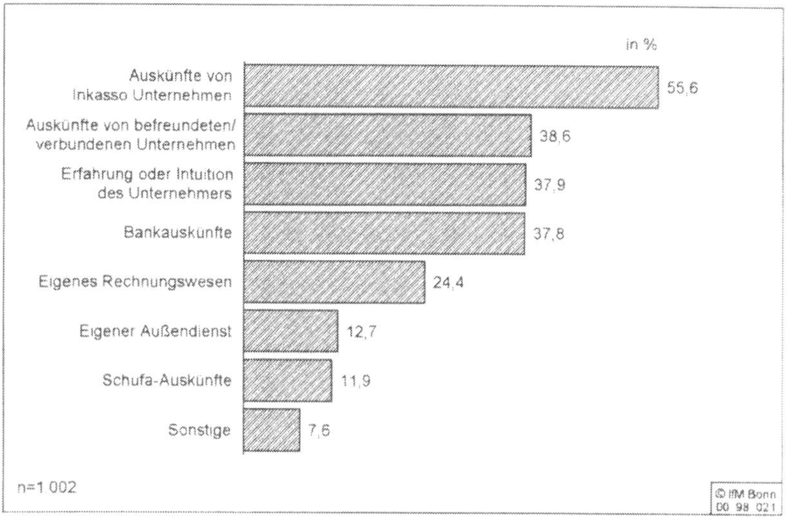

Auskünfte des Außendienstes werden von 12,7 % der Unternehmen der Bonitätsprüfung zugrunde gelegt. Grundsätzlich können Außendienstmitarbeiter durch ihren engen, persönlichen Kontakt zum Kunden seine Verhaltensänderungen registrieren und seine wirtschaftliche Situation grob einschätzen, die Beurteilung ist aber grundsätzlich subjektiver Natur. Das geringe Ausmaß der Inanspruchnahme dieser Informationsquelle erklärt sich aber nicht primär aus der Qualität dieses Informationsinstrumentes, sondern allein aus dem Umstand, dass viele Unternehmen eben keinen Außendienst haben.

Schufa-Auskünfte ziehen 11,9 % der befragten Unternehmen zu Rate. Die Schufa stellt ausschließlich finanzielle Informationen über Privatpersonen zur Verfügung. Die Auskunftserteilung ist an die Zustimmung der betreffenden Person gebunden. Dies erklärt - neben der Tatsache, dass die Zulieferer und unternehmensnahen Dienstleister keine oder nur wenige Geschäftsbeziehungen zu privaten Haushalten unterhalten -, dass diese Informationsquelle vergleichsweise selten genutzt wird. Sonstige Informationsquellen werden von 7,6 % der Befragten herangezogen. Vorrangig handelt es sich hier um Auskünfte von Kreditversicherungsunternehmen.

Unternehmen können bei der Bonitätsprüfung ihrer Kunden im Gegensatz zu Banken selten auf interne Erfolgs- und Finanzdaten des Kunden zurückgreifen, sondern müssen sich auf extern zugängliche Informationen oder Beobachtungen beschränken, deren Aussagegehalt eingeschränkt ist. Um ein realitätsnahes Abbild der wirtschaftlichen Situation des Kunden zu erhalten, ist es daher zumeist erforderlich, mehrere Informationsquellen heranzuziehen.

Tabelle 33: Anzahl von Informationsquellen für die Bonitätsprüfung - Verteilung und Mittelwerte nach Beschäftigtengrößenklassen - in %

Unternehmen mit ... Beschäftigten	Anzahl genutzter Informationsquellen						Mittelwert
	1	2	3	4	5	6	
bis 4	51,6	27,9	17,2	3,3	-	-	1,7
5 - 9	33,9	29,1	29,1	7,1	0,8	-	2,1
10 - 19	24,5	38,0	23,9	10,4	1,8	1,2	2,3
20 - 49	33,1	32,6	19,4	10,3	4,1	0,4	2,2
50 - 99	18,5	32,0	25,8	15,7	4,5	3,4	2,7
100 u.m.	19,9	35,1	29,1	13,9	1,3	0,7	2,4
Insgesamt	29,5	32,7	23,9	10,5	2,4	1,0	2,3
n = 983							© IfM Bonn

Die überwiegende Mehrheit der befragten Unternehmen greift daher auf mehr als eine Informationsquelle zurück: 32,7 % der befragten Unternehmen verwenden zwei verschiedene Informationsquellen zur Prüfung der Finanz- und Erfolgslage ihrer Kunden, 23,9 % stützen ihre Bonitätsprüfung auf drei unterschiedliche Informationsquellen und 10,5 % holen Informationen von vier verschiedenen Quellen ein. Lediglich 29,5 % beschränken sich ausschließlich auf eine einzige Informationsquelle. Diese Beschränkung geht insbesondere auf die überdurchschnittlichen Anteilswerte kleiner Unternehmen mit bis zu 4 Beschäftigten zurück. So basiert die Bonitätsprüfung bei gut der Hälfte dieser Unternehmen nur auf der Auswertung von Informationen aus einer einzigen Informationsquelle. Infolge des mit der Gewinnung und der Verarbeitung von Informationen verbundenen personellen und finanziellen Aufwandes ist ein signifikanter Unterschied hinsichtlich der Anzahl der verwendeten Informationsquellen für die Beschäftigtengrößenklassen feststellbar. Dieser drückt sich auch in den entsprechenden Durchschnittswerten aus. Während Unternehmen mit bis zu 4 Beschäftigten durchschnittlich nur 1,7 Quellen nutzen, greifen Unternehmen mit 50 bis 99 Mitarbeitern oder 100 und mehr Mitarbeitern für die

Kreditwürdigkeitsprüfung auf durchschnittlich 2,7 bzw. 2,4 Informationsquellen zu.

Tabelle 34: Anzahl von Informationsquellen für die Bonitätsprüfung - Verteilung und Mittelwerte nach Wirtschaftsbereichen - in %

Wirtschaftsbereich	Anzahl genutzter Informationsquellen						Mittelwert
	1	2	3	4	5	6	
Verarbeitendes Gewerbe	31,5	25,9	26,7	11,6	3,0	1,3	2,3
Handwerk	33,2	38,3	22,3	4,1	1,0	1,0	2,0
Dienstleistungen	33,2	33,7	22,4	9,3	1,0	0,5	2,1
Großhandel	18,0	36,0	25,8	14,6	4,5	1,1	2,6
Verkehr und Nachrichtenübermittlung	22,0	31,7	14,6	29,3	2,4	0,0	2,6
Baugewerbe	20,8	43,8	19,8	11,5	3,1	1,0	2,4
Insgesamt	29,5	32,7	23,9	10,5	2,4	1,0	2,3
n = 1.001							© IfM Bonn

Ebenfalls signifikant sind die Unterschiede in der Anzahl der verwendeten Informationsquellen nach Wirtschaftsbereichen. Handwerks- und Dienstleistungsunternehmen nutzen mit Durchschnittswerten von 2,0 bzw. 2,1 die wenigsten Informationsquellen. Dementsprechend sind die Anteile von Unternehmen, deren Bonitätsprüfung nur auf einer oder zwei Informationsquellen basiert, im Handwerk und in den Dienstleistungen am höchsten. In diesen beiden Wirtschaftsbereichen sind also nicht nur Bonitätsprüfungen weniger verbreitet als in den anderen betrachteten Wirtschaftsbereichen, sondern sie werden auch seltener regelmäßig durchgeführt und stützen sich auf eine schmalere Basis. Das Baugewerbe und das verarbeitende Gewerbe liegen mit durchschnittlich 2,3 genutzten Informationsquellen auf der Höhe des Gesamtdurchschnitts für alle Wirtschaftsbereiche. Unternehmen des Großhandels und des Wirtschaftsbereichs Verkehr und Nachrichtenübermittlung stellen ihre Bonitätsprüfungen mit durchschnittlich 2,6 herangezogenen Informationsquellen auf die breiteste Grundlage.

Tabelle 35: Informationsquellen für die Bonitätsprüfung nach Beschäftigtengrößenklassen in % (Mehrfachnennungen)

Informationsquelle	Unternehmen mit ... Beschäftigten						Insgesamt
	bis 4	5 - 9	9 - 10	20 - 49	50 - 99	100 u.m.	
Auskünfte von Inkasso-Unternehmen	34,4	42,9	48,5	53,7	74,2	72,8	55,7
Auskünfte von befreundeten/verbundenen Unternehmen	36,9	55,6	46,6	33,9	37,1	25,2	38,4
Erfahrung oder Intuition des Unternehmers	50,0	40,5	37,4	34,7	34,8	34,4	37,8
Bankauskünfte	22,1	29,4	41,7	41,3	43,8	44,4	38,4
Eigenes Rechnungswesen	15,6	22,2	19,6	21,9	36,5	27,8	24,3
Eigener Außendienst	2,5	5,6	14,1	11,2	20,8	17,9	12,6
Schufa-Auskünfte	7,4	7,9	14,7	14,0	11,8	12,6	11,9
Sonstige	3,3	6,3	8,0	10,3	6,7	8,6	7,6
n = 982							© IfM Bonn

Auch für die Nutzungsintensität der einzelnen Informationsquellen zeigen sich deutliche Größeneinflüsse. Für kleine Unternehmen mit bis zu 4 Mitarbeitern steht als Informationsquelle die Erfahrung des Unternehmers eindeutig im Vordergrund. Die Hälfte dieser Unternehmen vertraut bei der Bonitätsbeurteilung auf die Intuition des Geschäftsführers, 18,1 % verlassen sich sogar ausschließlich auf sie. Dieser Befragungsbefund spiegelt den in kleinen Unternehmen sehr engen Kontakt des Unternehmers zu seinen Kunden wider. Bereits bei Unternehmen mit 5 bis 9 Beschäftigten verliert die Intuition des Unternehmers an Bedeutung zu Gunsten von Auskünften befreundeter oder verbundener Unternehmen. Ab der Größenklasse 10 bis 19 Beschäftigte gewinnen der eigene Außendienst, Banken oder Inkasso-Unternehmen als Informationsquellen an Gewicht, während der Stellenwert der Intuition des Geschäftsführers oder Auskünfte anderer Unternehmen kontinuierlich sinken. Mit steigenden Auftragszahlen und wachsendem Kundenkreis vertrauen die Unternehmen zunehmend eher formellen und professionellen als informellen oder intuitiven Informationen. Dies verursacht zwar höhere Informationsbeschaffungskosten, gewährleistet jedoch auch eine höhere Informationssicherheit.

Erwartungsgemäß verfügen größere Unternehmen mit 50 und mehr Beschäftigten am häufigsten über ein ausgebautes Rechnungswesen und einen eigenen Außendienst, so dass sie auch am ehesten auf diese betriebsinternen Informationsquellen Rückgriff nehmen können. Auch Banken und Inkasso-Unternehmen gewinnen für die Informationsbeschaffung mit steigender Unternehmensgröße an Bedeutung, was für eine fortschreitende Professionalisierung der Informationsbeschaffung spricht.

Tabelle 36: Informationsquellen für die Bonitätsprüfung nach Wirtschaftsbereichen in % (Mehrfachnennungen)

Informationsquelle	Verarbeitendes Gewerbe	Handwerk	Dienstleistungen	Großhandel	Verkehr u. Nachrichtenübermittlung	Baugewerbe	Insgesamt
Auskünfte von Inkasso-Unternehmen	62,8	38,9	48,8	66,3	57,5	62,5	55,7
Auskünfte von befreundeten/verbundenen Unternehmen	30,2	51,3	36,6	43,8	57,5	39,6	38,4
Erfahrung oder Intuition des Unternehmers	32,1	43,5	44,4	30,3	32,5	45,8	37,8
Bankauskünfte	45,0	33,2	27,8	36,6	27,5	45,8	38,4
Eigenes Rechnungswesen	25,6	16,6	23,9	28,1	47,5	21,9	24,3
Eigener Außendienst	17,8	2,6	10,7	29,2	5,0	4,2	12,6
Schufa-Auskünfte	11,9	10,9	13,7	10,1	15,0	10,4	11,9
Sonstige	7,3	7,8	6,8	14,6	2,5	5,2	7,6

n = 1.001

Unternehmen des Großhandels, des verarbeitenden Gewerbes und des Baugewerbes greifen am ehesten auf die Leistungen gewerbsmäßiger Anbieter von finanzwirtschaftlichen Informationen über Geschäftspartner wie Inkasso-Unternehmen und Banken zu. Die Nutzung von betriebsinternen Informationsquellen wie eigenes Rechnungswesen oder eigener Außendienst hängt von den jeweiligen Kundenspezifika und der Organisationsstruktur ab. So ist der Rückgriff auf das eigene Rechnungswesen nur bei einem festen Kundenstamm sinnvoll, was bei den befragten Unternehmen insbesondere im Bereich Verkehr und Nachrichtenübermittlung der Fall ist, ein eigener Außendienst, der Informationen über die wirtschaftlichen Verhältnisse von Kunden beisteuern kann, ist im Großhandel und im verarbeitenden Gewerbe am ehesten anzutreffen. Folgerichtig ist im Handwerk, in den Dienstleistungen und im Baugewerbe, die seltener über einen Außendienst verfügen oder seltener langjährige Geschäftspartner haben, der Stellenwert von informellen internen und externen Informationsquellen wie Unternehmererfahrung deutlich höher als in anderen Wirtschaftsbereichen.

Welche Informationsquellen genutzt werden, hängt auch von der Kundenstruktur ab. Zählen private Haushalte zur Kundschaft, so wird seltener auf institutionalisierte, externe Informationsanbieter zurückgegriffen, da das jeweilige Einzelrisiko die Informationskosten vermutlich kaum rechtfertigt, so dass sich zur Beurteilung der Bonität von Privatpersonen der Unternehmer häufiger auf seine Intuition und Erfahrungen befreundeter Unternehmer verlassen muss. Das Unternehmensalter spielt für die Nutzung von Informationsquellen nur insofern eine Rolle, als ältere Unternehmen über einen Erfahrungsschatz und Lernwissen verfügen und daher alle Informationsquellen etwas stärker nutzen.

5.5.1.2 Organisationsgestaltung

5.5.1.2.1 Betriebliche Regelungen zur Einräumung von Zahlungszielen

Unter Regelungen zur Einräumung von Zahlungszielen sind betriebsinterne Festlegungen einheitlicher Vorgehensweisen zu verstehen, die Grundlage für die Gewährung und Laufzeit von Handelskrediten bilden. Durch eindeutige geschäftspolitische Grundsätze und klare organisatorische Regelungen werden sowohl die Rechnungserstellung als auch die sich anschließende Kontrolle des Zahlungseingangs erleichtert. Bei rd. 10 % der Unternehmen ist die Einräumung von Zahlungszielen nicht geregelt. Dabei handelt es sich in erster Linie um kleine Unternehmen der Bereiche Handwerk, Dienstleistungen und Verkehr und Nachrichtenübermittlung.

Zumindest über die grundsätzliche Regelung, dass Zahlungsziele generell entsprechend den Gepflogenheiten der jeweiligen Branche eingeräumt werden, verfügt ein Drittel der befragten Unternehmen. Diese allgemeine Regel findet insbesondere Anwendung im Baugewerbe und im Handwerk, die häufig ihre Leistungen für öffentliche Kunden nach den stark reglementierten Vergabebestimmungen erbringen. Der Befund korrespondiert auch mit dem oben dargestellten Ergebnis, dass sowohl Handwerk als auch Baugewerbe nur relativ selten längere als die branchenüblichen Zahlungsziele einräumen.

Tabelle 37: Verbreitungsgrad und Ausgestaltung von Regelungen zur Einräumung von Zahlungszielen nach Wirtschaftsbereichen in %

Wirtschafts-bereich	Regelung zu Zahlungszielen			
	Branchenübliche Fristen werden stets gewährt	Branchenübliche Fristen werden stets gewährt, über Abweichungen entscheidet der Geschäftsführer	Branchenübliche Fristen werden stets gewährt, über Abweichungen entscheiden befugte Mitarbeiter	Keine Regelung
Verarbeitendes Gewerbe	28,2	47,4	17,3	7,1
Handwerk	41,8	33,1	9,2	15,8
Dienstleistung	31,1	39,4	13,8	15,7
Großhandel	34,0	40,4	20,2	5,4
Verkehr u. Nachrichtenübermittlung	38,2	38,2	9,1	14,4
Baugewerbe	43,5	43,5	5,2	7,8
Insgesamt	33,9	41,3	13,7	11,1

n = 1.234

Gut jedes zweite Unternehmen trifft neben diesem Grundsatz geschäftspolitische Regelungen darüber, wer über Abweichungen von den üblicherweise gewährten Zahlungszielen entscheiden darf. Erwartungsgemäß ist die Entscheidung über Ausnahmen vom Allgemeingrundsatz weit überwiegend dem Geschäftsführer selbst vorbehalten, da in kleinen Unternehmen kaum Delegationsmöglichkeiten von geschäftspolitischen Entscheidungsbefugnissen vorhanden und gewollt sind. Nur bei 13,7 % der befragten Unternehmen wurden solche Befugnisse einem Mitarbeiter übertragen. Insgesamt betrachtet steigt der Anteil von Unternehmen mit komplexeren Regelungen mit zunehmender Unternehmensgröße an, der Entscheidungsvorbehalt des Geschäftsführers erfährt in Unternehmen mit 100 und mehr Beschäftigten einen deutlichen Rückgang zu Gunsten der Delegation der geschäftspolitischen Befugnisse über individuelle Zahlungszielvereinbarungen an einzelne Mitarbeiter. Dies ist verständlich, da mit steigender Unternehmensgröße eine zunehmende Arbeitsüberlastung des Geschäftsführers mit Einzelfallentscheidungen einhergeht.

Tabelle 38: Verbreitungsgrad und Ausgestaltung von Regelungen zur Einräumung von Zahlungszielen nach Beschäftigtengrößenklassen in %

Unternehmen mit ... Beschäftigten	Regelung zu Zahlungszielen			Keine Regelung
	Branchenübliche Fristen werden stets gewährt	Branchenübliche Fristen werden stets gewährt, über Abweichungen entscheidet der Geschäftsführer	Branchenübliche Fristen werden stets gewährt, über Abweichungen entscheiden befugte Mitarbeiter	
bis 4	38,7	32,5	5,2	23,6
5 - 9	35,1	43,1	5,7	16,1
10 - 19	34,8	40,8	14,4	10,0
20 - 49	37,9	45,0	10,6	6,5
50 - 99	26,6	48,7	18,1	6,6
100 und mehr	28,4	35,8	30,9	4,9
Insgesamt n = 1.209	33,9	41,3	13,7	11,1 © IfM Bonn

Regelungen mit einem Entscheidungsvorbehalt des Geschäftsführers finden sich überdurchschnittlich häufig im Baugewerbe, das nach vorgehenden Befunden am seltensten individuelle, einzelfallbezogene Vereinbarungen zu Zahlungszielen gewährt. Im Großhandel und im verarbeitenden Gewerbe, die sehr häufig bestimmten Kunden Sonderkonditionen gewähren, sieht die Kompetenzregelung ebenso überdurchschnittlich häufig einen Entscheidungsvorbehalt durch den Geschäftsführer vor, in diesen beiden Wirtschaftsbereichen wird aber auch aufgrund der Vielzahl der Sonderfälle am ehesten die Entscheidungsbefugnis auf einzelne Mitarbeiter übertragen.

5.5.1.2.2 Höchstgrenzen für die Gesamtsumme offener Rechnungen

Eine einfache, aber dennoch wirksame Maßnahme zur Begrenzung des Ausfallrisikos bietet die Möglichkeit, Höchstgrenzen für die Gesamtsummen offener Rechnungen je Kunde festzulegen. Diese Maßnahme stellt sicher, dass ein Zahlungsverzug oder ein Forderungsausfall eines einzelnen Kunden in den vom Unternehmen selbst bestimmten, als tragfähig angesehenen Grenzen und damit kalkulierbar bleibt. Dieses Instrument ist bei den befragten Unternehmen relativ weit verbreitet. Insgesamt versuchen 43,6 % der Unternehmen durch Begrenzung des maximalen Kreditvolumens je Kunde das jeweilige Einzelrisiko auf ein tragfähiges Maß einzuschränken. Vorrangig findet diese Sicherungsmaßnahme Anwendung im Großhandel und im verarbeitenden Gewerbe, wo 73,4 % bzw. 52,1 % der Unternehmen diese Regelung praktizieren. In diesen beiden Wirtschaftszweigen ist das Anwendungspotential am größten, da es sich häufig um gewerbliche Kunden mit regelmäßiger Auftragsvergabe handelt. Mit der Begrenzung von Handelskrediten auf einen bestimmten Höchstbetrag lässt sich verhindern, dass bei fortlaufenden Geschäftsbeziehungen die offenen Einzelrechnungen an den jeweiligen Geschäftspartner zu einer Summe auflaufen, die das vom Unternehmen gesetzte Risikomaß übersteigt.

Tabelle 39: Nutzungsgrad und Ausgestaltung von Höchstgrenzen für die Gesamtsumme offener Rechnungen je Kunde nach Wirtschaftsbereichen in %

Wirtschaftsbereich	Kreditlimit vorhanden	davon Kreditlimit ... (n = 529)		
		für alle Kunden gleich	individuell nach Bonitätsprüfung	individuell nach Intuition
Verarbeitendes Gewerbe	52,1	5,1	66,5	28,4
Handwerk	33,7	13,1	35,7	51,2
Dienstleistungen	29,9	7,0	43,0	50,0
Großhandel	73,4	3,0	68,7	28,3
Verkehr und Nachrichtenübermittlung	46,4	12,5	58,3	29,2
Baugewerbe	40,9	10,6	70,2	19,2
Insgesamt n = 1.226	43,6	7,3	58,0	34,7

© IfM Bonn

Überdurchschnittlich häufig bestehen derartige Höchstgrenzen im Handwerk und im Dienstleistungssektor. In diesen Bereichen kommt diese risikobegrenzende Maßnahme mit 33,7 % bzw. 29,9 % der befragten Unternehmen kaum zum Tragen, was z.T. daran liegt, dass das Auftragsvolumen je Kunde stark schwankt, was die Festlegung von Höchstgrenzen schwierig macht. Ferner sind für diese Wirtschaftsbereiche häufig Werkleistungen typisch, die mit Vorleistungspflicht verbunden sind. Daher wird es nicht immer möglich sein, unübliche Abschlags- oder Tranchenzahlungen zu vereinbaren, Höchstgrenzen wirken hier eher in die Richtung, einen Auftrag anzunehmen oder abzulehnen. Unternehmen, die sich keine Höchstgrenzen für das maximale Kreditvolumen an einen einzelnen Kunden auferlegt haben, gehen allgemein ein höheres Risiko ein, da letztlich die individuelle wirtschaftliche Situation des Unternehmens ausschlaggebend dafür ist, welches Einzelrisiko maximal verkraftbar ist.

Die konkrete Festlegung von Höchstgrenzen erfolgt bei der überwiegenden Mehrheit der Unternehmen kundenindividuell, nur 7,3 % setzten starre, für alle

Kunden gleich hohe Beträge fest. Als Maßstab für die individuelle Festlegung dient bei 58,0 % der Unternehmen das Ergebnis der Bonitätsprüfung. Gut ein Drittel der Unternehmen verlässt sich bei der kundenindividuellen Limitsetzung auf die Intuition des Unternehmers oder des Kundenbetreuers.

Die Methode einer kundenindividuellen Begrenzung des maximalen Kreditvolumens nach den Ergebnissen der Bonitätsprüfung findet am häufigsten im Baugewerbe Anwendung, ferner im verarbeitenden Gewerbe und im Großhandel, was damit korrespondiert, dass in diesen Wirtschaftsbereichen Kreditwürdigkeitsprüfungen am weitesten verbreitet sind. Auf die Intuition des Unternehmers oder Kundenbetreuers sind überwiegend die Handwerks- und Dienstleistungsunternehmen angewiesen, die relativ selten Bonitätsprüfungen vornehmen.

Tabelle 40: Nutzungsgrad und Ausgestaltung von Höchstgrenzen für die Gesamtsumme offener Rechnungen je Kunde nach Beschäftigtengrößenklassen in %

Unternehmen mit ... Beschäftigten	Kreditlimit vorhanden	davon Kreditlimit ... (n = 518)		
		für alle Kunden gleich	individuell nach Bonitätsprüfung	individuell nach Intuition
bis 4	33,5	21,0	29,0	50,0
5 - 9	36,8	14,3	41,3	44,4
10 - 19	41,6	4,8	47,6	47,6
20 - 49	48,2	6,1	56,8	37,1
50 - 99	48,2	1,1	78,9	20,0
100 und mehr	51,9	2,4	82,1	15,5
Insgesamt n = 1.200	43,6	7,3	58,0	34,7

© IfM Bonn

Risikobegrenzende Maßnahmen in Form der Limitfestlegung für Handelskredite je Kunde werden desto häufiger ergriffen, je größer das Unternehmen ist. Mit wachsender Größe und damit zunehmendem Bedarf nach Bonitätsprüfungen werden auch die Volumenbegrenzungen auf Basis der Bonitätsprüfung getroffen. Umgekehrt gilt, je kleiner das Unternehmen ist und je seltener Bonitätsprüfungen durchgeführt werden, desto seltener werden Höchstbeträge für Handelskredite kundenindividuell festgelegt und desto stärker orientiert sich die Höchstgrenze in Ermangelung geeigneter Informationen an der Unternehmerintuition und an einem einheitlichen, starren Richtsatz.

5.5.1.3 Vertragsgestaltung

5.5.1.3.1 Gewährung von Skonto

Unter "Skonto" ist ein prozentualer Nachlass auf den Rechnungsbetrag zu verstehen, der dem Käufer bei Zahlung innerhalb einer bestimmten Frist vom Verkäufer eingeräumt wird. Wirtschaftlich gesehen stellt der Skonto den Preis für die Nutzung des Handelskredites dar, der dem Kunden gewährt wurde. Zielsetzung der Skontogewährung ist es, die Bereitschaft des Kunden zur zügigen Rechnungsbegleichung zu erhöhen.

Tabelle 41: Skontogewährung nach Beschäftigtengrößenklassen in %

Unternehmen mit ... Beschäftigten	Gewährung von Skonto		
	stets	in Abhängigkeit vom Einzelfall	nie
bis 4	36,7	23,4	39,9
5 - 9	38,2	30,0	31,8
10 - 19	44,6	31,6	23,8
20 - 49	53,4	28,9	17,7
50 - 99	51,0	29,7	19,3
100 u.m.	46,8	35,0	18,2
Insgesamt n = 1.169	45,7	29,8	24,5 © IfM Bonn

Die Gewährung von Skonto ist bei den Unternehmen des Befragungssamples relativ weit verbreitet. 45,7 % der befragten Unternehmen gaben an, ihren Kunden generell Skonto zu gewähren. Weitere rd. 30 % der Unternehmen räumen Skonto fallweise, z.B. bei bestimmten Kundengruppen oder ab bestimmten Rechnungsbeträgen, ein. Nur rd. ein Viertel der Unternehmen bietet generell keine Skontoabzugsmöglichkeiten auf Forderungen aus Lieferung/Leistung an. Die Geschäftspolitik hinsichtlich der Skontomöglichkeit unterscheidet sich stark je nach Unternehmensgröße. Die Einsatzhäufigkeit dieses Instruments steigt stetig mit der Unternehmensgröße an: Während in Unternehmen mit bis zu 4 Beschäftigten der Skontoabzug nur von rd. 60 % als geschäftspolitisches Instrument zur Einflussnahme auf die Zahlungsdauer genutzt wird, liegt der Anteil in der Größenklasse mit mehr als 100 Beschäftigten bei 91,8 %. Größere finanzielle Spielräume und ein höherer Anteil von gewerblichen Kunden können hier als Erklärung dienen.

Gängige Praxis ist die Gewährung von Skonto insbesondere im verarbeitenden Gewerbe und im Großhandel. Rd. 65 % der Großhandelsunternehmen bzw. rd. 63 % der Unternehmen des verarbeitenden Gewerbes räumen ihren Kunden stets Skonto bei Zahlung innerhalb einer bestimmten Frist ein, weitere rd. 26 % gewähren ihn in Abhängigkeit vom Einzelfall. Neben Branchengepflogenheiten erklärt sich dieser Befund auch aus dem überdurchschnittlichen Anteil von gewerblichen und öffentlichen Abnehmern, die vielfach die Möglichkeit von Skonto zur Bedingung für ihre Auftragsvergabe machen. Im Handwerk und dem Baugewerbe ist die Praxis der regelmäßigen Skontogewährung hingegen nicht sehr weit verbreitet, vielmehr wird in diesen Wirtschaftsbereichen am häufigsten eine individuelle Regelung bevorzugt, d.h. die Skontopolitik ist im Hinblick auf bestimmte Kundengruppen stärker differenziert. In den Wirtschaftsbereichen Dienstleistungen und Verkehr und Nachrichtenübermittlung gehört den Befragungsergebnissen zufolge die Gewährung von Skonto nicht zu den allgemeinen Branchengepflogenheiten. Skonto stellt in diesen Wirtschaftsbereichen sowohl allgemein als auch fallweise kein gängiges Instrument zur Beschleunigung von Zahlungen dar: Die Hälfte der Dienstleistungsunternehmen bzw. zwei Drittel der Verkehrs- und Nachrichtenübermittlungsunternehmen räumen ihren Kunden generell kein Skonto ein.

Tabelle 42: Skontogewährung nach Wirtschaftsbereichen in %

Wirtschaftsbereich	Gewährung von Skonto stets	in Abhängigkeit vom Einzelfall	nie
Verarbeitendes Gewerbe	62,9	26,0	11,1
Handwerk	41,7	40,9	17,4
Dienstleistungen	25,3	24,2	50,5
Großhandel	64,8	26,1	9,1
Verkehr und Nachrichtenübermittlung	12,5	21,4	66,1
Baugewerbe	49,0	38,0	13,0
Insgesamt	45,7	29,8	24,5

n = 1.183

Fast die Hälfte der Unternehmen (45,9%), die auch Angaben zu den eingeräumten Skontotagen machte, setzt ihren Kunden eine Frist von 10 Tagen. Gut ein Viertel der Unternehmen bietet eine längere Frist von 14 Tagen, 17,8% der Unternehmen gewähren den Skontoabzug bei Zahlung innerhalb von 7 oder 8 Tagen. Damit entfallen insgesamt rd. 90 % aller Fälle auf diese drei Zeiträume, die somit als übliche Skontofristen im Geschäftsverkehr aufgefasst werden können.

Die durchschnittlichen Skontofristen weisen keine starken Abweichungen zwischen den Wirtschaftsbereichen auf. Wirtschaftsbereiche, in denen die Skontogewährung am ehesten zu den allgemeinen Branchengepflogenheiten zählt, wie das verarbeitende Gewerbe, der Großhandel und das Baugewerbe, weisen mit durchschnittlich 12 bzw. 11 Tagen auch die längste Skontofrist auf. In den Wirtschaftsbereichen Verkehr und Nachrichtenübermittlung sowie Handwerk und Dienstleistungen, in denen Skontogewährung nicht in gleichem Maße zu den allgemeinen Branchenusancen zu rechnen ist, werden mit durchschnittlich 9 Tagen bzw. 10 Tagen die kürzesten Skontofristen gesetzt.

Tabelle 43: Durchschnittlich gewährte Skontofristen nach Wirtschaftsbereichen und Beschäftigtengrößenklassen

Merkmal	Durchschnittliche Skontotage
Wirtschaftsbereich	
Verarbeitendes Gewerbe	12
Handwerk	10
Dienstleistungen	10
Großhandel	11
Verkehr und Nachrichtenübermittlung	9
Baugewerbe n = 651	11
Unternehmen mit ... Beschäftigten	
bis 4	11
5 - 9	10
10 - 19	10
20 - 49	11
50 - 99	11
100 und mehr	12
Insgesamt n = 637	11 © IfM Bonn

Nach Beschäftigtengrößenklassen steigen die Skontofristen tendenziell mit wachsender Unternehmensgröße geringfügig an. Ausgedehntere finanzielle Spielräume größerer Unternehmen und ein steigender Anteil von gewerblichen Kunden sind ausschlaggebend für diesen Befund. Kleinstunternehmen mit bis zu 4 Beschäftigten befinden sich mit durchschnittlich 11 Tagen im Mittelfeld. Zwar gewähren sie infolge ihrer knapperen Finanzreserven am häufigsten kurze Skontofristen, andererseits gewähren sie mit 27,6 % überdurchschnittlich häufig einen Skontoabzug bei Zahlungen innerhalb von 14 Tagen und mehr, was einerseits auf ein ausgeprägtes Vertrauensverhältnis, andererseits auf fehlende Verhandlungsmacht bzw. auf den Wunsch nach Bindung des Kunden an das Unternehmen zurückzuführen ist.

5.5.1.3.2 Nutzung von Sicherungsinstrumenten

Mittels der vertraglichen Vereinbarung von Sicherheiten können sich die Unternehmen in unterschiedlichem Ausmaß gegen das Ausfallrisiko einer Forderung schützen. Da die unterschiedlichen Arten von Sicherheiten nicht gleich gut für die Besicherung von bestimmten Forderungen aus Lieferung und Leistung geeignet sind, ist der Verbreitungsgrad der verschiedenen Sicherungsinstrumente erwartungsgemäß äußerst unterschiedlich.

Tabelle 44: Nutzung von Sicherungsinstrumenten in % (Mehrfachnennungen)

Sicherungsinstrument	Nutzung			
	immer	häufig	selten	nie
Eigentumsvorbehalt	41,4	7,4	9,8	41,4
Verlängerter Eigentumsvorbehalt	15,2	4,9	10,8	69,1
Herstellerklausel	4,8	2,6	8,0	84,6
Sicherungsübereignung	0,9	1,5	17,0	80,7
Forderungsabtretung	1,3	3,2	24,1	71,3
Bürgschaften	1,2	11,8	23,9	63,0
Pfandrecht	0,4	0,5	6,1	93,0
Grundschuld	0,3	0,6	9,7	89,5

n = 1.238 © IfM Bonn

Das mit Abstand am stärksten verbreitete Sicherungsinstrument ist der (einfache) Eigentumsvorbehalt, der von 58,6 % der befragten Unternehmen eingesetzt wird. Der Eigentumsvorbehalt beinhaltet eine besondere Abrede im Kaufvertrag über bewegliche Sachen, durch die sich der Verkäufer das Eigentum an der verkauften Sache bis zur vollständigen Bezahlung des Kaufpreises vorbehält. Seine Nutzung setzt nicht notwendigerweise einen Vertrag voraus; es genügt auch eine bei Warenübergabe abgegebene einseitige Erklärung des Verkäufers, dass er sich das Eigentum vorbehält. Aufgrund dieser einfachen und zustimmungsfreien Entstehung des einfachen Eigentumsvorbehalts zählt dieses Sicherungsinstrument in der Geschäftspraxis weitgehend zum Standard.

41,4 % der befragten Unternehmen sichern ihre Forderungen aus Lieferung und Leistung immer, weitere 7,4 % häufig durch die Klausel des einfachen Eigentumsvorbehalts ab.

Der einfache Eigentumsvorbehalt vermag den Gläubiger jedoch nicht dagegen abzusichern, dass bei Weiterveräußerung der mit Eigentumsvorbehalt behafteten Güter an einen gutgläubigen Dritten oder einer Weiterverarbeitung das Eigentum des Gläubigers untergeht. Um sich in diesen Fällen zu schützen, ist die Vereinbarung eines verlängerten Eigentumsvorbehaltes möglich, der eine vorweggenommene Übereignung der durch die Weiterverarbeitung entstandenen neuen Sache oder eine Abtretung der durch die Weiterveräußerung entstandenen Forderung beinhaltet. Ein verlängerter Eigentumsvorbehalt kann nur durch einen Vertrag begründet werden und erfordert die Einhaltung weiterer Vorschriften. Seine Verbreitung ist folglich deutlich geringer als die des einfachen Eigentumsvorbehalts. So nutzen 30,9 % der befragten Unternehmen überhaupt dieses Sicherungsinstrument, davon jedoch nur knapp die Hälfte regelmäßig.

Andere Sicherungsinstrumente als der einfache und verlängerte Eigentumsvorbehalt werden von den befragten Unternehmen deutlich seltener eingesetzt. Bürgschaften werden zwar von 37 % der befragten Unternehmen zur Absicherung ihrer Forderungen verlangt, jedoch von rd. zwei Drittel nur selten. Die geringe Verbreitung und die niedrige Nutzungsintensität von Bürgschaften erklärt sich zum einen aus der Natur des Sicherungsinstruments, die darin besteht, dass für die Absicherung der Forderung die Bonität Dritter dient und damit die Vermögensverhältnisse des Bürgen geprüft werden müssen, was im Falle von Bürgschaften von Privatpersonen eine genaue Bonitätsprüfung verlangt. Zum anderen verursacht eine Bürgschaft in den Fällen, in denen sie z.B. von einer Bank erwirkt wird, eine zusätzliche Kostenbelastung des Schuldners, da sie nur gegen Gebühr gewährt wird.

Forderungsabtretungen und Sicherungsübereignung werden von 28,7 % bzw. 19,3 % der befragten Unternehmen zur Absicherung gegen das Ausfallrisiko genutzt, wobei diese Arten von Sicherheitsleistungen von den Unternehmen nur in seltenen Fällen von ihren Kunden verlangt werden, was sich daraus erklärt, dass beide Instrumente in ihrer Anwendbarkeit nur sehr eingeschränkt sind. So muss z. B. eine Forderungsabtretung dem betreffenden Schuldner des Unternehmens angezeigt werden und wird damit gegenüber diesem sichtbar. Keine nennenswerte Bedeutung kommt über alle Unternehmen betrachtet den

Sicherungsrechten in Form von Herstellerklauseln, Pfandrechten und Grundschulden zu. Als wesentliches Hindernis für ihrer Einräumung muss bei Pfandrechten die Pflicht zur Herausgabe des Pfandgutes gesehen werden, bei Grundschulden die hohen Transaktionskosten zur Bestellung des Sicherungsrechts.

Mit Ausnahme von Sicherungsübereignungen und Herstellerklauseln ist die Nutzung der unterschiedlichen Sicherungsinstrumente in den einzelnen Wirtschaftsbereichen signifikant verschieden. Der Eigentumsvorbehalt, sei es in Form des einfachen oder des verlängerten Vorbehalts, ist als typische Sicherheitenstellung im verarbeitenden Gewerbe und im Großhandel anzusehen. Mehr als die Hälfte der Großhandelsunternehmen und fast zwei Drittel der Unternehmen des verarbeitenden Gewerbes liefern und leisten an ihre Kunden stets unter einfachem Eigentumsvorbehalt. Nur 9,6 % bzw. 19,4 % der Unternehmen dieser beiden Wirtschaftsbereiche verzichten gänzlich auf dieses Sicherungsinstrument, während in den anderen Wirtschaftsbereichen die entsprechenden Anteile Werte von 46,6 % im Handwerk bis zu 83,6 % im Wirtschaftsbereich Verkehr und Nachrichtenübermittlung erreichen. Die Nutzung des verlängerten Eigentumsvorbehalts ist etwas schwächer ausgeprägt, da vorrangig für die Zulieferung an weiterverarbeitende Unternehmen geeignet. Der verlängerte Eigentumsvorbehalt wird immerhin bei rd. 30 % der Unternehmen im verarbeitenden Gewerbe und rd. einem Viertel der Großhandelsunternehmen "immer" vertraglich vereinbart. Die deutlich höhere Nutzungsintensität des einfachen, aber auch des verlängerten Eigentumsvorbehaltes im Großhandel und im verarbeitenden Gewerbe resultiert aus dem üblichen Leistungsangebot dieser Wirtschaftsbereiche. Es werden fast ausschließlich Kaufverträge über bewegliche Sachen geschlossen, welche die Voraussetzung für die Anwendung von Eigentumsvorbehalten bilden. In den anderen Wirtschaftsbereichen hingegen verschließt sich die Nutzung von Eigentumsvorbehalten vielfach, da häufig immaterielle Leistungen erbracht werden.

Bürgschaften werden vor allem von Unternehmen des Baugewerbes und des Handwerks verlangt. Nur 55,8 % bzw. 31,3 % dieser Unternehmen gaben an, gänzlich auf Bürgschaften zur Forderungsabsicherung zu verzichten. 36,5 % der Bauunternehmen und 18,3 % der Handwerksunternehmen gaben an, dass sie häufig Bürgschaften verlangen. Auch Forderungsabtretungen und Grundschulden sind als Sicherungsinstrumente im Baugewerbe stärker verbreitet als in den anderen Wirtschaftsbereichen. So vereinbaren 47 % der Bauunternehmen Forderungsabtretungen und 30,4 % Grundschulden zur Begrenzung des

Ausfallrisikos. Der Einsatz dieser Sicherungsinstrumente erfolgt jedoch bei der überwiegenden Mehrheit der Bauunternehmen nur in der Ausprägung "selten".

Neben der Wirtschaftsbereichszugehörigkeit übt mit Ausnahme der Herstellerklauseln und des einfachen Eigentumsvorbehalts, die häufig Standardbestandteile der allgemeinen Geschäftsbedingungen sind, auch die Unternehmensgröße einen wesentlichen Einfluss auf den Einsatz von Sicherungsinstrumenten aus.

Tabelle 45: Nutzung von Sicherungsinstrumenten nach Wirtschaftsbereichen für ausgewählte Nutzungsintensitäten in % (Mehrfachnennungen)

Sicherungsinstrument/Intensität	Verarbeitendes Gewerbe	Handwerk	Dienstleistungen	Großhandel	Verkehr u. Nachrichtenübermittlung	Baugewerbe	Insgesamt
Eigentumsvorbehalt							
immer	64,5	28,3	24,9	77,7	5,5	13,9	41,4
nie	19,4	46,6	59,2	9,6	83,6	71,3	41,4
Verlängerter Eigentumsvorbehalt							
immer	29,8	5,2	6,3	25,5	-	5,2	15,2
nie	50,5	81,3	81,9	48,9	92,7	84,3	69,1
Sicherungsübereignung							
selten	17,0	15,1	12,2	26,6	10,9	28,7	17,0
nie	79,7	83,7	85,8	72,3	89,1	67,0	80,7
Herstellerklausel							
selten	11,7	8,0	4,9	10,6	3,6	3,5	8,0
nie	78,2	85,7	88,9	83,0	96,4	89,6	84,6
Pfandrechte							
selten	7,2	2,4	3,8	6,4	7,3	14,8	6,1
nie	92,3	96,4	95,8	89,4	90,9	85,2	93,0
Bürgschaften							
häufig	8,8	18,3	5,6	3,2	1,8	36,5	11,8
selten	25,3	24,3	17,0	31,9	25,5	28,7	23,9
nie	65,2	55,8	76,4	63,8	72,7	31,3	63,0
Forderungsabtretung							
selten	22,9	24,7	16,0	33,0	21,8	41,7	24,1
nie	73,3	71,3	79,2	61,7	70,9	53,0	71,3
Grundschulden							
selten	6,9	9,2	5,9	17,0	1,8	27,8	9,7
nie	92,6	90,4	93,8	78,7	98,2	69,6	89,5

n = 1.229

Tabelle 46: Nutzung von Sicherungsinstrumenten nach Beschäftigtengrößenklassen für ausgewählte Nutzungsintensitäten in % (Mehrfachnennungen)

Sicherungsinstrument/Intensität	Unternehmen mit ... Beschäftigten						Insgesamt
	bis 4	5 - 9	10 - 19	20 - 49	50 - 99	100 u.m.	
Eigentumsvorbehalt							
immer	32,5	38,5	41,8	42,9	46,7	43,8	41,4
nie	50,8	45,4	42,8	37,2	35,7	39,5	41,4
Verlängerter Eigentumsvorbehalt							
immer	6,3	8,0	11,4	17,2	24,6	23,5	10,8
nie	83,8	78,8	70,1	67,0	55,3	59,9	69,1
Sicherungsübereignung							
selten	6,3	40,3	14,4	17,2	26,6	28,0	17,0
nie	92,1	88,5	82,1	80,5	70,4	69,6	80,7
Herstellerklausel							
selten	4,7	8,1	9,0	7,5	11,1	8,1	8,0
nie	88,9	86,7	85,1	83,5	77,4	87,0	84,6
Pfandrechte							
selten	3,2	4,0	4,0	4,3	12,6	9,9	6,1
nie	95,8	94,3	95,5	94,3	86,9	90,1	93,0
Bürgschaften							
häufig	2,6	8,0	10,0	10,7	19,6	23,0	11,8
selten	12,1	16,1	21,9	28,2	32,7	32,9	23,9
nie	85,3	75,9	66,7	60,0	46,2	41,0	63,0
Forderungsabtretung							
selten	11,6	19,0	18,9	27,1	33,2	36,0	24,1
nie	84,7	77,6	75,6	67,9	62,8	59,0	71,3
Grundschulden							
selten	4,7	5,2	9,0	8,6	15,6	16,1	9,7
nie	93,7	94,3	89,6	91,4	83,4	82,6	89,5
n = 1.209							© IfM Bonn

Für jedes einzelne Sicherungsinstrument ist festzustellen, dass der Anteil der Nutzer mit steigender Unternehmensgröße wächst. Da im Gegensatz zu Herstellerklauseln und dem einfachen Eigentumsvorbehalt die Einräumung von Sicherheiten die Zustimmung des Schuldners voraussetzt, dürfte die weitere Verbreitung der anderen Instrumente mit wachsender Unternehmensgröße auf die höhere Marktmacht größerer Unternehmen zurückzuführen sein. Nicht zuletzt ist auch zu berücksichtigen, dass der Kenntnisstand größerer Unternehmen bezüglich der verschiedenen Sicherungsinstrumente im Regelfall höher ist als in kleinen Unternehmen. Mit zunehmender Beschäftigtenzahl stehen daher den Unternehmen mehr Optionen zur Verfügung. Dennoch beschränkt sich mit Ausnahme des verlängerten Eigentumsvorbehaltes die Nutzung des weitreichenden Instrumentariums von Sicherungsrechten auch bei größeren Unternehmen auf Ausnahmefälle und stellt nicht die Regel dar. Ein Grund dafür ist in den Transaktionskosten zu sehen, so dass auch bei größeren Unternehmen Sicherungsrechte in erster Linie bei hohen Auftragsvolumina und bonitätsmäßig schwachen Kunden eingefordert werden.

Mit vergleichsweise geringen Kosten ist die Vereinbarung eines verlängerten Eigentumsvorbehalts verbunden. Der höhere Kenntnisstand und die relativ bessere Verhandlungsposition größerer Unternehmen bewirken, dass die Nutzungsintensität mit zunehmender Unternehmensgröße ansteigt. Während nur 6,3 % der kleinen Unternehmen mit bis zu 4 Beschäftigten mit ihren Kunden stets einen verlängerten Eigentumsvorbehalt vereinbaren, steigt der entsprechende Anteil kontinuierlich mit wachsender Unternehmensgröße und beläuft sich bei Unternehmen mit 100 und mehr Beschäftigten auf 23,5 %.

Signifikante Unterschiede in der Verwendung von einfachen oder verlängerten Eigentumsvorbehalten ergeben sich ferner in Abhängigkeit von der Kundenstruktur. Nach den Befragungsbefunden verzichten nur 33,0 % der Zulieferer und 34,9 % der Unternehmen, die sowohl für andere Unternehmen als auch für die öffentliche Hand Leistungen erbringen, auf die Nutzung dieser Sicherungsinstrumente. Für diese Unternehmen sind Eigentumsvorbehalte überdurchschnittlich häufig ein fester Vertragsbestandteil. Für die anderen Sicherungsinstrumente sind wegen zu geringer Fallzahlen keine detaillierten Analysen nach der Kundenstruktur möglich.

Ferner sind für die Nutzung von Sicherheiten keine signifikanten Unterschiede zwischen jungen und alten Unternehmen festzustellen.

5.5.2 Forderungsbearbeitung

5.5.2.1 Rechnungserstellung

5.5.2.1.1 Zeitraum bis zur Rechnungserstellung

Für die gesamte Zeitspanne der Vorfinanzierung durch das Gläubigerunternehmen, d.h. von der Lieferung und Leistung bis zum Eingang der Zahlung, ist es von Bedeutung, wie viele Tage bis zur Erstellung und Versendung der Rechnung vergehen, da der Kunde regelmäßig erst nach Erhalt der Rechnung zahlt. Wichtig ist diese Zeitspanne insbesondere deshalb, weil sie eine interne Einflussgröße darstellt, die das Unternehmen selbst steuern kann.

Knapp drei Fünftel der Unternehmen (58,1 %) erstellen und versenden die Rechnung binnen einer Woche. Bei diesen Unternehmen kann von einer allgemein zügigen Rechnungserstellung gesprochen werden. Weitere rd. 20 % der Unternehmen fertigen die Rechnung an die Kunden üblicherweise im Verlauf der zweiten Woche an. Allerdings lassen sich 22,0 % der befragten Unternehmen für die Erstellung und Versendung der Rechnung länger als zwei Wochen Zeit, was mit einer zeitnahen Rechnungserstellung nicht mehr zu vereinbaren ist, wobei bei 5,4 % eine extrem lange Bearbeitungsfrist von über einem Monat festzustellen ist.

Abbildung 18: Zeitraum bis zur Rechnungserstellung

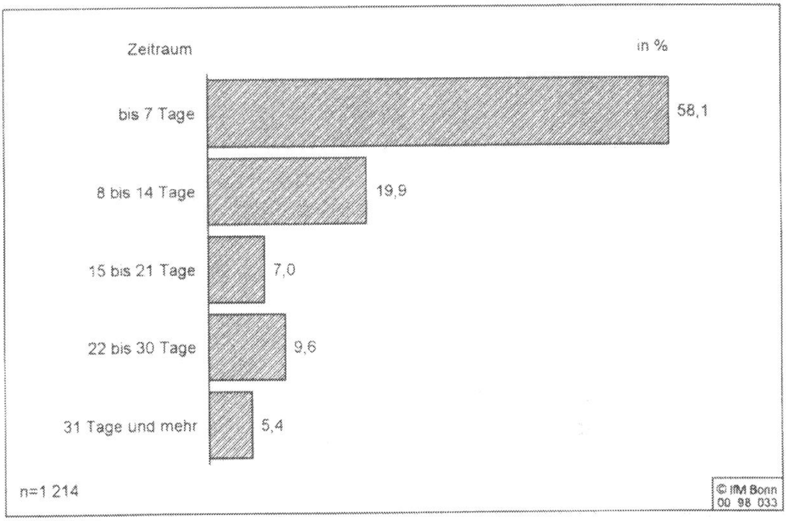

Die differenzierte Analyse der Bearbeitungszeiträume zeigt signifikante Unterschiede zwischen den einzelnen Wirtschaftszweigen auf. So benötigen Bauunternehmen wesentlich länger für die Erstellung der Rechnung als Unternehmen der anderen Wirtschaftsbereiche. Im Durchschnitt lassen Bauunternehmen zwischen Leistungserbringung und Rechnungserstellung 19 Tage vergehen. Nur 27 % der befragten Bauunternehmen schicken die Rechnung binnen einer Woche nach Leistungserbringung, die Anteile von Unternehmen, bei denen bis zur Rechnungserstellung ein Zeitraum von drei, vier bzw. mehr als vier Wochen vergeht, sind im Baugewerbe im Vergleich zu den anderen Wirtschaftsbereichen stets am höchsten. Überdurchschnittlich lang sind die Zeitspannen bis zur Rechnungserstellung ferner im Handwerk, das dafür im Mittel

14 Tage verstreichen lässt, und im Dienstleistungsgewerbe mit durchschnittlich 12 Tagen. Nach dem Baugewerbe werden im Handwerk und im Dienstleistungsgewerbe Rechnungen am seltensten binnen Wochenfrist erstellt, vielmehr warten Handwerks- und Dienstleistungsunternehmen überdurchschnittlich oft 8 bis 14 oder 22 bis 30 Tage bis zur Rechnungserstellung. Besonders zügig erfolgt die Rechnungserstellung im verarbeitenden Gewerbe und im Großhandel, die im Durchschnitt ihre Rechnungen bereits nach 8 Tagen versenden. Im verarbeitenden Gewerbe ist die Rechnungsanfertigung binnen Wochenfrist damit fast der Regelfall, in etwas abgeschwächtem Maße gilt dies auch für den Großhandel.

Tabelle 47: Zeitraum bis zur Rechnungserstellung nach Wirtschaftsbereichen in %

Wirtschaftsbereich	Zeitraum bis zur Rechnungserstellung				
	bis 7 Tage	8 - 14 Tage	15 - 21 Tage	22 - 30 Tage	31 Tage u.m.
Verarbeitendes Gewerbe	77,4	8,9	1,9	5,5	6,3
Handwerk	49,0	25,7	9,8	11,0	4,5
Dienstleistungen	48,4	27,0	6,8	13,9	3,9
Großhandel	64,9	19,1	7,4	5,4	3,2
Verkehr und Nachrichtenübermittlung	56,4	21,8	10,9	7,3	3,6
Baugewerbe	27,0	27,9	18,0	15,3	11,8
Insgesamt	58,0	19,9	7,0	9,6	5,5

n = 1.210 © IfM Bonn

Eine wesentliche Ursache für die abweichende Struktur der Zeiträume bis zur Rechnungserstellung ist in dem unterschiedlichen Spezifizitäts- und Standardisierungsgrad der erstellten Güter und Leistungen der verschiedenen Wirtschaftsbereiche zu sehen. Je niedriger der Spezifizitätsgrad bzw. je höher der Standardisierungsgrad der erstellten Güter und Leistungen, desto geringer ist der zeitliche und fachliche Aufwand zur Erstellung einer Rechnung, da kaum Besonderheiten aus der Lieferung/Leistung auftreten, die bei der Erstellung der Rechnung zu berücksichtigen wären. Die lange Zeitspanne zwischen Lieferung/Leistung und der Versendung der Rechnung im Baugewerbe begründet sich daher auch aus dem hohen Individualitätsgrad der erbrachten Bauleistung und den damit verbundenen hohen materiellen und formalen Anforderungen an die Rechnung. Im verarbeitenden Gewerbe und im Großhandel sind hingegen

Rechnungen unter Zuhilfenahme der EDV wegen der hohen Standardisierung der erstellten und gehandelten Güter relativ schnell und einfach zu erstellen.

Kein eindeutiger Zusammenhang besteht hingegen zwischen der Unternehmensgröße und der Zeitspanne, die zur Rechnungsanfertigung benötigt wird. Im Hinblick auf die durchschnittliche Zeitspanne von 11 Tagen über alle Unternehmen betrachtet sind die größenspezifischen Abweichungen nicht besonders stark ausgeprägt. So weisen die kleinsten Unternehmen mit bis zu 4 Beschäftigten einen Mittelwert von 12 Tagen auf, der gleiche Mittelwert ergibt sich aber auch für die Größenklasse 10 bis 19 sowie 50 bis 99 Beschäftigte. Auch die größten Unternehmen mit 100 und mehr Beschäftigten erstellen die Rechnungen im Durchschnitt nur einen Tag früher. Den niedrigsten Mittelwert von 9 Tagen weisen hingegen Unternehmen mit 5 bis 9 Beschäftigten auf.

Tabelle 48: Zeitraum bis zur Rechnungserstellung nach Beschäftigtengrößenklassen in %

Unternehmen mit ... Beschäftigten	Zeitraum bis zur Rechnungserstellung				
	bis 7 Tage	8 - 14 Tage	15 - 21 Tage	22 - 30 Tage	31 Tage u.m.
bis 4	52,9	21,4	7,0	13,4	5,3
5 - 9	58,5	25,1	5,2	9,4	1,8
10 - 19	57,4	21,8	6,1	10,7	4,0
20 - 49	61,5	18,5	4,4	8,4	7,2
50 - 99	62,5	13,2	8,1	8,1	8,1
100 u.m.	58,1	15,6	13,2	8,1	5,0
Insgesamt	58,0	19,9	7,0	9,6	5,5
n = 1.187					© IfM Bonn

Im Zeitspannenstrukturvergleich zeigt sich lediglich, dass der Anteil der kleinen Unternehmen mit bis zu 4 Beschäftigten, die Rechnungen schnell, d.h. innerhalb von 7 Tagen anfertigen, mit 52,9 % am niedrigsten ist. Auch bei den Unternehmen mit 5 bis 9 und 10 bis 19 Beschäftigten erfolgt die Rechnungserstellung seltener innerhalb einer Woche, hingegen versenden Unternehmen dieser Größenklassen ihre Rechnungen überdurchschnittlich oft in der zweiten und in der vierten Woche nach Lieferung/Leistung. Diesen kleinen Unternehmen fehlt es vielfach an der Personalkapazität zur schnelleren Bearbeitung von Rechnungen.

Eine differenzierte Betrachtung der für die Rechnungserstellung benötigten Zeitspannen in den einzelnen Wirtschaftsbereichen in Abhängigkeit von der Unternehmensgröße zeigt, dass im verarbeitenden Gewerbe, im Dienstleistungsbereich, im Großhandel sowie im Bereich Verkehr und Nachrichtenübermittlung die kleinsten Unternehmen mit bis zu vier Beschäftigten Rechnungen tendenziell langsamer erstellen als die größeren Unternehmen. Im Handwerk und im Baugewerbe zeigt sich ein anderes Bild. Die kleinen Handwerksunternehmen schreiben Rechnungen deutlich zügiger als die größeren Unternehmen mit 50 und mehr Beschäftigten. Hingegen lassen sich kleine Bauunternehmen mit bis zu vier Beschäftigten für die Anfertigung von Rechnungen viel länger Zeit als die etwas größeren Unternehmen, ähnlich langsam sind aber auch Unternehmen mit 50 und mehr Beschäftigten, so dass sich die Unternehmen mit tendenziell zeitferner Rechnungserstellung auf die kleinsten und die größeren Unternehmen polarisieren. Die Gründe für die ähnlich langen Zeiträume dürften jedoch bei den kleinsten und den größeren Bauunternehmen verschieden sein. Für die Kleinstunternehmen kann eine Arbeitsüberlastung des Unternehmers angenommen werden, in größeren Unternehmen werden eher hohe Auftragsvolumina vorherrschen und die Sammlung von rechnungsrelevanten Unterlagen eine bestimmte Zeitspanne in Anspruch nehmen.

Insgesamt spielt daher die Unternehmensgröße und die daraus resultierende Personalkapazität für interne Verwaltungsarbeiten zwar durchaus eine Rolle, die maßgebliche Determinante für die Rechnungserstellungsdauer ist jedoch der Wirtschaftsbereich.

Junge Unternehmen lassen sich für die Anfertigung und Versendung deutlich mehr Zeit als ältere Unternehmen. Im Durchschnitt erfolgt die Rechnungserstellung in jungen Unternehmen nach 14 Tagen, bei den älteren Unternehmen nach 11 Tagen. Ursächlich sind der Zeit- und Personalmangel, da der Unternehmer in den ersten Aufbaujahren des Unternehmens i.d.R. in alle betrieblichen Teilbereiche noch sehr stark involviert und daher zeitlich sehr stark beansprucht ist. In dieser Anlauf- und Aufbauphase des Unternehmens kümmert er sich in erster Linie um die Absatzmöglichkeiten und die Gewinnung neuer Kunden, betriebliche Verwaltungsaufgaben nehmen eher einen niedrigen Stellenwert in der Rangordnung der vielfältigen Aufgaben ein.

5.5.2.1.2 Organisatorische Gestaltung der Rechnungserstellung

Die Rechnungserstellung erfolgt nach den Befragungsergebnissen am häufigsten durch eine Einzelperson, sei es den Unternehmer selbst (38,7 %) oder einen einzelnen Mitarbeiter (38,0%). Über eine eigene Abteilung zur Erledigung der Rechnungserstellung verfügen 30,7% der antwortenden Unternehmen. Bei 8,3% der Unternehmen widmet sich der Ehepartner des Unternehmers dieser Aufgabe. Ohne Bedeutung ist die Inanspruchnahme eines Steuerberaters; nur 0,8% greifen für die Rechnungserstellung auf seine Dienste zurück.

Abbildung 19: Organisatorische Gestaltung der Rechnungserstellung (Mehrfachnennungen)

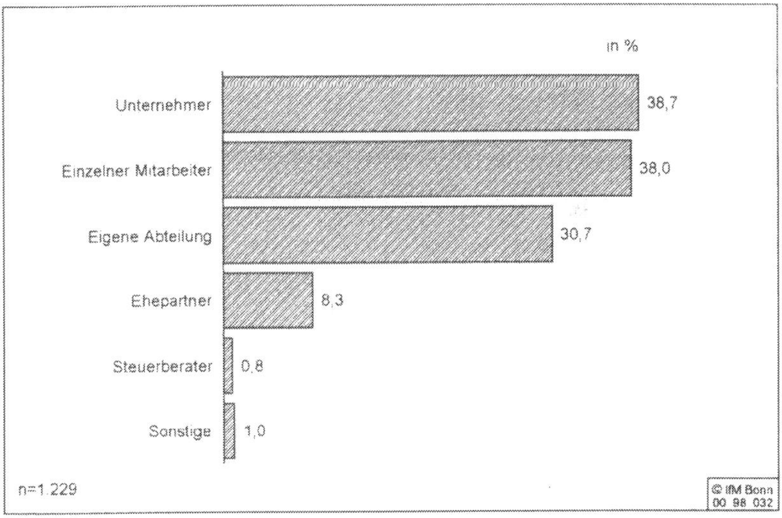

Eine nähere Analyse der Mehrfachnennungen macht deutlich, dass sich der Unternehmer im wesentlichen nur bei der Delegation der Rechnungserstellung auf einen einzelnen Mitarbeiter z.T. eine Stellung als Kontroll- oder letzte Entscheidungsinstanz vorbehält. So wurde von rd. 9 % der befragten Unternehmen angegeben, dass mit der Rechnungserstellung sowohl ein einzelner Mitarbeiter als auch der Unternehmer selbst betraut ist. Ist für die Erstellung von Rechnungen eine eigene Abteilung gebildet worden, so schaltet sich der Unternehmer nur noch ausnahmsweise in die Rechnungserstellung (1,9 %) ein. Gemeinsam mit dem Ehepartner erledigen 2,4 % der Unternehmer ihre Rechnungen.

Interessant ist die Frage, ob mit der unterschiedlichen organisatorischen Gestaltung auch unterschiedliche Zeiträume zwischen Lieferung/Leistung und Rechnungserstellung verbunden sind. Der Befund belegt, dass im Falle einer

Rechnungserstellung durch den Unternehmer selbst oder seinen Ehepartner diese tendenziell langsamer erfolgt als bei Delegation an einen Mitarbeiter oder eine eigene Abteilung. Rechnungen werden von Unternehmern oder ihren Ehepartnern überdurchschnittlich oft in der zweiten oder vierten Woche nach Liefer- oder Leistungsdatum angefertigt. Dieser Befund weist darauf hin, dass in den Fällen, in denen der Unternehmer oder der Ehepartner für diese Verwaltungsarbeiten zuständig ist, die Rechnungserstellung oftmals nicht kontinuierlich, sondern vielmehr im 2-Wochen oder in einem Monatsturnus erledigt wird, vielfach wohl an den Wochenenden.

Tabelle 49: Zeitraum bis zur Rechnungserstellung nach Zuständigkeit in % (Mehrfachnennungen)

Rechnungs-erstellung durch	Zeitraum bis zur Rechnungserstellung				
	bis 7 Tage	8-14 Tage	15-21 Tage	22-30 Tage	31 Tage und mehr
Unternehmer	49,5	25,8	7,1	12,0	5,6
Ehepartner	48,0	28,0	6,0	15,0	3,0
Eigene Abteilung	64,6	13,7	8,3	7,5	5,9
Einzelner Mitarbeiter	59,7	19,9	8,1	8,1	4,2
Steuerberater	50,0	30,0	0,0	10,0	10,0
Insgesamt	58,0	19,9	7,0	9,6	5,5

n = 1.215 © IfM Bonn

Die differenzierte Auswertung der Befragungsergebnisse nach Wirtschaftsbereichen und Beschäftigtengrößenklassen zeigt darüber hinaus, dass beide Faktoren die organisatorische Gestaltung der Rechnungserstellung maßgeblich beeinflussen.

Insbesondere im Handwerk und im Dienstleistungsgewerbe, die kleinbetrieblich strukturiert sind, erledigt der Unternehmer überdurchschnittlich oft selbst die buchhalterischen Aufgaben und schreibt die Rechnungen noch selbst. Im Handwerk ist auch am häufigsten der Ehepartner in die betrieblichen Aufgaben involviert. Auch im Großhandel ist aufgrund der geringen Personalkapazitäten der Unternehmer überdurchschnittlich häufig selbst für die Anfertigung von Rechnungen zuständig. Ähnlich sieht es im Baugewerbe aus, das eine relative Polarisierung sowohl auf sehr kleine als auch auf große Unternehmenseinheiten aufweist.

Tabelle 50: Organisatorische Gestaltung der Rechnungserstellung nach Wirtschaftsbereichen und Beschäftigtengrößenklassen in % (Mehrfachnennungen)

Merkmal	Rechnungserstellung durch			
	Unternehmer	Ehepartner	Einzelner Mitarbeiter	Eigene Abteilung
Wirtschaftsbereich				
Verarbeitendes Gewerbe	22,5	4,0	38,2	45,0
Handwerk	59,0	17,1	32,2	13,5
Dienstleistungen	44,6	7,3	38,8	22,1
Großhandel	40,4	6,4	50,0	29,8
Nachrichten und Verkehr	25,5	9,1	34,5	36,4
Baugewerbe	41,7	8,7	34,8	33,9
n = 1.234				
Unternehmen mit ... Beschäftigten				
bis 4	69,6	17,3	18,8	2,1
5 - 9	58,0	13,2	37,9	6,3
10 - 19	41,3	13,9	49,8	17,9
20 - 49	34,0	3,5	53,2	30,9
50 - 99	18,6	0,5	36,7	54,8
100 u.m.	8,0	1,2	22,2	76,5
Insgesamt	38,7	8,3	38,0	30,7
n = 1.209				© IfM Bonn

In kleineren Unternehmen reichen die finanziellen und personellen Kapazitäten vielfach nicht aus, um einen eigenen Mitarbeiter oder gar eine eigene Abteilung mit der Rechnungserstellung zu beauftragen. Auch ist der diesbezügliche Arbeitsanfall in der Regel relativ gering, so dass eine Fachkraft nicht ausgelastet werden kann. Von daher ist es nicht verwunderlich, dass in Kleinunternehmen diese Aufgabe mehrheitlich von dem Unternehmer selbst wahrgenommen wird. Die Mithilfe bzw. Ausgliederung auf den Ehepartner ist ebenso nur bei kleineren Unternehmen mit bis zu 19 Beschäftigten von Bedeutung. Mit zunehmender Beschäftigtenzahl und damit einhergehendem steigenden Arbeitsaufkommen nimmt auch der Delegationsgrad zu: Bereits in der Größenklasse 10 bis 19 Beschäftigte wird von rd. der Hälfte der Befragten die Rechnungserstellung auf einen Mitarbeiter übertragen, bei einer Unternehmensgröße von 50 und mehr Beschäftigten reicht für diese Aufgabe ein einzelner Mitarbeiter nicht mehr aus und es kommt mehrheitlich zu einer Abteilungsbildung.

5.5.2.2 Kontrolle der Zahlungseingänge

Die möglichst zeitnahe Kontrolle der Zahlungseingänge ist für Unternehmen eine unabdingbare Voraussetzung für die Überprüfung der fristgerechten Begleichung der Rechnungen und eventueller Einleitung von geeigneten Maßnahmen im Falle einer Zahlungszielüberschreitung. Vielfach wird in der öffentlichen Diskussion die Sorge vorgetragen, dass es den kleinen Unternehmen häufig an einem Überblick über ihre beglichenen und offenstehenden Rechnungen fehle (BRETZ 1998, S. K6).

Nach den Befragungsbefunden besteht jedoch kein Anlass für diese Befürchtung: Bis auf eine Ausnahme kontrollieren sämtliche der befragten Unternehmen ihre Zahlungseingänge. Unterschiede sind lediglich hinsichtlich der verwandten Instrumente festzustellen. Die Befragungsergebnisse belegen zudem, dass sich die Nutzung der EDV auch im Mittelstand weitestgehend durchgesetzt hat. 70 % der befragten Unternehmen verfügen über eine EDV-gestützte Buchhaltung, die sie zur Kontrolle ihrer Zahlungseingänge einsetzen. Die überwiegende Mehrheit der Unternehmen verfügt damit über ein effektives und aussagekräftiges Instrument der Zahlungseingangskontrolle und hat so die Möglichkeit, problemlos und zeitnah Informationen über das Zahlungsverhalten der Kunden und den Status der Forderungen abzurufen. Weitere 8,2 % der Unternehmen verzichten auf den Einsatz eigener EDV-Systeme und ziehen eine externe Erledigung ihrer Buchhaltung und Zahlungseingangskontrolle z.B. durch Steuerberater oder Inkasso-Unternehmen vor. Die Entscheidung für die Einführung einer EDV-gestützten Buchhaltung oder das Outsourcing der Buchhaltung stellt eine typische Make-or-Buy-Entscheidung dar und ist nur unternehmensindividuell nach Kosten- und Bedienungsgesichtspunkten zu treffen. Grundsätzlich gilt dies auch für die Abwägung der beiden Alternativen EDV-gestützte und manuelle Zahlungseingangskontrolle. So kann z.B. bei einer vergleichsweise geringen Anzahl von Aufträgen und Kunden die Verwendung einfacher manueller Instrumente durchaus ausreichend und unter Kosten-/Nutzenüberlegungen auch sinnvoll sein. Über eine manuelle Buchhaltung, die zur Kontrolle von Zahlungseingängen herangezogen wird, verfügen 9,6 % der befragten Unternehmen. Ein noch einfacheres manuelles Instrument, die sogenannte Aging-Liste, die eine Übersicht über die Rechnungen geordnet nach Fälligkeitsdatum bietet, wird immerhin noch von 12,2 % der Befragten zur Überwachung von Zahlungseingängen genutzt.

Die Wahl des Instruments für die Zahlungseingangskontrolle hängt primär von der Unternehmensgröße ab, einige Besonderheiten sind für die Nutzungshäufigkeit bestimmter Instrumente in den einzelnen Wirtschaftsbereichen zu bemerken, die Kundenstruktur oder das Unternehmensalter spielen hingegen keine Rolle.

Tabelle 51: Instrumente zur Kontrolle der Zahlungseingänge nach Beschäftigtengrößenklassen in %

Unternehmen mit ... Beschäftigten	Instrumente Übersichts-listen	 Manuelle Buch-haltung	 EDV-ge-stützte Buch-haltung	 Externe Buch-haltung	 Keine
bis 4	22,5	26,7	41,9	8,4	0,5
5 - 9	16,7	12,6	54,6	16,1	-
10 - 19	18,4	10,0	59,7	11,9	-
20 - 49	8,2	5,0	78,2	8,6	-
50 - 99	4,0	2,0	91,5	2,5	-
100 u.m.	3,7	0,6	95,1	0,6	-
Insgesamt	12,1	9,3	70,4	8,1	0,1
n = 1.207					© IfM Bonn

Insgesamt betrachtet ist die Nutzung von EDV-Systemen für buchhalterische Aufgaben bereits in den kleinsten Unternehmen relativ weit verbreitet. Gut zwei Fünftel der Unternehmen mit bis zu 4 Beschäftigten erledigen die Zahlungseingangskontrolle über ein betriebsinternes EDV-System. Einfache manuelle Instrumente wie Übersichtslisten und manuelle Buchhaltung haben nur in Unternehmen mit bis zu 19 Beschäftigten noch eine größere Bedeutung. In diesen kleinen Unternehmen wird die Buchhaltung und die Zahlungseingangskontrolle auch noch zu nennenswerten Teilen auf externe Dienstleister ausgegliedert. Damit kann als kritischer Schwellenwert für manuelle Instrumente oder die Fremdvergabe der Buchhaltung eine Anzahl von 20 Beschäftigten angesehen werden. Spätestens ab dieser Größenordnung werden Übersichtslisten und manuelle Buchhaltung für die meisten Unternehmen aufgrund der zunehmenden Datenfülle ineffizient und unpraktikabel, ebenso schwinden die Vorteile der externen Buchhaltung gegenüber der Alternative der Einführung einer eigenen EDV-gestützten Buchhaltung.

Hinsichtlich der manuellen Buchhaltung lassen die Befragungsergebnisse den Schluss zu, dass diese bereits bei Unternehmen mit mehr als fünf Beschäftigten in ihrer Verwendbarkeit deutlich eingeschränkt ist. Datenfülle, personelle und zeitliche Kapazitätsengpässe lassen eine Beibehaltung dieses Instruments nicht mehr zu. Offensichtlich scheuen sich die Unternehmen zunächst noch von der Einführung einer eigenen EDV-gestützten Buchhaltung und gliedern diese Aufgabe zunächst auf Steuerberater und Inkasso-Unternehmen aus. Ab der Größenklasse 50 und mehr Beschäftigte stellt die externe Buchhaltung praktisch keine Alternative mehr dar und die EDV-gestützte Buchhaltung wird zum Regelfall.

Tabelle 52: Instrumente zur Kontrolle der Zahlungseingänge nach Wirtschaftsbereichen in %

Wirtschaftsbereich	Instrumente				
	Übersichtslisten	Manuelle Buchhaltung	EDV-gestützte Buchhaltung	Externe Buchhaltung	Keine
Verarbeitendes Gewerbe	10,5	3,4	80,0	5,9	0,2
Handwerk	18,3	18,7	53,8	9,2	-
Dienstleistungen	12,8	9,7	66,7	10,8	-
Großhandel	9,7	7,5	73,1	9,7	-
Verkehr u. Nachrichtenübermittlung	7,3	9,1	74,5	9,1	-
Baugewerbe	9,6	13,9	69,5	7,0	-
Insgesamt	12,1	9,3	70,4	8,1	0,1

n = 1.231 © IfM Bonn

Die Nutzungshäufigkeit EDV-gestützter Buchführungssysteme differiert zwar je nach Wirtschaftsbereich, diese Differenzen sind jedoch, wie eine nähere Analyse der größenabhängigen Nutzung in den einzelnen Wirtschaftsbereichen aufzeigte, bis auf eine Ausnahme durch die unterschiedliche Beschäftigtengrößenstruktur in den Wirtschaftsbereichen erklärbar. Der besonders niedrige Verbreitungsgrad einer EDV-gestützten Buchhaltung im Handwerk ist also nicht auf größere Widerstände der Handwerksunternehmen gegen eine EDV-Nutzung, sondern auf typische Größeneffekte zurückzuführen. Lediglich für den Großhandel zeigt die nähere Analyse einen signifikant höheren Verbreitungsgrad in allen Beschäftigtengrößenklassen als in den anderen Wirtschaftsbereichen. Vermutlich ist im Großhandel im Rahmen einer effektiven Warenbestandskontrolle bereits in kleineren Unternehmen der Einsatz von EDV-Systemen eher erforderlich als in vergleichbaren Unternehmen aus den anderen Wirtschaftsbereichen. Auch die Unterschiede in der Nutzung von Übersichtslisten sind überwiegend auf die unterschiedliche Größenstruktur zurückzuführen. So liegt der Anteil von Unternehmen mit Aging-Listen im Handwerk zwar mit 18,3 % deutlich über dem Gesamtdurchschnitt, für die einzelnen Beschäftigtengrößenklassen sind jedoch - wiederum mit Ausnahme des Großhandels - keine wesentlichen Unterschiede feststellbar.

5.5.2.3 Ausgestaltung des betrieblichen Mahnwesens

Zur Wahrung der eigenen Zahlungsfähigkeit und zur Vermeidung von Zinsnachteilen liegt es im Interesse eines jeden Unternehmens, dass überfällige offene Rechnungen möglichst schnell beglichen werden. Gleichzeitig müssen die Unternehmen jedoch auch die möglichen Auswirkungen von Beitreibungs- oder Sanktionsmaßnahmen auf ihre Geschäftsbeziehung zum jeweiligen Kunden ins Kalkül ziehen. Aufgabe des Mahnwesens ist es folglich, unter Berücksichtigung der jeweiligen Geschäftsbeziehung bzw. der Wirkungen auf Folgeaufträge eine Verkürzung des Zahlungsverzuges und eine Vermeidung von Forderungsausfällen zu erreichen. Infolge dieses Zielkonfliktes ist stets eine Interessenabwägung vorzunehmen. Es ist zu prüfen, ob im Hinblick auf die mittel- und langfristigen Geschäftsinteressen unter gewissen Umständen ein Verzicht auf Mahnungen geboten sein kann.

Eine rechtlich relevante Mahnung muss in Inhalt und Form den dafür vorgesehenen gesetzlichen Vorschriften entsprechen. Sie bedarf der Schriftform und das Wort "Mahnung" und eine genaue Fristsetzung nach Kalenderdatum müssen darin enthalten sein. Sofern in der Rechnung für die Begleichung kein Fixdatum, wie z.B. "zahlbar am 15. Januar des Jahres", bestimmt ist, gerät ein Schuldner nur durch eine Mahnung in Verzug. Telefonische oder schriftliche Zahlungserinnerungen erfüllen diese gesetzlichen Voraussetzungen nicht und haben demnach keine rechtlichen Konsequenzen für den Schuldner.

Die Befragungsbefunde deuten allerdings darauf hin, dass nicht alle Unternehmen zwischen einer förmlichen Mahnung und rechtlich bedeutungslosen Zahlungserinnerungen differenzieren.

5.5.2.3.1 Reaktion auf Zahlungszielüberschreitungen

Telefonische und schriftliche Zahlungserinnerungen bieten den Unternehmen die Möglichkeit, in freundlicher, jedoch bestimmter Form den jeweiligen Kunden zur Begleichung einer offenstehenden Rechnung aufzufordern. Obgleich sie keine rechtlichen Konsequenzen nach sich ziehen, führen sie vielfach zum Ziel und machen eine förmliche Mahnung überflüssig. Förmliche Mahnungen werden daher zum einen nur von 51,9 % der befragten Unternehmen versandt, zum anderen zumeist erst nach vorheriger erfolgloser schriftlicher oder telefonischer Zahlungserinnerung. Nur 10,8 % der befragten Unternehmen verzichten auf die weniger strengen Zahlungserinnerungen und versenden ausschließlich förmliche Mahnungen. Im Mahnwesen ist also überwiegend eine abgestufte Vorgehensweise vorzufinden, indem förmliche Mahnungen erst nach Ausschöpfung von Zahlungserinnerungen zum Tragen kommen.

Tabelle 53: Maßnahmen bei Zahlungszielüberschreitung nach Wirtschaftsbereichen in % (Mehrfachnennungen)

Wirtschaftsbereich	Maßnahmen			
	Telefonische Zahlungserinnerung	Schriftliche Zahlungserinnerung	Förmliche Mahnung	Sonstiges
Verarbeitendes Gewerbe	55,5	73,0	50,9	5,0
Handwerk	57,0	84,5	49,8	5,6
Dienstleistungen	53,6	77,9	47,8	4,8
Großhandel	52,1	73,4	57,4	7,4
Verkehr und Nachrichtenübermittlung	47,3	78,2	49,1	5,5
Baugewerbe	65,2	74,8	66,1	6,1
Insgesamt	55,9	77,2	51,9	5,4
n = 1.234				© IfM Bonn

Rd. drei Viertel der Unternehmen erinnern säumige Kunden schriftlich an offene Rechnungen, 55,9 % machen dies auf telefonischem Wege. Die Bevorzugung der Schriftform ist verständlich, da zum einen häufig eine gewisse Scheu vor einer direkten, telefonischen Kontaktaufnahme mit dem säumigen Kunden gegeben ist, zum anderen der Zeitaufwand eines individuellen Gesprächs wesentlich höher ist als derjenige für eine standardisierte schriftliche Zahlungserinnerung. Die telefonische Zahlungserinnerung wird nach den Befragungsergebnissen hauptsächlich ergänzend zu der schriftlichen Erinnerungsform verwendet. Der telefonischen Zahlungserinnerung allein kommt praktisch keine

Bedeutung zu; nur 4,1 % der befragten Unternehmen beschränken sich bei Zahlungszielüberschreitungen ausschließlich auf Telefonate. Eine alleinige schriftliche Zahlungserinnerung stellt hingegen für 22,5 % der befragten Unternehmen im Regelfall eine ausreichende und erfolgreiche Reaktion auf einen Zahlungsverzug der Kunden dar.

Signifikante wirtschaftsbereichsbezogene Unterschiede bei der Wahl der Maßnahmen bestehen nicht, auffällig ist jedoch das Verhalten der Bauunternehmen. Für das Baugewerbe ist ein intensiver persönlicher Kontakt des Unternehmers zum Bauherrn charakteristisch, so dass die telefonische Zahlungserinnerung ein überdurchschnittlich häufig genutztes Instrument darstellt. Andererseits schicken Bauunternehmen ihren Kunden mit einem Anteil von 66,1 % weit häufiger förmliche Mahnungen als dies in den anderen Wirtschaftsbereichen der Fall ist. Anscheinend sind Bauunternehmen aufgrund des vergleichsweise besonders schlechten Zahlungsverhaltens ihrer Kunden eher als Unternehmen anderer Wirtschaftsbereiche gezwungen, förmliche Mahnungen als letzten Schritt zu versenden.

Überdurchschnittlich oft werden förmliche Mahnungen ferner von Unternehmen des Großhandels versendet, wo der entsprechende Anteilswert 57,4 % erreicht. Im Unterschied zum Baugewerbe stellen im Großhandel Mahnungen jedoch oftmals nicht den letzten Schritt dar, sondern werden von 16 % der Großhandelsunternehmen ohne vorherige Zahlungserinnerung versandt. Dieses vergleichsweise strenge Vorgehen dürfte in erster Linie auf eine größere Marktmacht der Großhandelsunternehmen, insbesondere im Verhältnis zu ihren Kunden aus Handwerk und Einzelhandel zurückzuführen sein.

Einige, statistisch jedoch nicht signifikante Unterschiede in der Art und Weise, wie säumige Kunden auf offenstehende Rechnungen aufmerksam gemacht werden, sind auch hinsichtlich der Beschäftigtengrößenklassen festzustellen. Telefonische Zahlungserinnerungen werden vergleichsweise selten von kleinen Unternehmen mit bis zu 4 Beschäftigten oder großen Unternehmen mit mehr als 100 Beschäftigten als Instrument eingesetzt. Während sich in bezug auf Großunternehmen in diesem Befund vorrangig die höhere Marktmacht widerspiegelt, ist bei Kleinstunternehmen zu vermuten, dass die Scheu vor einem direkten telefonischen Kontakt zum Kunden besonders ausgeprägt ist und zudem die telefonische Erreichbarkeit der Kunden aufgrund des hohen Anteils von Privatkunden eingeschränkt ist. Kleinstunternehmen bevorzugen hingegen verstärkt schriftliche Zahlungserinnerungen. Unterdurchschnittlich oft werden hingegen schriftliche Zahlungserinnerungen von Unternehmen mit 50 und mehr Beschäftigten genutzt. Eine stetige Abnahme der Bedeutung schriftlicher Zahlungserinnerungen ist jedoch nicht gegeben. Im Gegensatz hierzu steigt nach den Befragungsergebnissen die Bereitschaft zum Versand förmlicher Mahnungen mit steigender Mitarbeiterzahl stetig an.

Tabelle 54: Maßnahmen bei Zahlungszielüberschreitung nach Beschäftigtengrößenklassen in % (Mehrfachnennungen)

Unternehmen mit ... Beschäftigten	Maßnahmen			
	Telefonische Zahlungs-erinnerung	Schriftliche Zahlungs-erinnerung	Förmliche Mahnung	Sonstiges
bis 4	53,9	80,6	44,5	3,1
5 - 9	59,2	77,6	47,7	6,3
10 - 19	59,2	78,6	49,3	5,5
20 - 49	57,1	79,4	52,8	6,0
50 - 99	56,3	70,4	53,8	4,0
100 und mehr	46,3	74,1	63,0	6,8
Insgesamt n = 1.209	55,9	77,2	51,9	5,4 © IfM Bonn

Größere Unternehmen müssen aufgrund ihrer höheren Kundenzahl den Verlust einzelner - zudem hinsichtlich ihrer Zahlungsmoral als schlecht zu beurteilenden - Kunden weniger fürchten. Ihre höhere Marktmacht erlaubt es ihnen, weniger Rücksicht auf etwaige Empfindlichkeiten der Kunden zu nehmen. Kleinere Unternehmen verzichten hingegen vielfach auf förmliche Mahnungen, sie bevorzugen zunächst aus Rücksicht auf die Geschäftsbeziehung Zahlungserinnerungen. Dieses Vorgehen ist für sie mittel- bis langfristig vielfach sinnvoller als der direkte Versand von Mahnungen, selbst wenn diese Vorgehensweise in Einzelfällen den Erhalt offenstehender Forderungen verzögert.

Die Nutzungsrate telefonischer oder schriftlicher Zahlungserinnerungen ist bei jüngeren und älteren Unternehmen nahezu gleich. Hinsichtlich förmlicher Mahnungen ist jedoch ein statistisch signifikanter Unterschied feststellbar. Unternehmen, die jünger als 5 Jahre sind, mahnen mit einem Anteilswert von 41,4 % deutlich seltener ihre Schuldner als ältere Unternehmen (51,2 %). Längerfristige Geschäftsbeziehungen haben sich bei jüngeren Unternehmen vielfach noch nicht entwickeln können. Die Reaktion der Kunden ist für sie daher schwerer einzuschätzen. Aufgrund ihres vergleichsweise kleinen Kundenstamms und ihrer geringen Marktmacht scheuen sie die Gefahr, die gewonnenen Kunden infolge einer Mahnzustellung zu verlieren. Für junge Dienstleistungsunternehmen, die aufgrund der Charakteristika der Leistungserbringung sehr stark von Referenzen abhängig sind, ist zudem entscheidend, dass gemahnte Kunden aus Verärgerung über die Abrechnungsmodalitäten kaum zur Abgabe positiver Bewertungen und zur Weiterempfehlung des Unternehmens bereit sind. Gerade Referenzkunden besitzen jedoch für ihre Unternehmensentwicklung eine überaus große Bedeutung.

5.5.2.3.2 Zeitraum bis zur Mahnung des Kunden

Ungefähr ein Drittel der befragten Unternehmen (34,2 %) reagiert sofort auf Zahlungszielüberschreitungen und versendet förmliche Mahnungen innerhalb einer Woche nach Verstreichen des Zahlungsziels. Überwiegend (45,5 %) erfolgen Mahnungen jedoch im Laufe der zweiten Woche nach Ablauf der Zahlungsfrist. Damit greift ein Großteil der Unternehmen erst dann zu dem Mittel der förmlichen Mahnung, wenn er sicher gehen kann, dass es sich nicht lediglich um eine Überschreitung der Zahlungsfrist aufgrund von Post- und Banklaufzeiten oder um geringfügige Überschreitungsdauern von einigen wenigen Tage aus Unachtsamkeit oder organisatorischen Gegebenheiten der Kunden handelt.

Abbildung 20: Zeitraum bis zur Mahnung nach Überschreitung der Zahlungsfrist

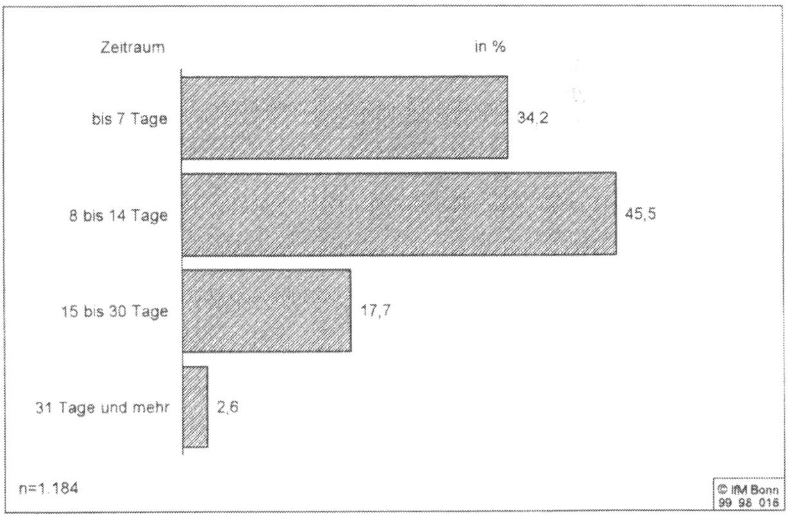

Eine Mahnung innerhalb von 14 Tagen nach Ablauf des Zahlungsziels kann unter Beachtung der vorgenannten Aspekte und zur Vermeidung einer Überreaktion auf Bagatellfälle als zügige Reaktion bezeichnet werden. Zeiträume von 15 Tagen oder mehr, die bei einem Fünftel der Unternehmen bis zum Versand von Mahnungen vergehen, sind jedoch kaum unter diesen Gesichtspunkten zu rechtfertigen; sie sind eher auf ein mangelhaftes Mahnwesen zurückzuführen.

Tabelle 55: Zeitraum bis zur Mahnung nach Überschreitung des Zahlungsziels nach Beschäftigtengrößenklassen in %

Unternehmen mit ... Beschäftigten	Zeitraum bis zur Mahnung				Mittelwert
	bis 7 Tage	8 - 14 Tage	15 - 30 Tage	31 Tage u.m.	
bis 4	30,4	47,3	17,9	4,3	15
5 - 9	27,7	42,8	24,1	5,4	15
10 - 19	32,6	45,5	20,3	1,6	13
20 - 49	35,4	47,6	15,9	1,1	12
50 - 99	36,1	44,3	18,0	1,5	11
100 u.m.	42,0	45,9	9,6	2,5	10
Insgesamt	34,2	45,5	17,8	2,5	12
n = 1.159					© IfM Bonn

Im Durchschnitt warten die Unternehmen 12 Tage nach Ablauf der Zahlungsfrist ab, bevor sie säumigen Kunden eine Mahnung zusenden. Die durchschnittliche Reaktionsgeschwindigkeit steigt dabei mit zunehmender Unternehmensgröße an. Kleine Unternehmen mit bis zu 4 bzw. 5 bis 9 Beschäftigten warten mit jeweils durchschnittlich 15 Tagen am längsten, bevor sie die Kunden förmlich mahnen. Nur 30,4 % bzw. 27,7 % der Befragten dieser Größenklassen greifen innerhalb von 7 Tagen nach Überschreiten des Zahlungszieles zum Instrument der Mahnung, gleichzeitig warten 4,3 % bzw. 5,4 % der Unternehmen dieser Beschäftigtengrößenklassen länger als einen Monat, bevor sie tätig werden. Ausschlaggebend für dieses zögerliche Verhalten sind zwei Gründe: Zum einen schrecken kleine Unternehmen aufgrund persönlicher Beziehungen zum Kunden eher vor einer Mahnung zurück als größere Unternehmen. Zum anderen erfolgt die Kontrolle der Zahlungseingänge aufgrund der begrenzten zeitlichen und personellen Kapazitäten häufiger in einem längeren Turnus. Zahlungszielüberschreitungen werden daher nicht sofort bemerkt und Mahnungen erfolgen mit deutlichem zeitlichen Abstand zu dem gesetzten Fälligkeitstermin. Mit steigender Unternehmensgröße verlieren diese Gründe zunehmend an Relevanz. So beträgt bei Unternehmen mit 10 bis 19 Beschäftigten der Zeitraum bis zum Versand von Mahnungen nur noch durchschnittlich 13 Tage und sinkt bis auf 10 Tage bei Unternehmen mit mehr als 100 Mitarbeitern.

In den eher kleinbetrieblich strukturierten Unternehmen des Handwerks, des Dienstleistungssektors und des Großhandels erfolgt eine Mahnung säumiger Kunden nach den vorliegenden Befunden deutlich später als in den anderen Wirtschaftsbereichen. So beträgt die durchschnittliche Reaktionszeit im Handwerk und im Großhandel 13 Tage, im Dienstleistungssektor sogar 14 Tage. Mit einer durchschnittlichen Reaktionszeit von 11 Tagen nach Fristüberschreitung erfolgen hingegen förmliche Mahnungen säumiger Kunden vergleichsweise zügiger in den relativ großen Unternehmen des Baugewerbes und des verarbeitenden Gewerbes. Diese Unterschiede sind im wesentlichen durch die unterschiedliche Größenstruktur der verschiedenen Wirtschaftsbereiche bedingt, so dass die unterschiedlichen Zeiträume bis zur Kundenmahnung weniger durch Wirtschaftsbereichsspezifika als durch Beschäftigtengrößeneffekte hervorgerufen werden.

Tabelle 56: Zeitraum bis zur Mahnung nach Überschreitung des Zahlungsziels nach Wirtschaftsbereichen in %

Wirtschaftsbereich	Zeitraum bis zur Mahnung				Mittelwert
	bis 7 Tage	8 - 14 Tage	15 - 30 Tage	31 Tage u.m.	
Verarbeitendes Gewerbe	36,5	47,7	13,6	2,2	11
Handwerk	34,2	40,8	22,1	2,9	13
Dienstleistungen	31,5	38,4	17,2	2,9	14
Großhandel	24,4	47,8	26,7	1,1	13
Verkehr und Nachrichtenübermittlung	34,5	43,6	20,0	1,8	12
Baugewerbe	40,9	40,9	15,5	2,7	12
Insgesamt	34,2	45,5	17,8	2,5	12
n = 1.180					© IfM Bonn

Während die Kundenstruktur nach den Befragungsergebnissen das Mahnverhalten in zeitlicher Hinsicht nicht beeinflusst, ist in Bezug auf das Unternehmensalter eine deutlich unterschiedliche Reaktionsgeschwindigkeit festzustellen. Junge Unternehmen mahnen schneller als ältere Unternehmen. So reagieren 40,7 % der jungen, aber nur 32, % der älteren Unternehmen innerhalb von 7 Tagen auf den Zahlungsverzug ihrer Kunden. Gleichzeitig liegt der Anteil älterer Unternehmen, die erst nach 15 Tagen und mehr zum Mittel der Mahnung greifen, mit 21,6 % deutlich höher als bei jüngeren (15,3 %). Der vergleichsweise geringere Liquiditätsspielraum und engere Kreditrahmen jüngerer Unternehmen zwingt diese offenbar, auf Zahlungszielüberschreitungen schneller zu reagieren als die etablierteren Unternehmen.

5.5.2.3.3 Gründe für den Verzicht auf Mahnungen

42,6 % der befragten Unternehmen gaben an, bei Zahlungszielüberschreitungen teilweise auf eine Mahnung zu verzichten. Von diesen Unternehmen verzichten die meisten auf die Mahnung, um die Geschäftsbeziehungen nicht zu belasten (63,7 %). An zweiter Stelle findet sich als Grund für den Mahnverzicht die bislang gemachte unternehmerische Erfahrung und Praktikabilitätsüberlegungen, dass die Kunden sowieso einige Tage nach Ablauf der Zahlungsfrist zahlen (55,3 %), mithin Mahnungen nur eine unnötige Kostenbelastung und vermeidbare Störungen der Geschäftsbeziehung verursachen.

Abbildung 21: Gründe für einen Verzicht auf Mahnung (Mehrfachnennungen)

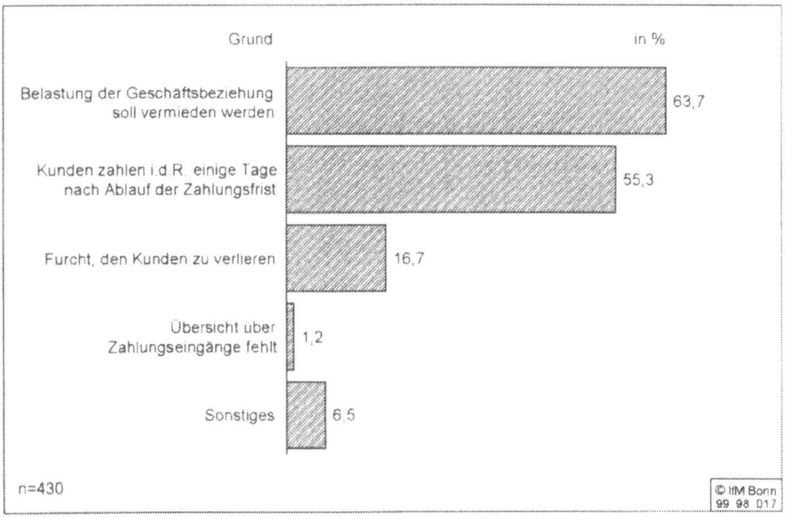

Erst auf dem dritten Rang folgt als Grund für Mahnverzicht die Sorge um Anschluss- und Folgeaufträge des säumigen Kunden: Nur 16,7 % der Unternehmen, die nicht immer mahnen, unterlassen förmliche Mahnungen aus Furcht vor einem vollständigen Abbruch der Geschäftsbeziehungen.

Eine mangelnde Übersicht über Zahlungseingänge ist hingegen bedeutungslos (1,2 %). Sonstige Gründe gaben 6,6 % der Unternehmen an. Konkret genannt wurden als sonstige Gründe unter anderen die Sinnlosigkeit von Mahnungen bei Kunden der öffentlichen Hand und bei Kunden mit Sitz im Ausland.

Mögliche negative Auswirkungen einer Mahnung auf die jeweilige Geschäftsbeziehung bewegen vor allem Großhandelsunternehmen zum Verzicht auf Mahnungen: 70,6 % der Großhandelsunternehmen mahnen aus diesen Grund die Kunden zumindest fallweise nicht, 29,4 % befürchten für den Fall der Mahnung den Abbruch der Geschäftsbeziehung. Dieses Verhalten der Großhandelsunternehmen ist verständlich, weil die hohe Vergleichbarkeit der angebotenen Leistungen den Kunden einen Wechsel zu anderen Anbietern leicht macht.

Tabelle 57: Gründe für einen Verzicht auf Mahnung nach Wirtschaftsbereichen in % (Mehrfachnennungen)

Grund	Verarbeitendes Gewerbe	Handwerk	Dienstleistungen	Großhandel	Verkehr u. Nachrichtenübermittlung	Baugewerbe	Insgesamt
Mögliche Belastung der Geschäftsbeziehung	60,9	71,4	60,3	70,6	36,8	74,5	63,7
Furcht vor Abbruch der Geschäftsbeziehung	15,6	12,1	16,7	29,4	26,3	21,3	16,7
Kunden zahlen sowieso einige Tage nach Ablauf des Zahlungsziels	55,5	51,6	58,7	58,8	63,2	51,1	59,3
Fehlende Übersicht	2,3	-	0,8	5,9	-	-	1,2
Sonstiges	-	-	-	-	-	-	6,5
n = 430							© IfM Bonn

Auch im Baugewerbe werden die Unternehmen durch mögliche Auswirkungen auf die Geschäftsbeziehung überdurchschnittlich oft zu einem Verzicht auf Mahnungen bewegt. So befürchten 74,5 % der Bauunternehmen Belastungen und 21,3 % den Abbruch der Geschäftsbeziehung. Auffällig ist der Befund, dass Handwerksunternehmen eine mögliche Belastung der Kundenbeziehung überdurchschnittlich häufig als Grund für Mahnverzicht nennen, die Furcht vor einem Abbruch der Geschäftsbeziehung jedoch einen geringeren Stellenwert aufweist als in den anderen Wirtschaftsbereichen. Es ist davon auszugehen, dass Handwerksunternehmen aufgrund der vielfach vorhandenen persönlichen

Beziehung zum Kunden zwar eine Belastung vermeiden wollen, aus dem selben Grund einen Abbruch jedoch nicht befürchten müssen.

Die Aufschlüsselung nach Beschäftigtengrößenklassen zeigt, dass für die kleinsten Unternehmen mit bis zu 4 Beschäftigten mögliche negative Auswirkungen auf die Geschäftsbeziehung, sei es in Form von Belastungen oder gar eines Abbruches, eine nachgeordnete Rolle für die Entscheidung über einen etwaigen Mahnverzicht spielen. Entweder sehen sich Kleinunternehmen durch ihre persönlichen Beziehungen zum Kunden vor diesen Auswirkungen eher geschützt als größere Unternehmen bzw. haben häufiger einen ständig wechselnden Kundenkreis oder ihr i.d.R. geringes Liquiditätspolster lässt diese Motive für den etwaigen Mahnverzicht zwangsläufig in den Hintergrund treten. Deutlich höhere Relevanz haben befürchtete Folgewirkungen auf die Geschäftsbeziehung für Unternehmen mit 5 bis 99 Beschäftigten. Die persönlichen Präferenzen des Kunden sind bei diesen Unternehmen schwächer ausgeprägt, Belastungen der Geschäftsbeziehungen können daher schneller in einen Wechsel des Geschäftspartners münden. Erwartungsgemäß spielt das Risiko des Abbruchs der Geschäftsbeziehung für Unternehmen mit mehr als 100 Beschäftigten aufgrund ihrer Marktstellung nur eine unterdurchschnittliche Rolle für ihre Mahnentscheidung, der Verzicht auf Mahnungen ist am ehesten durch die Störung der Geschäftsbeziehung motiviert.

Tabelle 58: Gründe für einen Verzicht auf Mahnung nach Beschäftigtengrößenklassen in % (Mehrfachnennungen)

Grund	Unternehmen mit ... Beschäftigten						Insgesamt
	bis 4	5 - 9	10 - 19	20 - 49	50 - 99	100 u.m.	
Mögliche Belastung der Geschäftsbeziehung	48,7	70,8	70,0	66,7	61,0	75,0	63,7
Furcht vor Abbruch der Geschäftsbeziehung	14,1	23,1	17,1	15,2	23,7	7,5	16,7
Kunden zahlen sowieso einige Tage nach Ablauf des Zahlungsziels	73,1	60,0	51,4	51,4	54,2	27,5	55,3
Fehlende Übersicht	2,6	-	-	1,0	-	2,5	1,2
Sonstiges	3,8	6,2	5,7	6,7	8,5	12,5	6,5

n = 417

© IfM Bonn

Ein Mahnverzicht wird in kleinen Unternehmen mit bis zu 4 Beschäftigten sehr häufig auch durch die Ansicht bewirkt, dass die Kunden sowieso nach Ablauf einiger Tage zahlen werden. Die Bedeutung dieses Motivs nimmt allerdings mit steigender Beschäftigtenzahl stetig und deutlich ab. Dies ist als Hinweis darauf zu werten, dass in größeren Unternehmen der Versand von Mahnungen wegen der intensiveren Nutzung der EDV vermehrt automatisch nach Verstreichen eines bestimmten Säumniszeitraums erfolgt.

5.5.2.3.4 Ausnahmeregelungen für bestimmte Kundengruppen

Auf Mahnungen verzichten die Unternehmen in erster Linie bei langjährigen Geschäftspartnern. Die über Jahre entwickelten Geschäftsbeziehungen zu diesen Kunden rechtfertigen es nach Meinung der befragten Unternehmen, insbesondere bei kurzfristigen Zahlungsverzögerungen keine Mahnungen zuzustellen. Ausnahmeregelungen für diese Kundengruppe bestehen bei rd. drei Viertel der Unternehmen, die fallweise von Mahnungen absehen. An zweiter Stelle in der Rangfolge, jedoch bereits deutlich seltener, folgt die Gruppe der Großkunden. Aufgrund der großen Bedeutung von Großabnehmern für die Umsatz- und Gewinnsituation räumen 31,9 % der Unternehmen dieser Gruppe eine Ausnahmebehandlung hinsichtlich des Mahnwesens ein. Ferner findet bei 17,7 % der betreffenden Unternehmen ein Verzicht auf Mahnungen statt, sofern es sich bei dem säumigen Kunden um die öffentliche Hand handelt. Da bei Kunden der öffentlichen Hand ein Forderungsausfall grundsätzlich nicht möglich ist, sind die Unternehmen anscheinend der Ansicht, dass die Zahlung grundsätzlich erfolgen wird und eine Beschleunigung des Zahlungseingangs durch Mahnung nicht zu erwarten ist. 11,7 % der Unternehmen verzichten auf Mahnungen, wenn es sich dabei um einen Kunden mit bekannten Liquiditätsschwierigkeiten handelt. Angesichts der angespannten Finanzlage des Geschäftspartners wollen die Unternehmen die Situation des Kunden nicht durch eine Mahnung noch weiter verschärfen.

Tabelle 59: Mahnverzicht bei bestimmten Kundengruppen (Mehrfachnennungen)

Kundengruppe	abs.	in %
Langjährige Geschäftspartner	368	75,7
Großkunden	155	31,9
Öffentliche Auftraggeber	124	25,5
Kunden mit Liquiditätsschwierigkeiten	57	11,7
Sonstige	12	2,5

n = 486 © IfM Bonn

Ausnahmeregelungen zugunsten der verschiedenen Kundengruppen sind bei den betreffenden Unternehmen in Abhängigkeit vom Wirtschaftsbereich und der Unternehmensgröße zwar unterschiedlich verbreitet, die Abweichungen sind jedoch nicht signifikant. Ebenso übt die Kundenstruktur oder das Unternehmensalter keinen wesentlichen Einfluss auf den Verbreitungsgrad von Ausnahmeregelungen zum allgemeinen Mahnverhalten in den Unternehmen aus.

5.5.2.4 Forderungsbeitreibung im Wege des gerichtlichen Mahn- und Klageverfahrens

Das klassische Mittel zur Durchsetzung von Ansprüchen ist die Erhebung einer Klage (gemäß § 253 ZPO). Die Erfahrung zeigt jedoch, dass das von zahlreichen Formvorschriften geprägte Klageverfahren äußerst zeitintensiv ist. Es ist sogar davon auszugehen, dass bei der stetigen Zunahme der Verfahren mit einem weiteren Ansteigen der durchschnittlichen Verfahrensdauern gerechnet werden muss (KNAPP 1999, S. 302).

Neben dem Klageverfahren kann sich der Gläubiger auch auf dem Wege des Mahnverfahrens (gemäß § 688 ZPO) einen vollstreckbaren Titel verschaffen. Das gerichtliche Mahnverfahren setzt geringere formale Anforderungen voraus und soll dem Gläubiger als vereinfachtes Rechtsmittel zur schnellen Beitreibung von Forderungen dienen. Das Ziel einer beschleunigten Beitreibung von Forderungen kann jedoch nicht immer erreicht werden, da der Schuldner innerhalb von zwei Wochen nach Zustellung des Mahnbescheids Widerspruch einlegen kann und somit das Mahnverfahren häufig nur die Vorstufe zum Klageverfahren bildet. Insofern kann die Forderungseintreibung durch sich an Mahnverfahren anschließende Klageverfahren sehr zeitintensiv sein.

5.5.2.4.1 Nutzungsintensität

Um einen Einblick in die prozessuale Problematik und die Zeitintensität von Prozessdauern zur Erlangung eines vollstreckbaren Titels zu erhalten sowie über die Erfolgsaussichten, wurden die Unternehmen zunächst gefragt, ob sie in der Vergangenheit versucht haben, offenstehende Forderungen mittels eines gerichtlichen Mahnverfahrens einzutreiben oder ob sie schon ein Klageverfahren gegen säumige Schuldner geführt haben. Insgesamt haben fast drei Viertel der Unternehmen schon einmal den Weg des gerichtlichen Mahnverfahrens zur Erlangung eines vollstreckbaren Titels beschritten, immerhin 57,9 % der Unternehmen haben bereits Klageverfahren geführt.

Abbildung 22: Inanspruchnahme des Mahn- und Klageverfahrens zur Erlangung eines vollstreckbaren Titels nach Wirtschaftsbereichen

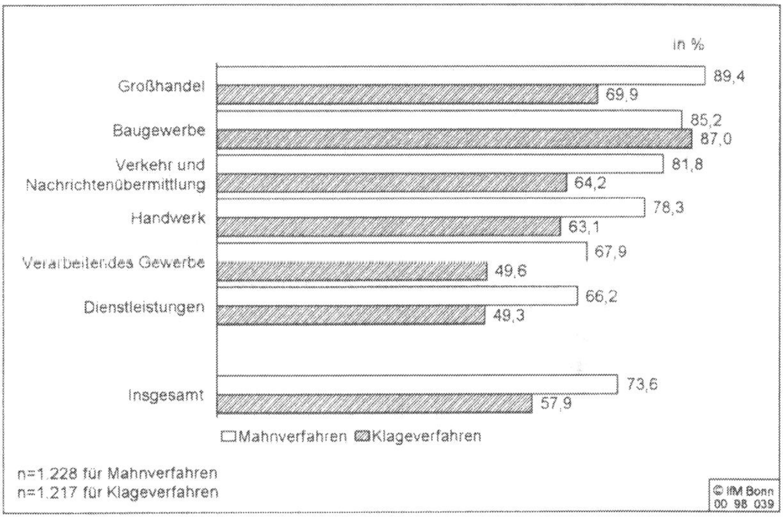

Bis auf das Baugewerbe nutzen die Unternehmen den Rechtsweg des gerichtlichen Mahnverfahrens stets deutlich häufiger als den Weg des Klageverfahrens. Die Inanspruchnahme des jeweiligen Rechtsmittels ist jedoch signifikant unterschiedlich nach Wirtschaftsbereichen. Am häufigsten sahen sich Großhandels- und Bauunternehmen gezwungen, ausstehende Forderungen über ein Mahn- oder Klageverfahren beizutreiben. Am seltensten - aber immer noch auf hohem Niveau - nutzten Unternehmen des verarbeitenden Gewerbes und aus den Dienstleistungen die beiden Rechtswege Mahn- und Klageverfahren.

Diese wirtschaftsbereichsspezifischen Nutzungsintensitäten sind im Zusammenhang mit den Befunden zum Gesamtbestand offener Rechnungen und der Anteile säumiger Kunden zu sehen. Das Baugewerbe, das den ungünstigsten Status offener Rechnungen und die höchsten Anteile säumiger Schuldner aufweist, ist am ehesten gezwungen, rechtliche Schritte gegen säumige Schuldner einzuleiten, zumal der Zahlungsverzug im Baugewerbe nach den Befragungsergebnissen am häufigsten zu wirtschaftlichen Problemlagen führt.

Im Großhandel, für den eine relativ günstige Struktur des Gesamtbestands offener Rechnungen und der Anteile säumiger Schuldner festgestellt wurde, ist die hohe Nutzungsintensität von Mahn- und Klageverfahren eher auf die eigene

Liquiditätsbelastung durch Zahlungsverzögerungen der Kunden zurückzuführen. Auffällig ist, dass das Handwerk, das eine ähnlich ungünstige Struktur des Forderungsbestands und der Anteile säumiger Schuldner zu verzeichnen hat wie das Baugewerbe und dem der Zahlungsverzug ebenso häufig Probleme bereitet, bei der Beschreitung der Rechtswege Mahn- und Klageverfahren "nur" auf dem vierten Rang zu finden ist. Dieser Befund begründet sich durch die kleinbetriebliche Struktur, wie die folgenden Ausführungen zeigen.

In Bezug auf die Nutzung beider Verfahren zeigt sich ein unternehmensgrößenspezifischer Trend. Das Befragungsergebnis belegt, dass das Mahn- bzw. das Klageverfahren als Instrument zur Beitreibung von Forderungen mit zunehmender Unternehmensgröße häufiger genutzt wird. Obwohl die Angaben der Unternehmen zum Mahnverfahren auf deutlich höherem Niveau liegen als die zum Klageverfahren, ist der größenspezifische Trend bei beiden Verfahren erkennbar, sieht man von der Ausnahme bei den Unternehmen mit 50 bis 99 Beschäftigten bei dem Klageverfahren ab. Eine überdurchschnittliche Nutzung beider Verfahren zeigt sich ab der Unternehmensgröße mit 20 und mehr Beschäftigten, der Schwellenwert liegt jedoch bereits bei der Unternehmensgröße von 5 bis 9 Beschäftigten; dort steigt die Nutzungshäufigkeit sprunghaft an.

Abbildung 23: Inanspruchnahme des Mahn- und Klageverfahrens zur Erlangung eines vollstreckbaren Titels nach Beschäftigtengrößenklassen

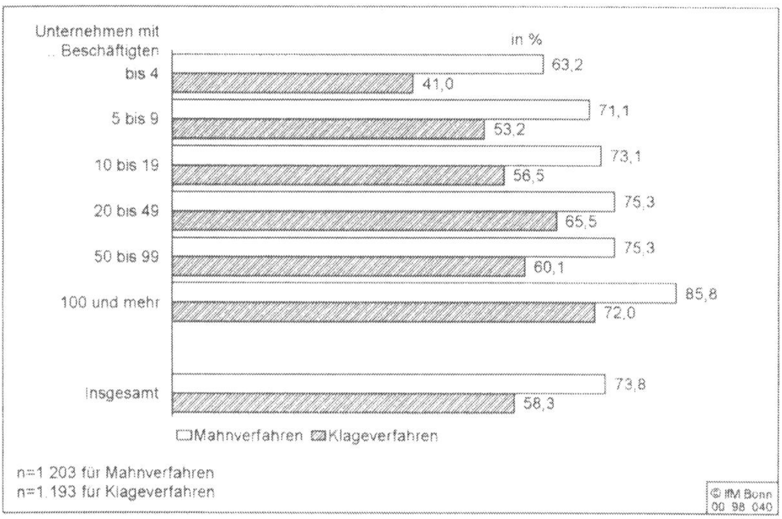

Dieses Ergebnis ist nicht etwa als ein Hinweis darauf zu interpretieren, dass kleinen Unternehmen mit weniger als 20 Beschäftigten der Zahlungsverzug keine Probleme bereitet und sie sich deshalb nicht genötigt sehen, den Gerichtsweg zu beschreiten. Wie die Befunde zum Forderungsbestand, zu den Anteilen von säumigen Kunden und zur Problembetroffenheit durch Zahlungsverzug zeigen, ist das Gegenteil der Fall: Lediglich für die kleinsten Unternehmen mit bis zu 4 Beschäftigten lässt sich aufgrund der Befunde zum Zahlungsverzug folgern, dass ihre geringe Prozessintensität auf die geringere Betroffenheit zurückzuführen ist. Unternehmen mit 5 bis 19 Beschäftigten befinden sich in Hinsicht auf die Zusammensetzung des Forderungsbestands, die Anteile säumiger Kunden, die Dauer der Zahlungszielüberschreitung und die Betroffenheit durch Folgeprobleme von Zahlungsverzögerungen in der vergleichsweise schlechtesten Position und haben damit den größten Bedarf nach Rechtsmitteln, schöpfen diese jedoch am wenigsten aus, weil sie sich personell und finanziell oder aus Zeitgründen dazu nicht in der Lage sehen oder diese Verfahren als ineffizient erachten. Dies weist darauf hin, dass die Transaktionskosten, die im Zusammenhang mit der Anwendung der rechtlichen Regelungen zum Zahlungsverzug entstehen, z.B. Kenntnis der relevanten Gesetzesregelungen und Einhaltung der Formvorschriften, aufgrund des hohen Fixkostencharakters die kleinen Unternehmen stärker belasten als die großen und z.T. prohibitiv wirken.

5.5.2.4.2 Durchschnittliche Erfolgsquote

Die Unternehmen, die in der Vergangenheit den Weg des Mahn- bzw. Klageverfahrens beschritten hatten, wurden in einem weiteren Schritt nach der Erfolgsquote ihrer Bemühungen befragt. Die durchschnittliche Erfolgsquote der beiden Verfahrenswege unterscheidet sich nicht wesentlich und liegt mit 41,2 % für Mahnverfahren bzw. 43,4 % für Klageverfahren auf relativ niedrigem Niveau. Im Durchschnitt gelingt es den Unternehmen nicht einmal in der Hälfte der Fälle, ausstehende Forderungen über das Mahn- bzw. Klageverfahren beizutreiben, so dass sie die strittigen Forderungen letztlich abschreiben müssen.

Nennenswerte Unterschiede in den Erfolgsquoten nach Wirtschaftsbereichen lassen sich in Hinsicht auf Mahnverfahren nur für das Baugewerbe feststellen, das in der Beitreibung von Forderungen auf dem Wege des Mahnverfahrens mit deutlichem Abstand am erfolgreichsten war, die Erfolgsquoten der anderen Wirtschaftsbereiche liegen hingegen relativ nah beieinander.

Im Hinblick auf Klageverfahren, die in allen Wirtschaftsbereichen deutlich seltener angestrengt werden als das einfachere Mahnverfahren, differieren die Erfolgsquoten etwas stärker als die für Mahnverfahren. Auffällig ist, dass bis auf das Baugewerbe und den Großhandel die Erfolgsquoten im Mahnverfahren z.T. deutlich über den Erfolgsquoten im gerichtlichen Klageverfahren liegen.

Abbildung 24: Durchschnittliche Erfolgsquote des Mahn- und Klageverfahrens nach Wirtschaftsbereichen

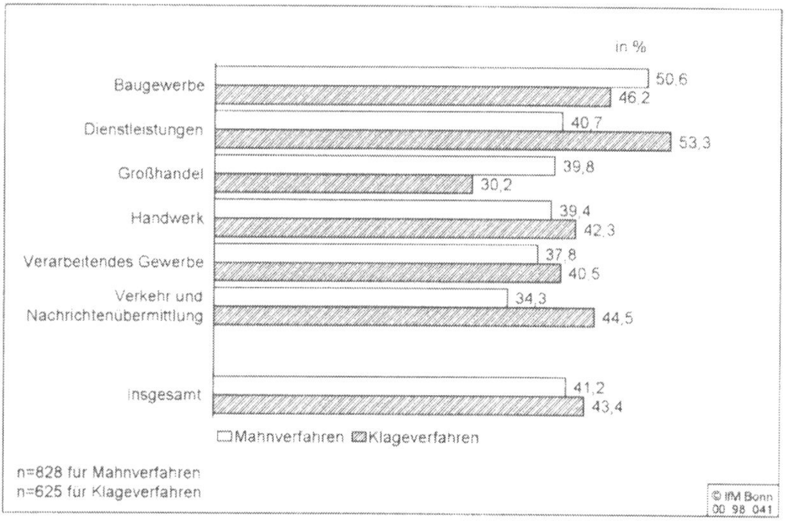

Nach der Unternehmensgröße bestehen keine nennenswerten Unterschiede, die Erfolgsquoten sowohl im Mahn- als auch im Klageverfahren sind für Unternehmen aller Größenordnungen nicht signifikant unterschiedlich.

5.5.2.4.3 Durchschnittliche Dauer

In bezug auf die durchschnittliche Dauer des Mahn- und Klageverfahrens gibt es weder differenziert nach Beschäftigtengrößenklassen noch nach Wirtschaftsbereichen nennenswerte Unterschiede. Das Mahnverfahren dauert dem Untersuchungsergebnis zufolge im Durchschnitt 7,5 Monate. Das Klageverfahren weist eine durchschnittliche Dauer von 13,3 Monaten auf. Wie eingangs bereits erläutert, ist es nicht unüblich, dass sich an ein vorausgegangenes Mahnverfahren ein Klageverfahren anschließt. In diesen Fällen verlängert sich die Gesamtdauer der Bemühungen zur Erlangung eines vollstreckbaren Titels entsprechend, da zur Dauer für das Klageverfahren noch die Dauer des Mahnverfahrens hinzuzurechnen ist.

Insgesamt zeigt der Befund zur Dauer von Mahn- bzw. Klageverfahren die Dringlichkeit, mit der die Erlangung eines vollstreckbaren Titels gefordert werden muss, weil die Unternehmen im gesamten Verfahrenszeitraum genötigt sind, ihre erbrachten Leistungen vorzufinanzieren. Neben der geringen Marktmacht ist die Dauer der Verfahren eine weitere wesentliche Erklärungsvariable dafür, dass kleinere Unternehmen seltener versuchen, ihre ausstehenden Forderungen auf dem Rechtsweg einzutreiben als größere Unternehmen. Für sie kommt es häufig nicht nur darauf an, dass sie in ferner Zukunft einen vollstreckbaren Titel erlangen, sondern möglichst nah zum ursprünglichen Zahlungstermin, damit Liquiditätsprobleme nicht zur dauerhaften Natur werden.

5.5.3 Outsourcing

5.5.3.1 Inkasso-Unternehmen

Die betriebliche Nebenleistung des Einzugs von Forderungen kann von dem Unternehmen selbst erfüllt oder von Anbietern auf dem Markt bezogen werden. Der Forderungseinzug stellt das klassische Leistungsangebot von Inkasso-Unternehmen dar.

45 % der befragten Unternehmen nehmen für den Forderungseinzug die Dienste von Inkasso-Unternehmen in Anspruch. Die Zusammenarbeit ist jedoch nur in seltenen Fällen regelmäßig. Ungefähr die Hälfte der Unternehmen mit Fremdbezug von Inkasso-Leistungen beauftragt Inkasso-Unternehmen nur, sofern eigene Bemühungen erfolglos bleiben. Weitere 40,2 % lassen lediglich in nicht näher konkretisierten Einzelfällen offenstehende Forderungen durch Inkasso-Unternehmen einziehen. Der auf den ersten Blick relativ hohe Verbreitungsgrad der Inanspruchnahme von Inkasso-Dienstleistern muss daher in Hinsicht auf die Nutzungsintensität stark relativiert werden. Bezieht man die intensive Form der Nutzung von Inkasso-Dienstkleistern, d.h. die regelmäßige Beauftragung, auf alle Befragten, so haben nur 3,9 % der Unternehmen den Forderungseinzug vollständig ausgelagert.

Die Art der Nutzung wird allerdings durch den Wirtschaftsbereich beeinflusst. So erfolgt eine regelmäßige Zusammenarbeit mit Inkasso-Unternehmen am ehesten im Großhandel und im Wirtschaftsbereich Verkehr und Nachrichtenübermittlung, allerdings ist Outsourcing mit Anteilswerten von 13,4 % bzw.

13,8 % immer noch die Ausnahme. Kaum zu finden sind regelmäßige Geschäftsbeziehungen zu Inkasso-Unternehmen im Handwerk. Eine Beauftragung ausschließlich für den Fall, dass eigene Anstrengungen erfolglos bleiben, ist insbesondere für den Großhandel das Charakteristikum der Zusammenarbeit mit Inkasso-Unternehmen. 67,2 % dieser Unternehmen definierten so ihre Geschäftsbeziehung zu Inkasso-Unternehmen. Auch Handwerk und Baugewerbe gaben diese Vorgehensweise überdurchschnittlich oft an. Im Dienstleistungssektor stellt hingegen die Beauftragung im Einzelfall die wichtigste Form der Zusammenarbeit mit Inkasso-Unternehmen dar. Berichtenswerte Einflüsse der anderen Strukturmerkmale auf die Art der Zusammenarbeit liegen nach den Befragungsbefunden nicht vor.

Die Mehrheit der Befragten lehnt hingegen aus unterschiedlichen Beweggründen eine Beauftragung von Inkasso-Unternehmen zum Einzug ausstehender Forderungen ab. Konkrete Angaben zu diesen Gründen wurden von 459 Unternehmen gemacht. Rund ein Viertel der Unternehmen gab an, dass in ihrem Unternehmen kein Bedarf an externem Inkasso-Einzug vorhanden ist. Zu hohe Kosten einer Beauftragung von Inkasso-Anbietern führten 15,5 % und zu geringe Erfolgsaussichten 14,2 % der Unternehmen als Grund für die Ablehnung des Forderungseinzugs über Inkasso-Unternehmen an. Nach diesem Befund sieht die Mehrheit der Unternehmen den externen Forderungseinzug als wirtschaftlich nicht rentabel an.

Tabelle 60: Form der Zusammenarbeit mit Inkasso-Unternehmen nach Wirtschaftsbereichen in %

	Beauftragung von Inkasso-Unternehmen		
	regelmäßig	sofern eigene Bemühungen ergebnislos blieben	im Einzelfall
Verarbeitendes Gewerbe	8,9	49,3	41,8
Handwerk	2,0	56,3	41,7
Dienstleistungen	9,4	40,6	50,0
Großhandel	13,4	67,2	19,4
Verkehr und Nachrichtenübermittlung	13,8	48,3	37,9
Baugewerbe	7,0	53,5	39,5
Insgesamt	8,6	51,3	40,1

n = 548

16,8 % der Unternehmen bevorzugen bei Zahlungsproblemen ihrer Kunden die Zusammenarbeit mit einem Rechtsanwalt, der für sie den Einzug der offenstehenden Forderungen auch mittels des gerichtlichen Mahn- und Klageverfahrens betreibt. Der Einzug von offenstehenden Rechnungen in Eigenregie wurde von 14,2 % der betreffenden Unternehmen genannt. Eine mögliche Belastung der Kundenbeziehung gaben hingegen nur 7,2 % der Unternehmen als Beweggrund für ihre ablehnende Haltung an.

Die ablehnende Haltung gegenüber einer Zusammenarbeit mit Inkasso-Unternehmen zum Einzug ausstehender Forderungen differiert nach Wirtschaftsbereichen. Vor allem Unternehmen des Handwerks, des Baugewerbes und des Dienstleistungssektors lehnen die Beauftragung von Inkasso-Unternehmen mit Anteilswerten von jeweils rd. 62 % überdurchschnittlich häufig ab, während diese Einstellung im Großhandel nur bei 28 % der Unternehmen besteht. Zudem belegt der Befund, dass die ablehnende Haltung gegenüber der Nutzung von Inkasso-Unternehmen zum Einzug ausstehender Forderungen mit zunehmender Beschäftigtenzahl tendenziell schwindet. In der Regel dürfte bei größeren Unternehmen ein höherer Informationsstand über die Leistung von Inkasso-Unternehmen vorliegen bzw. die Scheu vor einer Beauftragung weniger stark ausgeprägt sein. Insbesondere werden aber Transaktionskostenvorteile wirksam, da mit steigender Unternehmensgröße i.d.R. auch die Fallzahlen von überfälligen Zahlungen steigen. Die Kundenstruktur oder das Unternehmensalter üben hingegen keinen signifikanten Einfluss auf die Inanspruchnahme von Inkasso-Dienstleistern aus.

Die Inanspruchnahme dieser Dienstleistung ist bei den befragten Unternehmen relativ weit verbreitet, 45,0 % gaben an, Inkasso-Unternehmen mit dem Einzug ausstehender Forderungen zu beauftragen. Dieser allgemein hohe Verbreitungsgrad erfährt aber insofern eine sehr starke Einschränkung, als der Forderungseinzug nur bei 8,5 % dieser Unternehmen regelmäßig über ein Inkasso-Unternehmen abgewickelt wird. Die Bedeutung von Inkasso-Unternehmen relativiert sich auf ein sehr geringes Maß, wenn die regelmäßige Beauftragung auf alle Befragten bezogen wird. Danach werden Inkasso-Dienstleister nur von 8,5 % aller Unternehmen regelmäßig in Anspruch genommen.

Abbildung 25: Gründe für die Nichtinanspruchnahme von Inkasso-Unternehmen

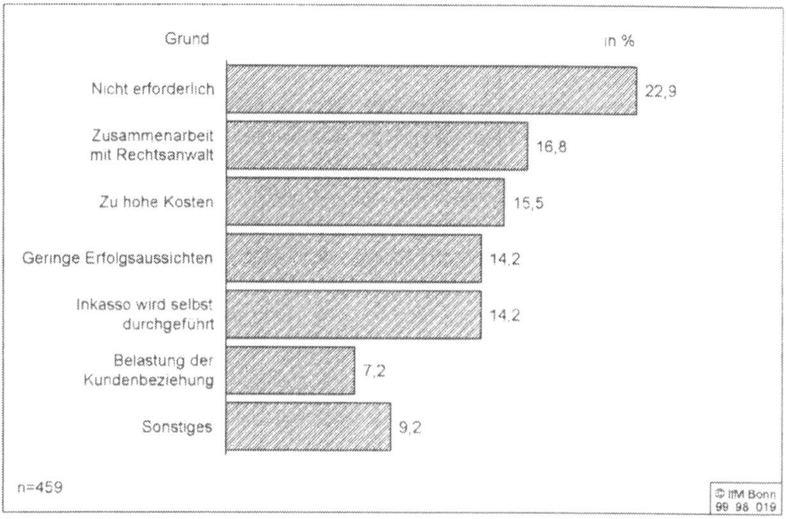

5.5.3.2 Factoring

Die Nutzung von Factoring ist nach den vorliegenden Befragungsbefunden insgesamt nur sehr gering. Lediglich 9,7 % der befragten Unternehmen gaben an, ihre Forderungen an Factoring-Unternehmen zu verkaufen. Für die überwiegende Mehrheit der kleinen und mittleren Unternehmen spielt diese Outsourcingmöglichkeit damit keine Rolle.

Die Nutzung von Factoring hängt nach den Befragungsbefunden nicht in signifikanter Weise von den Strukturmerkmalen der befragten Unternehmen ab. Auch tendenzielle Unterschiede sind nur wenige vorhanden. So weist die differenzierte Betrachtung nach Wirtschaftsbereichen lediglich für Unternehmen aus dem Bereich Verkehr und Nachrichtenübermittlung eine nennenswerte stärkere, für Unternehmen des Baugewerbes eine geringere Nutzung von Factoring als im Durchschnitt aller Wirtschaftsbereiche auf. Hinsichtlich der Beschäftigtenzahl deuten die Befragungsbefunde darauf hin, dass Factoring verstärkt von Unternehmen mit 10 bis 49 Beschäftigten genutzt wird. Während kleine Unternehmen eher aufgrund der entstehenden Kosten von einer Nutzung Abstand nehmen bzw. die Kriterien der Factoring-Unternehmen nicht erfüllen, dürfte für größere Unternehmen der positive Liquiditätseffekt von Factoring zunehmend an Bedeutung verlieren.

Konkrete Gründe, warum Factoring nicht genutzt wird, nannten 437 Unternehmen. Den Hauptgrund gegen den Forderungsverkauf an ein Factoring-Unternehmen bilden wirtschaftliche Erwägungen. So verzichten 28,8 % der betreffenden Unternehmen aus Kostengründen auf die Nutzung dieser Dienstleistung; die Gewinnspanne der Unternehmen ist nach eigenen Angaben oftmals zu gering, um die anfallenden Factoring-Gebühren zu decken. Weitere 18,8 % betrachten - wohl aufgrund des für ihr Unternehmen tragbaren Zahlungsverhaltens ihrer Kunden - Factoring als bislang nicht erforderlich. 14,0 % der Unternehmen begründen ihren Verzicht mit den hohen Anforderungen der Factoring-Unternehmen, z.B. in bezug auf Umsatz und durchschnittliche Rechnungshöhe. 10,1 % der Unternehmen, die konkrete Gründe angaben, befürchten, die Nutzung von Factoring sei mit einem Imageschaden verbunden.

Abbildung 26: Gründe für die Nichtinanspruchnahme von Factoring-Dienstleistungen

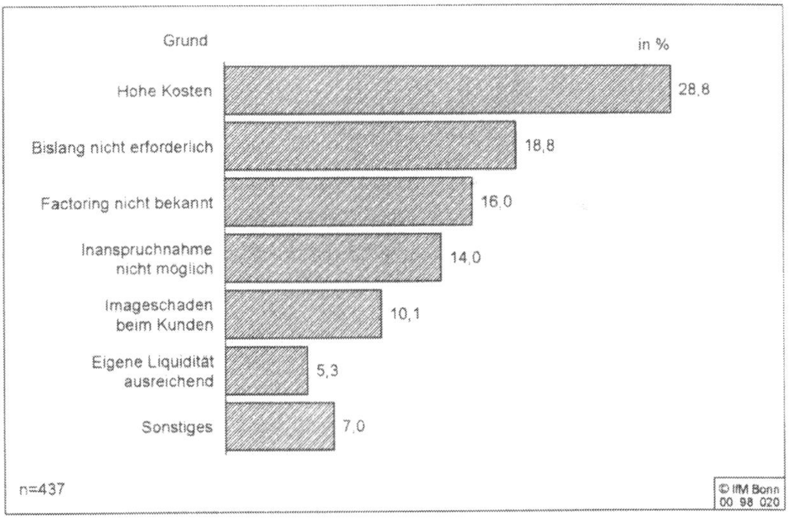

Nach den Befragungsbefunden ist das Leistungsangebot von Factoring-Unternehmen - im Gegensatz zum Leistungsangebot von Inkasso-Unternehmen - kleinen und mittleren Unternehmen häufig nicht bekannt. So gaben 16,0 % der Unternehmen an, Factoring überhaupt nicht zu kennen. Es ist aber zu vermuten, dass weiteren Befragten, die keine Gründe angaben, Factoring unbekannt sein dürfte.

5.6 Ansatzpunkte zur Verbesserung des Zahlungsverhaltens aus Sicht der Unternehmen

Zahlungsverzögerungen und Forderungsausfälle werden durch Versäumnisse auf der Gläubigerseite und durch unzureichende gesetzliche Regelungen zum Zahlungsverzug begünstigt. Grundsätzlich können Maßnahmen zur Verbesserung des Zahlungsverhaltens der Kunden damit sowohl betriebsintern von den betroffenen Unternehmen selbst als auch extern durch eine Veränderung der gesetzlichen Bestimmungen zum Zahlungsverzug getroffen werden. Interne Möglichkeiten zur Verringerung von Zahlungsverzugsrisiken und deren Auswirkungen bietet die Ausgestaltung und Effizienz des betrieblichen Forderungsmanagements. Eigeninitiative und ein hinreichender Kenntnisstand sind entscheidend dafür, ob die von Zahlungsverzug betroffenen Unternehmen betriebsinterne Schwachstellen im Forderungsmanagement aufspüren und mit geeigneten Maßnahmen positiv auf das Zahlungsverhalten ihrer Kunden einwirken. Die Verbesserung des Zahlungsverhaltens erfordert insofern die aktive Mitwirkung der Gläubigerunternehmen. Deshalb wurden die Unternehmen zusätzlich zur derzeitigen Ausgestaltung ihres Forderungsmanagements um Angaben über geplante Maßnahmen zur Einführung bzw. Verbesserung des betrieblichen Forderungsmanagements gebeten.

Eine Aufgabe zur Lösung der Problematik des Zahlungsverzugs hat jedoch auch der Staat. Er muss durch die Ausgestaltung der rechtlichen Bestimmungen Anreize zur fristgerechten Zahlung von Forderungen setzen. Um Informationen über potentielle Schwachstellen der bestehenden Rechtslage aus Sicht der Unternehmen zu gewinnen, wurde daher auch ihre Meinung zu ausgewählten und zur Zeit diskutierten Veränderungen der rechtlichen Bestimmungen erfragt.

5.6.1 Betriebsinterne Verbesserungsmöglichkeiten

Verbesserungsmöglichkeiten in den Unternehmen betreffen die Organisation und Ausgestaltung des Forderungsmanagements. Die Betrachtung der geplanten betriebsinternen Maßnahmen zur Verbesserung des Zahlungsverhaltens und zur Begrenzung von Forderungsausfällen erlaubt Rückschlüsse auf die praktischen Konsequenzen, welche die befragten Unternehmen aus dem Zahlungsverhalten ihrer Kunden ziehen und gibt zudem Aufschluss über bestehende Schwachstellen im Forderungsmanagement der Unternehmen. Sie stellt insofern eine Synthese der vorherigen Befunde dar. Zudem eröffnet sie - wenn auch begrenzt - Einblicke in die zukünftige Entwicklungsrichtung des Forderungsmanagements und ermöglicht eine Beurteilungen der Aktivitäten, die die Unternehmen zur Verbesserung des Zahlungsverhaltens ihrer Kunden unternehmen.

Am häufigsten besteht nach Ansicht der befragten Unternehmen Verbesserungsbedarf bei der Überprüfung der Zahlungseingänge. Gut jedes zweite Unternehmen plant für die Zukunft eine Intensivierung der regelmäßigen Zahlungseingangskontrolle. Zu vermuten war, dass dieser Verbesserungsbedarf vorrangig von Unternehmen, die lediglich über vergleichsweise einfache Instrumente zur Kontrolle der Zahlungseingänge wie Aging-Listen oder manuelle Buchhaltungen verfügen, gesehen würde. Die Befragungsbefunde belegen jedoch keinen signifikanten Zusammenhang zwischen dem Streben nach einer Verbesserung der regelmäßigen Kontrolle von Zahlungseingängen und den zu diesem Zweck eingesetzten Instrumenten. Demnach hat sich zwar eine EDV-gestützte Buchhaltung auch in kleineren Unternehmen weitestgehend durchgesetzt, die sich daraus ergebenden Möglichkeiten für das Controlling der Zahlungseingänge bzw. der Außenstände werden jedoch vielfach bislang nicht voll ausgeschöpft. Ursächlich dürfte neben der Arbeitsüberlastung des verantwortlichen Mitarbeiters oder des Unternehmers auch die Tatsache sein, dass viele höher entwickelte Kontrollinstrumente unbekannt sind. Der hohe Anteil von Unternehmen, die hier Verbesserungsbedarf sehen, belegt jedoch andererseits, dass die Notwendigkeit einer zeitnahen Kontrolle des Zahlungseingangs mittlerweile nahezu jedem Unternehmen bekannt ist.

Jeweils gut ein Drittel der befragten Unternehmen plant eine Verbesserung des Mahnwesens, eine stärkere Selektion der Kunden und ein verstärktes Drängen nach Barzahlung oder Anzahlung. Maßnahmen zur Verbesserung des Mahnwesens werden überraschenderweise am ehesten von Unternehmen geplant, die bereits jetzt relativ zügig, d.h. innerhalb von 14 Tagen, Mahnungen zustellen. Unternehmen, die mehr Zeit bis zur Mahnung vergehen lassen, halten hingegen seltener ihr Mahnwesen für verbesserungsbedürftig. Die Vermutung, dass der Bedarf nach einer Effizienzsteigerung des Mahnwesens im wesentlichen die Konsequenz eines als verbesserungswürdig betrachteten Zahlungsverhaltens ist, findet sich in den Befragungsbefunden bestätigt. So planen die Unternehmen umso eher Maßnahmen zur Effizienzsteigerung des betrieblichen Mahnwesens, je größer der Anteil säumiger Kunden ist. Eine stärkere Selektion der Kunden planen in erster Linie Unternehmen, in denen die Bonitätsprüfung der Kunden bereits routinemäßig oder fallweise verankert ist, somit auch die Voraussetzung für die Selektion von Kunden gegeben ist. Unternehmen, die das Instrument der Bonitätsprüfung nicht nutzen, fehlen im Regelfall die für eine Selektion von Kunden notwendigen, fundierten Anhaltspunkte.

Die Einführung oder zukünftig großzügigere Gewährung von Skonti steht an fünfter Stelle der Nennungen, gefolgt von Plänen zur sofortigen Fälligstellung von Rechnungen und zur Festlegung von Höchstgrenzen für die Gesamtsumme offener Rechnungen je Kunde. Die sofortige Fälligstellung von Rechnungen wird dabei verstärkt von Unternehmen angestrebt, die ihre Produkte/Dienstleistungen an Haushalte absetzen. Dieser Befund ist plausibel, weil nach den allgemeinen Geschäftsusancen die Zahlungsmodalität der sofortigen Fälligkeit von Rechnungen gegenüber gewerblichen Kunden und der öffentlichen Hand kaum durchgesetzt werden kann. Die Festlegung von Höchstgrenzen für die Gesamtsumme offener Forderungen je Kunde wollen die Unternehmen desto eher als risikobegrenzende Vorkehrung treffen, je größer der Anteil der uneinbringlichen Forderungen am Gesamtbestand offener Rechnungen ist. Diese auf die Risikostruktur positiv wirkende Maßnahme erfolgt damit in erster Linie als Reaktion auf bereits realisierte hohe Forderungsausfälle.

Alle übrigen betriebsinternen Verbesserungsmöglichkeiten werden deutlich seltener geplant und spielen keine große Rolle. So sehen lediglich 14,4 % der befragten Unternehmen die Einführung von Bonitätsprüfungen für die nähere Zukunft vor. Berücksichtigt man, dass bereits 81 % des Befragungssamples über Bonitätsprüfungen verfügen, findet eine Überprüfung der Zahlungsfähigkeit der Kunden im Prinzip nahezu flächendeckend statt. Allerdings ist daran zu erinnern, dass sich Prüfungen der Kreditwürdigkeit bei den befragten Unternehmen überwiegend auf besonders risikoträchtige Kunden oder Geschäftsvorfälle beschränken und die Qualität der verwandten Informationen z.T. erheblich eingeschränkt ist.

Die genaue Festlegung von Kompetenzen zur Einräumung von Zahlungszielen wird nur von wenigen der befragten Unternehmen als notwendig erachtet, da derartige Regelungen bei knapp 90 % der Unternehmen bereits bestehen. Kaum geplant wird ferner eine verstärkte Inanspruchnahme von Inkasso-Unternehmen oder von Factoring-Leistungen, womit für den Bereich Forderungsmanagement in naher Zukunft keine verstärkten Outsourcingaktivitäten kleiner und mittlerer Unternehmen zu erwarten sind.

Abbildung 27: Geplante innerbetriebliche Verbesserungsmaßnahmen (Mehrfachnennungen)

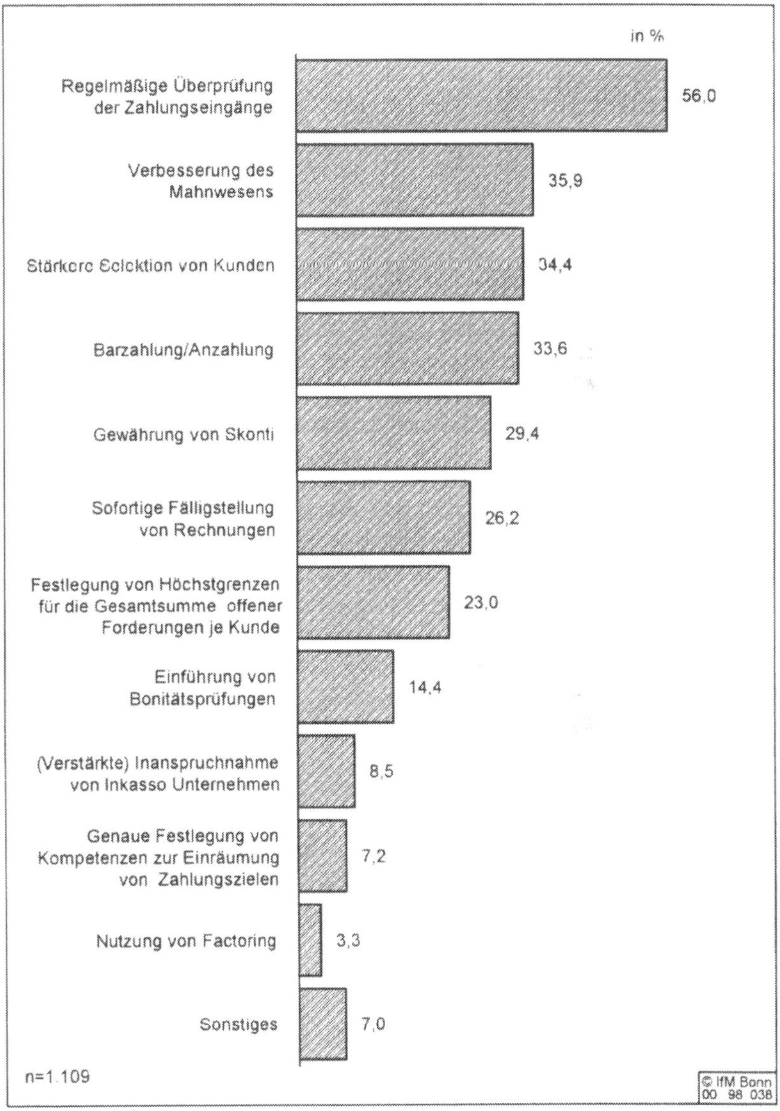

Nach den Befragungsbefunden kommt bestimmten betrieblichen Verbesserungsmaßnahmen in den jeweiligen Wirtschaftsbereichen eine unterschiedlich hohe Bedeutung zu. Eine verstärkte Kundenselektion wird in erster Linie angestrebt im Großhandel, im Baugewerbe sowie im Bereich Verkehr und Nachrichtenübermittlung. Auslöser dieser Bestrebungen dürften im Großhandel die vergleichsweise langen Überziehungsdauern und im Baugewerbe zudem der hohe Anteil säumiger Schuldner sein. Unternehmen aus dem Bereich Verkehr und Nachrichtenübermittlung zwingt wohl die im Vergleich hohe Ausfallrate der Forderungen zu diesem Schritt. Hingegen sind im Dienstleistungssektor Selektionsmaßnahmen nur vergleichsweise selten geplant. Eine stärkere Kundenselektion dürfte im Dienstleistungsgewerbe, das durch einen hohen Anteil junger Unternehmen geprägt ist, zumindest teilweise den Wachstumsabsichten entgegenlaufen. Die tendenziell höhere Abhängigkeit der kleinbetrieblich strukturierten und häufig auf engen, regional begrenzten Märkten agierenden Handwerksunternehmen erklärt, warum diese trotz des schlechten Zahlungsverhaltens relativ selten eine stärkere Kundenselektion planen.

Die Maßnahme, künftig in größerem Ausmaß Lieferung/Leistung nur gegen Barzahlung oder Anzahlung zu erbringen, planen insbesondere Handwerksunternehmen. In den anderen Wirtschaftsbereichen, die vergleichsweise seltener bzw. geringere Umsatzanteile mit privaten Haushalten erzielen, sind die Möglichkeiten zur Verstärkung von Barzahlungsgeschäften oder von Anzahlungen deutlich eingeschränkter. Dies zeigt sich auch darin, dass der Anteil von Unternehmen, die bereits Barzahlung verlangen oder ihre Rechnungen sofort fällig stellen, im Handwerk vergleichsweise hoch ist. Daher kommt dieser Maßnahme im Handwerk die größte Bedeutung zu.

Die Gewährung von Skonti als Anreiz für eine beschleunigte Zahlung ist am ehesten im Baugewerbe, im Handwerk und im Großhandel geplant. Vor dem Hintergrund, dass bereits derzeit die meisten Unternehmen dieser Wirtschaftsbereiche zumindest in Abhängigkeit vom Einzelfall Skonto gewähren, ist wohl in erster Linie von einer zukünftigen Ausweitung des begünstigten Kundenkreises und damit einer verstärkten generellen Skontopolitik auszugehen. Im Dienstleistungsgewerbe und im Bereich Verkehr und Nachrichtenübermittlung, in denen nach vorliegenden Befunden die Skontogewährung keine gängige Geschäftspraxis ist, wird dieses Instrument zur Beschleunigung von Zahlungen relativ selten erwogen.

Die Begrenzung offener Forderungen je Kunde, die für den Großhandel und das verarbeitende Gewerbe aufgrund der langjährigen Geschäftsbeziehungen zu den Kunden typisch ist, wird in diesen Wirtschaftsbereichen am ehesten auch für die Zukunft geplant.

Tabelle 61: Geplante innerbetriebliche Verbesserungsmaßnahmen nach Wirtschaftsbereichen in % (Mehrfachnennungen)

Maßnahmen zur Verbesserung des Zahlungsverhaltens	Verarbeitendes Gewerbe	Handwerk	Dienstleistungen	Großhandel	Verkehr u. Nachrichtenübermittlung	Baugewerbe	Insgesamt
Sofortige Fälligstellung von Rechnungen	19,7	35,6	28,2	23,2	15,7	32,7	26,2
Gewährung von Skonti	29,9	35,6	21,0	34,1	11,8	39,1	29,4
Regelmäßige Überprüfung der Zahlungseingänge	53,1	54,9	59,1	54,9	62,7	60,9	56,0
Verbesserung des Mahnwesens	34,8	30,0	42,1	35,4	37,3	38,2	35,9
Barzahlung/Anzahlung	30,2	44,6	31,7	34,1	27,5	30,0	33,6
Einführung von Bonitätsprüfungen	17,3	12,9	11,5	18,3	9,8	14,5	14,4
Festlegung von Höchstgrenzen für die Gesamtsumme offener Forderungen je Kunde	28,0	19,3	17,9	37,8	19,6	14,5	23,0
Stärkere Selektion von Kunden	34,5	35,2	25,0	43,9	43,1	40,9	34,5
Genaue Festlegung von Kompetenzen betreffend der Einräumung von Zahlungszielen	8,6	7,3	6,7	8,5	2,0	3,6	7,2
Verstärkte Inanspruchnahme von Inkasso-Unternehmen	9,4	6,9	7,5	11,0	5,9	10,9	8,5
Nutzung von Factoring	4,9	2,1	3,6	2,4	-	1,8	3,3
Sonstiges	6,2	7,3	7,9	7,3	2,0	9,1	7,0

n = 1.106 © IfM Bonn

Die Einführung von Bonitätsprüfungen wird nach den Befragungsbefunden vor allem im Großhandel, im verarbeitenden Gewerbe und im Baugewerbe geplant, und damit in denjenigen Wirtschaftsbereichen, in denen bereits überdurchschnittlich viele Unternehmen (regelmäßige) Bonitätsprüfungen durchführen. Die bereits bestehenden Unterschiede zwischen den Wirtschaftsbereichen dürften sich also auch in diesem Punkt zukünftig eher verstärken. Angesichts der schleppenden Zahlungsweise im Handwerk erstaunt der Befund, dass Bonitätsprüfungen nur vergleichsweise selten geplant werden. Möglicherweise erklärt sich dieser Befund aus organisatorischen Besonderheiten, aber auch aus der Kundenstruktur des Handwerks. Im Einzelfall sind Bonitätsprüfungen für Handwerksunternehmen nämlich schwer durchzuführen, z.B. aufgrund der Kundenstruktur, des häufig sehr weiten Kundenkreises und der i.d.R. vorhandenen personellen und finanziellen Ressourcenknappheit. Daher bevorzugen Handwerksunternehmen offenbar insbesondere Barzahlungen, um das Bonitätsrisiko zu begrenzen.

Tabelle 62: Geplante innerbetriebliche Verbesserungsmaßnahmen nach Beschäftigtengrößenklassen in % (Mehrfachnennungen)

Maßnahmen zur Verbesserung des Zahlungsverhaltens	Unternehmen mit ... Beschäftigten						Insgesamt
	bis 4	4 - 5	10 - 19	20 - 49	50 - 99	100 u.m.	
Sofortige Fälligstellung von Rechnungen	35,5	29,7	34,4	22,0	14,2	21,8	26,2
Gewährung von Skonti	28,4	27,2	34,9	32,9	32,4	17,7	29,4
Regelmäßige Überprüfung der Zahlungseingänge	56,2	54,4	59,1	50,8	62,5	55,1	56,0
Verbesserung des Mahnwesens	27,2	29,7	31,7	39,0	37,5	50,3	35,9
Barzahlung/Anzahlung	42,6	46,8	37,1	22,8	27,3	26,8	33,6
Einführung von Bonitätsprüfungen	13,6	12,7	10,2	15,4	19,9	14,3	14,4
Festlegung von Höchstgrenzen für die Gesamtsumme offener Forderungen je Kunde	21,9	20,3	23,1	23,2	26,1	22,4	23,0
Stärkere Selektion von Kunden	31,4	31,6	25,3	41,5	36,9	38,8	34,5
Genaue Festlegung von Kompetenzen betreffend der Einräumung von Zahlungszielen	4,1	3,8	5,4	5,7	9,7	17,0	7,2
Verstärkte Inanspruchnahme von Inkasso-Unternehmen	6,5	8,9	5,4	11,0	7,4	11,6	8,5
Nutzung von Factoring	0,6	0,6	3,2	4,5	3,4	7,5	3,3
Sonstiges	3,6	9,6	6,5	9,8	6,3	4,8	7,0

n = 1.082

Auch die Unternehmensgröße übt einen Einfluss darauf aus, welche Maßnahmen zur Verbesserung des Zahlungsverhaltens ergriffen werden sollen. Eine Intensivierung des Mahnwesens planen eher die größeren Unternehmen. Nach den Befunden zum Mahnwesen besteht aber gerade bei den kleineren Unternehmen hier ein deutlicher Verbesserungsbedarf. Daher ist davon auszugehen, dass die kleineren Unternehmen dem Mahnwesen vielfach nur eine nachrangige Bedeutung beimessen und angesichts knapper Kapazitäten dieses Problem nicht in Angriff nehmen. Auch die personelle Regelung der Kompetenzen zur Einräumung von Zahlungszielen wird verstärkt von größeren Unternehmen geplant, die eine komplexere Organisationsstruktur aufweisen, während die bessere Überschaubarkeit und die Bündelung der Kompetenzen beim Unternehmer selbst die Kompetenzaufteilung in kleineren Unternehmen vielfach erübrigt.

Bestrebungen zur verstärkten Barzahlung oder obligatorischen Anzahlung sowie zur sofortigen Fälligstellung von Rechnungen gibt es hingegen am häufigsten in kleineren Unternehmen. Ursächlich dürfte in erster Linie der höhere Anteil von privaten Haushalten im Kundenstamm kleinerer Unternehmen sein.

Einige nennenswerte Unterschiede in den Planungen finden sich auch zwischen jungen und älteren Unternehmen. Bei den meisten betriebsinternen Verbesserungsmöglichkeiten des Forderungsmanagements liegt die Nennhäufigkeit junger Unternehmen - wenn auch nicht signifikant - deutlich oberhalb derjenigen von älteren, was plausibel ist, da junge Unternehmen parallel zum Aufbau ihrer Produkte/Leistungen auch den Aufbau ihrer internen Organisation leisten müssen.

Insgesamt betrachtet zeigen die Befunde zu den geplanten innerbetrieblichen Maßnahmen zur Beschleunigung von Zahlungen, dass die Unternehmen neben dem Handlungsbedarf beim Controlling der Außenstände (Zahlungseingangskontrolle, Mahnwesen, Barzahlung/Anzahlung) kaum Möglichkeiten sehen, im Vorfeld der Geschäftsbeziehungen auf das Zahlungsverhalten ihrer Kunden Einfluss zu nehmen. Ferner ist festzustellen, dass innerbetriebliche Verbesserungsmaßnahmen am ehesten von denjenigen Unternehmen geplant werden, die bereits ein vergleichsweise gutes Forderungsmanagement installiert haben. Unternehmen mit weniger effizientem Forderungsmanagement, und damit einem dringlicheren Handlungsbedarf, bemühen sich seltener, die innerbetrieblichen Schwachstellen ausfindig zu machen und das Forderungsmanagement zu intensivieren.

5.6.2 Rechtliche Verbesserungsmöglichkeiten

Für die Bewältigung der Zahlungsverzugsprobleme sind neben den betriebsinternen Vorkehrungen die rechtlichen Rahmenbedingungen zum Zahlungsverzug und zur Durchsetzung von Forderungen als extern vorgegebene Determinanten von entscheidender Bedeutung. Unzureichende rechtliche Rahmenbedingungen begründen einen gesetzgeberischen Handlungsbedarf. Das Urteil der Unternehmen über die gesetzlichen Regelungen zum Zahlungsverzug und zur Durchsetzung von Forderungen ist eindeutig: Wie bereits oben festgestellt, ist die weit überwiegende Mehrheit der Unternehmen (84,4 %) der Ansicht, dass die rechtlichen Bestimmungen zum Zahlungsverzug nicht ausreichend sind. Die Unternehmen, die gesetzgeberischen Handlungsbedarf signalisierten, wurden in einem weiteren Schritt gebeten anzugeben, welche der z.Z. von der Politik beratenen Maßnahmen aus ihrer Sicht eine Verbesserung darstellen würden.

Den dringlichsten Handlungsbedarf sehen die Unternehmen bei Maßnahmen, die geeignet sind, die Erlangung eines vollstreckbaren Titels zu beschleunigen; solche Maßnahmen befürworten rd. drei Viertel der Befragten. An zweiter Stelle folgt der Wunsch nach einer Vereinfachung des gerichtlichen Mahnwesens, den gut drei Fünftel der Befragten äußerten.

Alle anderen Änderungsvorschläge, wie Verzugseintritt ohne Mahnung (47,6 %), Zahlung bei geringfügigen (45,7 %) oder vorgetäuschten Mängeln (44,6 %), Übernahme der Eintreibungskosten durch den Schuldner (44,5 %), Erhöhung des gesetzlichen Verzugszinses (42,4 %), Vorschusszahlung bei Werkleistungen (36,8 %) und Vereinfachung der Mahnvorschriften (35,9 %), werden insgesamt zwar von einem Großteil der Unternehmen befürwortet, der Abstand zu den beiden prioritären Änderungsvorschlägen ist jedoch auffällig groß.

Überraschend ist vor allem, dass nur gut zwei Fünftel aller Unternehmen die Erhöhung des gesetzlichen Verzugszinses, einem zentralen Thema der öffentlichen Diskussion auf nationaler und europäischer Ebene, für eine geeignete Maßnahme zur Entschärfung der Zahlungsverzugsproblematik halten. Dies legt nahe, dass die Unternehmen vielfach offenbar stärker an einer schnelleren Realisierung von Forderungen als an einem finanziellen Ausgleich für die Dauer des Zahlungsverzugs interessiert sind. Nachzuvollziehen ist dieser Befund insofern, als die Unternehmen in dem Zeitraum der Zahlungsverzögerung in existenzielle Schwierigkeiten geraten können, ein nachträglicher finanzieller Ausgleich für sie folglich zu spät kommt. Diese Argumentation vernachlässigt jedoch die ökonomische Bedeutung der Höhe des Verzugszinses als Anreiz für pünktliche Zahlungen. In dem Befund kommt damit auch zum Ausdruck, dass viele Unternehmen von der Wirksamkeit des allgemeinen Sanktionsmechanismus der ökonomischen Unvorteilhaftigkeit von Handelskreditüberziehungen a priori nicht überzeugt sind, z.B. weil sie sich aufgrund von wirtschaftlichen Abhängigkeiten und geringer Verhandlungsmacht nicht zur Durchsetzung des gesetzlichen Verzugszinses bei ihren Kunden in der Lage sehen.

Tabelle 63: Anteil der Unternehmen, die die jeweiligen Maßnahmen zur Verbesserung der Zahlungsverzugssituation befürworten, nach Wirtschaftsbereichen in % (Mehrfachnennungen)

Ansätze für Verbesserungen	Verarbeitendes Gewerbe	Handwerk	Dienstleistungen	Großhandel	Verkehr u. Nachrichtenübermittlung	Baugewerbe	Insgesamt
Beschleunigung der Erlangung eines vollstreckbaren Titels	74,1	69,6	71,4	88,5	76,7	80,9	74,9
Vereinfachung des gerichtlichen Mahnwesens	63,8	55,9	63,4	74,7	65,1	49,1	61,2
Verzugseintritt ohne Mahnung	46,6	44,9	45,5	54,0	48,8	52,7	47,6
Zahlung bei geringfügigen Mängeln	37,8	63,0	31,0	37,9	14,0	74,5	45,7
Übernahme der Eintreibungskosten durch Schuldner	45,3	44,5	46,5	49,4	37,2	37,3	44,5
Zahlung bei vorgetäuschten Mängeln	34,4	61,7	33,3	37,9	14,0	71,8	44,4
Erhöhung des gesetzlichen Verzugszinses	37,8	49,3	45,1	42,5	23,3	46,4	42,4
Vorschusszahlung bei Werkleistungen	23,1	59,0	29,6	13,8	18,6	60,9	36,6
Vereinfachung der Mahnvorschriften	33,1	38,8	37,6	29,9	32,6	40,0	35,9
Sonstiges	4,4	9,3	5,2	14,9	11,6	7,3	7,3
n = 1.004							© IfM Bonn

Für Unternehmen aller Wirtschaftsbereiche ist die Beschleunigung der Verfahren, die zur Erlangung eines vollstreckbaren Titels führen, die mit Abstand am häufigsten gewünschte Änderung. Die Relevanz dieser prioritären Forderung differiert allerdings mit dem Wirtschaftsbereich. So plädieren Großhandels- und Bauunternehmen, die am häufigsten ausstehende Forderungen über ein

Mahn- oder Klageverfahren beitreiben, in noch deutlicherem Ausmaß für eine entsprechende Änderung als Unternehmen der anderen Wirtschaftsbereiche. Das Handwerk und das Dienstleistungsgewerbe entscheiden sich zwar auch am häufigsten für diese Alternative, doch mit relativ geringerer Deutlichkeit. Dies lässt sich daraus erklären, dass diese eher kleinbetrieblich strukturierten Unternehmen in der Praxis vielfach bemüht sind, den Gerichtsweg zu vermeiden. Aufgrund ihrer geringeren Prozessbereitschaft würden sie daher weniger von einer Beschleunigung der Verfahren zur Erlangung eines vollstreckbaren Titels profitieren.

Hinsichtlich der Beurteilung der anderen zur Auswahl gestellten Verbesserungsmöglichkeiten belegen die Befragungsergebnisse noch deutlichere Bewertungsunterschiede je nach Wirtschaftsbereichszugehörigkeit der Unternehmen. Diese äußern sich sowohl in der Rangfolge der Änderungswünsche als auch in der Anzahl der Nennungen.

Betrachtet man zunächst die Rangfolge der gewünschten rechtlichen Änderungen aus Sicht der Unternehmen, so zeigen sich deutliche Prioritätsunterschiede zwischen den verschiedenen Wirtschaftsbereichen. Für die Unternehmen des Baugewerbes und des Handwerks weisen Änderungen in Bezug auf das Werkvertragsrecht eine weitaus höhere Bedeutung auf als für Unternehmen anderer Wirtschaftsbereiche. Eine Verbesserung ihrer Ausgangslage bei geringfügigen oder vorgetäuschten Mängeln sowie bei den Bestimmungen zur Vorschusszahlung bei Werkleistungen sind für diese Unternehmen ebenfalls wesentlich dringlicher als für andere Unternehmen und werden jeweils von einer weit überwiegenden Mehrheit gefordert. Das Votum der Bauunternehmen, die am stärksten von Zahlungsverzug aufgrund von Mängeleinreden betroffen sind, fällt jeweils noch deutlicher aus als das der ebenfalls stark betroffenen Handwerksunternehmen.

Die Unternehmen der anderen Wirtschaftsbereiche plädieren vorrangig für Verbesserungen bei den allgemeinen rechtlichen Regelungen zum Zahlungsverzug. Dringlichste Maßnahmen sind ihrer Ansicht nach die Vereinfachung des gerichtlichen Mahnwesens, ein Verzugseintritt ohne Mahnung und die Übernahme der Eintreibungskosten durch den Schuldner.

Diese Wertungsunterschiede in der Priorität der Verbesserungsmaßnahmen zwischen den Bau- und Handwerksunternehmen einerseits und den Unternehmen der anderen Wirtschaftsbereiche andererseits rühren aus der unterschiedlichen Natur der üblicherweise erbrachten Leistungen der Wirtschaftsbereiche.

Für das Baugewerbe und das Handwerk sind Werkleistungen die typische Leistungsart, während diese in den anderen Wirtschaftsbereichen viel seltener vorkommen und dem Werkvertragsrecht demzufolge eine geringe Bedeutung zukommt.

Geht man bei den Änderungsvorschlägen zu den allgemeinen rechtlichen Bestimmungen zum Zahlungsverzug auf die Zahl der Nennungen ein, so zeigt sich, dass Forderungen nach einer Vereinfachung des gerichtlichen Mahnwesens, einem Verzugseintritt ohne Mahnung und der Übernahme der Eintreibungskosten durch den Schuldner in erster Linie von den Großhandelsunternehmen erhoben werden, die neben den Bau- und Handwerksunternehmen die Hauptbetroffenen des Zahlungsverzugs sind. Handwerks- und Bauunternehmen sehen hingegen weitaus häufiger als andere Unternehmen einen Verbesserungsbedarf in Hinsicht auf eine Erhöhung des gesetzlichen Verzugszinses und einer Vereinfachung der Mahnvorschriften. Es ist davon auszugehen, dass sich die vergleichsweise geringe Nutzung von Mahnverfahren im Handwerk zumindest teilweise aus den dort bestehenden Anwendungsunsicherheiten erklärt. Im Großhandel hingegen sind Mahnverfahren weitaus alltäglicher, ein Vereinfachungsbedarf wird daher deutlich seltener gesehen als von anderen Unternehmen. Die Befragungsbefunde korrespondieren damit mit den Ergebnissen zum Zahlungsverzug.

Die wirtschaftsbereichsspezifischen Befunde belegen erstens die Dringlichkeit der Beseitigung der spezifischen Problemfelder zum Zahlungsverzug, die aus dem Werkvertragsrecht resultieren, und zweitens den gesetzgeberischen Handlungsbedarf in Hinsicht auf Verbesserungen der allgemeinen rechtlichen Bestimmungen zum Zahlungsverzug, die allen Wirtschaftsbereichen zu Gute kommen würden. Der Reformbedarf hinsichtlich des Werkvertragsrechts und des Verzugszinses, wie in den vorliegenden Gesetzentwürfen enthalten, aber auch hinsichtlich der Verzugseintrittsbedingungen und der Verfahrensbeschleunigung, wie in der Europäischen Richtlinie und der Bund-Länder Arbeitsgruppe vorgeschlagen, findet in den Befragungsergebnissen eine eindrucksvolle Bestätigung.

Differenziert nach der Unternehmensgröße zeigen sich einige nennenswerte Unterschiede in dem Bedarf nach den jeweiligen Verbesserungsmaßnahmen, allerdings sind die Abweichungen in den Voten bei einem Großteil der Maßnahmen nicht besonders groß.

Bei den beiden prioritären Änderungsvorschlägen steigt der Anteil der Befürworter für die Maßnahme, die Erlangung eines vollstreckbaren Titels zu beschleunigen, kontinuierlich, für die Maßnahme zur Vereinfachung des gerichtlichen Mahnwesens tendenziell mit zunehmender Unternehmensgröße an. Dies korrespondiert mit dem Befund, dass größere Unternehmen eher auf dem Gerichtswege gegen säumige Schuldner vorgehen als kleinere und damit stärker von den beiden Maßnahmen profitieren würden. Bei den kleineren Unternehmen ist aus dem unterdurchschnittlichen, aber hohen Zuspruch für diese beiden vorrangigen Maßnahmen davon auszugehen, dass sie im Falle der Beschleunigung und Vereinfachung gerichtlicher Verfahren diese auch stärker nutzen würden.

Tabelle 64: Anteil der Unternehmen, die die jeweiligen rechtlichen Maßnahmen zur Verbesserung der Zahlungsverzugssituation befürworten, nach Beschäftigtengrößenklassen in % (Mehrfachnennungen)

Ansätze für Verbesserungen	Unternehmen mit ... Beschäftigen						Insgesamt
	bis 4	5-9	10-19	20-49	50-99	100 u.m.	
Beschleunigung der Erlangung eines vollstreckbaren Titels	67,6	72,9	69,4	74,4	79,8	87,9	74,9
Vereinfachung des gerichtlichen Mahnwesens	60,7	58,3	60,0	58,1	65,0	67,7	61,2
Verzugseintritt ohne Mahnung	42,8	44,4	50,6	49,1	50,3	46,0	47,6
Zahlung bei geringfügigen Mängeln	41,4	43,1	47,6	47,9	48,5	43,5	45,7
Zahlung bei vorgetäuschten Mängeln	40,7	47,2	44,7	45,7	48,5	37,9	44,5
Übernahme der Eintreibungskosten durch Schuldner	44,1	50,7	49,4	47,4	36,2	35,5	44,4
Erhöhung des gesetzlichen Verzugszinses	46,9	37,5	43,5	48,7	38,0	35,5	42,4
Vorschusszahlung bei Werkleistungen	39,3	37,5	45,3	36,8	35,6	21,8	36,6
Vereinfachung der Mahnvorschriften	42,1	41,7	35,3	36,8	29,4	29,8	35,9
Sonstiges	5,5	9,0	7,6	8,5	7,4	4,8	7,3

n = 1.004 © IfM Bonn

Hinsichtlich der Mahnvorschriften sind es hingegen insbesondere die kleinen Unternehmen mit bis zu 9 Beschäftigten, die eine Vereinfachung fordern. Dies ist plausibel, da kleine Unternehmen seltener über das für Forderungseintreibungen notwendige Know-how verfügen und daher um so mehr davon profitieren, je transparenter und je weniger komplex die Vorschriften sind.

Ein Verzugseintritt ohne Mahnung wird - entgegen den Erwartungen - häufiger von größeren Unternehmen befürwortet. Einerseits steht das stärkere Interesse der größeren Unternehmen zwar im Einklang mit dem Befund, dass Mahnungen um so eher ausgestellt werden, je größer das Unternehmen ist. Dennoch hätte man - insbesondere vor dem Hintergrund der Ergebnisse zur Vereinfachung der Mahnvorschriften - erwartet, dass gerade die kleinen Unternehmen stärker an dieser Maßnahme interessiert sind, weil sie sich bei einer Verankerung dieses Grundsatzes im BGB gar nicht erst mit Mahnungen befassen müssten. Das Ergebnis signalisiert daher auch, dass die im Vergleich zu größeren Unternehmen geringere Mahn- und Prozessbereitschaft der kleinen Unternehmen gegen säumige Schuldner eher den ökonomischen Abhängigkeiten und einer schwächeren Verhandlungsposition als diesbezüglichen Know-how-Defiziten zuzuschreiben ist.

Ein weiterer erwähnenswerter Unterschied zeigt sich hinsichtlich der Übernahme der Kosten von Inkasso- und Factoring-Leistungen durch säumige Schuldner. Dieser Vorschlag ist für Unternehmen mit bis zu 49 Beschäftigten von relativ größerer Bedeutung. Da nach den vorliegenden Befunden die kleineren Unternehmen u.a. aus Kostengründen externe Dienstleister seltener zur Forderungsbeitreibung in Anspruch nehmen als größere, weist das Befragungsergebnis in die Richtung, dass die kleineren Unternehmen bei einer kostenmäßigen Entlastung im Verzugsfall stärker von der Möglichkeit der Beauftragung externer Dienstleister Gebrauch machen würden.

Insgesamt zeigt sich, dass abgesehen von den beiden prioritär geforderten Verbesserungsmaßnahmen - der Verkürzung der Zeiträume bis zum Erhalt eines vollstreckbaren Titels und der Vereinfachung des gerichtlichen Mahnwesens - Unternehmen mit 100 und mehr Beschäftigten im Vergleich zu den kleineren Unternehmen einen geringeren Bedarf an weiteren Änderungen der rechtlichen Bestimmungen zum Zahlungsverzug kundtun: Alle weiteren Änderungsvorschläge finden bei Unternehmen mit 100 und mehr Beschäftigten nur unterdurchschnittlichen Zuspruch. Interessant ist auch der Befund, dass sich die kleinsten Unternehmen mit bis zu 4 Beschäftigten insofern von den etwas größeren unterscheiden, dass sie mit Ausnahme der Verzugszinserhöhung und der Vereinfachung der Mahnvorschriften alle weiteren Maßnahmen seltener befürworten. Insgesamt verdeutlichen die unternehmensgrößenspezifischen

Befunde, dass kleinere Unternehmen, insbesondere diejenigen mit 5 bis 49 Beschäftigten, bei denen der Zahlungsverzug am häufigsten zu Problemlagen führt, relativ stärker von den vorgeschlagenen Maßnahmen profitieren würden.

Vor dem Hintergrund der sich z.T. lang hinziehenden Klageverfahren gegen säumige Schuldner wurden die Unternehmen im Anschluss an die Verbesserungsvorschläge der gesetzlichen Bestimmungen zum Zahlungsverzug und zur Durchsetzung von Forderungen befragt, ob sie eine Beschleunigung des gerichtlichen Klageverfahrens für erforderlich halten. Ein Bedarf nach Beschleunigung des gerichtlichen Klageverfahrens besteht bei insgesamt 93,3 % der Befragten, ein eindeutiges Votum, dass unterschiedslos von Unternehmen jeder Größenordnung geteilt wird.

Differenziert nach Wirtschaftsbereichen wird die Forderung nach einem zügigeren Klageverfahren insbesondere im Großhandel erhoben, in dem ausnahmslos alle befragten Unternehmen dafür votierten, aber auch im Handwerk, im Baugewerbe und im Wirtschaftsbereich Verkehr und Nachrichtenübermittlung.

Abbildung 28: Anteil der Unternehmen, die eine Beschleunigung des gerichtlichen Klageverfahrens als erforderlich erachten, nach Wirtschaftsbereichen

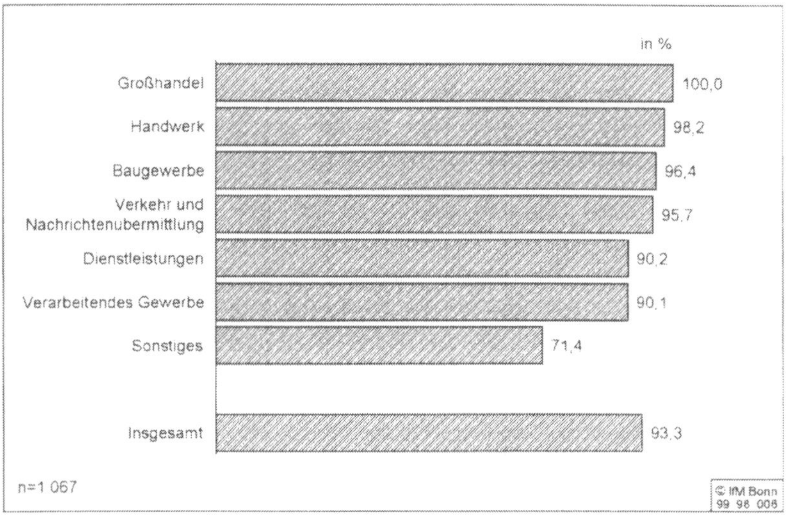

Da die Zustimmung aller Wirtschaftsbereiche auf einem sehr hohen Niveau liegt, belegt das Befragungsergebnis einen von allen Unternehmen getroffenen

Wunsch nach Reformen und unterstreicht einmal mehr die große Bedeutung, die einer Verkürzung des Zeitraums, der bis zur Erlangung eines vollstreckbaren Titels verstreicht, zukommt. Wenn die Unternehmen den Gerichtsweg beschreiten und ihre Forderungen einklagen, dann wird die Dauer des Klageverfahrens einhellig und eindeutig als unzumutbar lang empfunden. Den Unternehmen kommt es daher nicht nur darauf an, dass die gesetzlichen Bestimmungen reformiert werden, mindestens ebenso - wenn nicht sogar noch dringlicher - mahnen sie Reformen im Rechtsvollzug an. Den Unternehmen zufolge besteht damit bei beiden Komponenten der rechtlichen Rahmenbedingungen zum Zahlungsverzug - der materiellen Ausgestaltung und dem Rechtsvollzug - dringender Reformbedarf.

6. Zusammenfassung und Schlussfolgerungen

Das Institut für Mittelstandsforschung Bonn hat in einer empirischen Untersuchung das Problem des Zahlungsverzugs in Deutschland, die Ausgestaltung und Qualität des betrieblichen Forderungsmanagements sowie die Erfahrungen der Unternehmen mit den derzeit geltenden rechtlichen Rahmenbedingungen zum Zahlungsverzug durchleuchtet. Insgesamt beteiligten sich an der Befragung 1.310 kleine und mittlere Unternehmen der Wirtschaftsbereiche verarbeitendes Gewerbe, Handwerk, Baugewerbe, Großhandel, Dienstleistungen sowie Verkehr und Nachrichtenübermittlung aus den Bundesländern Hessen, Thüringen und Berlin.

Die vorliegende Untersuchung verfolgt mehrere Ziele: Zum einen gibt sie Aufschluss über Ausmaß und Hintergründe der Zahlungsverzögerungen. Zum anderen wird überprüft, welche Instrumente die Unternehmen zur Prophylaxe von Termin- und Ausfallrisiken einsetzen, wie ausstehende Forderungen bearbeitet und kontrolliert werden und welche Maßnahmen im betrieblichen Mahnwesen zur Forderungsbeitreibung ergriffen werden. Schließlich wird gezeigt, inwieweit die Unternehmen innerbetriebliche Möglichkeiten für die Eindämmung der Zahlungsverzugsproblematik sehen und welche rechtlichen Verbesserungen sie vom Gesetzgeber fordern.

- Zahlungsziele stellen den Regelfall dar

Nur 5,5 % der befragten Unternehmen gewähren den Kunden generell keine Zahlungsziele, so dass der Verkauf bzw. die Leistungserbringung gegen Zahlung nach Ziel gängige wirtschaftliche Praxis in Unternehmen aller Größenordnungen und aller untersuchten Wirtschaftsbereiche ist. Unternehmen, die generell keine Zahlungsziele gewähren, finden sich verstärkt unter den Kleinstunternehmen mit bis zu 4 Beschäftigten.

- Unterschiedliche Zahlungszielgewährung je nach Kundengruppe

Den privaten Haushalten werden Zahlungsziele deutlich seltener als den gewerblichen Kunden oder der öffentlichen Hand eingeräumt. Auch wird im Durchschnitt den privaten Haushalten die kürzeste Zahlungsfrist von 16 Tagen zugestanden, den gewerblichen Kunden und der öffentlichen Hand wird ein Handelskredit von jeweils 24 Tagen eingeräumt.

- Hohe Flexibilität bei Zahlungszielgewährung

Die Mehrheit der Unternehmen verhält sich hinsichtlich der Länge der gewährten Zahlungsziele flexibel und räumt fallweise längere Zahlungsziele ein als in ihrem jeweiligen Unternehmen allgemein üblich. Sonderkonditionen werden in erster Linie langjährigen Geschäftspartnern und Großkunden zugestanden, die für den wirtschaftlichen Erfolg der Unternehmen von besonderer Bedeutung sind. Die Einräumung längerer Zahlungsziele beruht einerseits auf dem Wettbewerbsdruck, andererseits auf einem besonderen Vertrauensverhältnis zum Kunden und dem Wunsch nach einer Bindung des Kunden an das Unternehmen.

- Jedes Unternehmen muss mit Zahlungsverzug rechnen

Fast jedes Unternehmen ist nach den Befragungsergebnissen von Zahlungsverzögerungen oder Forderungsausfällen betroffen. Die Struktur des Gesamtbestands offener Rechnungen nach deren Status "innerhalb der Zahlungsfrist", "mit verstrichener Zahlungsfrist", "offene Rechnungen aufgrund von Mängeleinreden" und "uneinbringliche/abgeschriebene Forderungen" zeigt eine ungünstige Situation. Nur bei knapp 40 % der Unternehmen beläuft sich der Anteil von noch nicht überfälligen Rechnungen auf mindestens drei Viertel aller Rechnungen. Bei rd. 30 % der Unternehmen liegen maximal die Hälfte aller Rechnungen noch im vereinbarten Zahlungszeitraum, die andere Hälfte der Rechnungen ist überfällig. Der Anteil offener Rechnungen, deren Zahlungsfrist bereits verstrichen ist, liegt weit über den Anteilen unbeglichener Rechnungen aufgrund von Mängeleinreden oder uneinbringlicher Forderungen. Zahlungsunwilligkeit und/oder temporäre Liquiditätsengpässe der Schuldner sind die Hauptgründe für Zahlungsverzögerungen und nicht etwa Mängeleinreden oder definitive Zahlungsunfähigkeit. Trotzdem sind die Anteile von uneinbringlichen Forderungen am Gesamtbestand offener Rechnungen sehr hoch. Die Mehrheit der Unternehmen mit abgeschriebenen Forderungen muss Zahlungsausfälle wegen Zahlungsunfähigkeit des Kunden in einer Größenordnung von zwischen 5 % und 10 % des Gesamtbestands aller unbeglichenen Rechnungen verkraften.

- Besonders kritische Situation im Baugewerbe und im Handwerk

Bei Bau- und Handwerksunternehmen ist die Struktur des Forderungsbestands besonders alarmierend. Der durchschnittliche Anteil offener Rechnungen, die sich noch innerhalb der vereinbarten Zahlungsfrist bewegen, beträgt nur rund

52 % bzw. 57 % und liegt damit deutlich unter dem Gesamtdurchschnitt (63,7 %). Diese ungünstige Situation ist vorrangig auf Zahlungsverweigerungen aufgrund von Mängeleinreden und die Notwendigkeit, Forderungen endgültig abzuschreiben, zurückzuführen.

- Zahlungsdisziplin der öffentlichen Hand nicht schlechter als der gewerblichen Kunden

Die relativ höchste Zahlungsdisziplin weisen die privaten Haushalte mit einem durchschnittlichen Anteil verspäteter Zahlungen von 23 % und mit einer durchschnittlichen Zahlungszielüberschreitung von 14 Tagen auf. Gewerbliche Kunden und öffentliche Auftraggeber überschreiten das Zahlungsziel nicht nur deutlich häufiger (im Mittel mit jeweils rund 40 % säumiger Zahler), sondern auch um einen deutlich längeren Zeitraum (durchschnittlich 27 Tage bzw. 24 Tage).

- Zahlungsdisziplin der gewerblichen Kunden und der öffentlichen Hand im Baugewerbe und im Handwerk besonders schlecht

Während die Zahlungsdisziplin der privaten Haushalte bei Unternehmen aller Wirtschaftsbereiche gleich ist, sind für gewerbliche und öffentliche Kunden Unterschiede nach Wirtschaftsbereichen festzustellen. Im Baugewerbe und im Handwerk ist die Zahlungsdisziplin der gewerblichen Kunden und öffentlicher Auftraggeber deutlich schlechter als in den anderen untersuchten Wirtschaftsbereichen. Während die Zahlungsdisziplin der gewerblichen Kunden und öffentlicher Nachfrager im Handwerk gleichermaßen unbefriedigend ist, ist die Zahlungsdisziplin öffentlicher Auftraggeber im Baugewerbe noch schlechter als diejenige gewerblicher Kunden. In beiden Wirtschaftsbereichen ist die pünktliche Begleichung von Rechnungen durch öffentliche und gewerbliche Kunden kaum noch als Regelfall zu bezeichnen.

- Besonders ungünstige Situation der kleinen Unternehmen

Besonders ungünstig stellt sich die Situation der Unternehmen mit 5 bis 19 Beschäftigten dar. Diese verfügen im Durchschnitt über den höchsten Bestand an überfälligen Rechnungen und sind dementsprechend auch deutlich häufiger mit Zahlungszielüberschreitungen ihrer Kunden und vergleichsweise langen Überziehungszeiten konfrontiert. Deutlich besser - wenn auch nicht zufriedenstellend - ist hingegen das Zahlungsverhalten der Kunden von Kleinstunternehmen mit bis zu 4 Beschäftigten.

- Zahlungsverzug führt bei den meisten Unternehmen zu Problemlagen

In gut drei Viertel der Unternehmen entstehen zahlungsverzugsbedingte wirtschaftliche Probleme. In den besonders betroffenen Wirtschaftsbereichen Baugewerbe und Handwerk liegt der Anteil mit knapp 90 % noch höher. Die Folgen des Zahlungsverzugs führen in erster Linie zu Liquiditätsproblemen (86 %). Außerdem verursachen oder erzwingen sie die Verschleppung eigener Zahlungen (53,7 %), binden finanzielle Reserven (52,3 %), bewirken Rentabilitätsverschlechterungen (48,4 %) und machen hohe Aufwendungen für das Mahnwesen (46,5 %) erforderlich.

- Rechtliche Rahmenbedingungen zum Zahlungsverzug aus Sicht der Unternehmen unbefriedigend

Die überwiegende Mehrheit der Befragten (84,4 %) ist der Ansicht, dass die gesetzlichen Regelungen zum Zahlungsverzug und zur Durchsetzung von Forderungen nicht ausreichen, um gegen säumige Schuldner vorzugehen. Dieses eindeutige Votum ist deshalb bemerkenswert, weil dieses Urteil von den Unternehmen einheitlich auf der Grundlage ihrer gewonnenen Erfahrungen getroffen wurde und nicht von Partikularinteressen einzelner Unternehmensgruppen beeinflusst ist.

- Verbesserung des betrieblichen Forderungsmanagements erforderlich

Angesichts der Befunde zur Einräumung von Zahlungszielen als Regelfall und zum Zahlungsverhalten der Kunden besteht nahezu für jedes Unternehmen die Notwendigkeit, das betriebliche Forderungsmanagement zu verbessern. Ein effizientes Forderungsmanagement muss daher sowohl ein Kreditmanagement als auch eine sich nach erfolgter Lieferung oder Leistung anschließende Forderungsbearbeitung als Leistungskomponenten umfassen. Nur so werden die betriebsinternen Möglichkeiten zur Steuerung des Zahlungsverhaltens der Kunden bestmöglich ausgenutzt. Die konkrete Ausgestaltung muss sich an der jeweiligen Unternehmenssituation orientieren und bietet weitreichende und vielfältige Variationsmöglichkeiten.

- Umfassende Bonitätsprüfungen kaum verbreitet

Zwar führt die überwiegende Mehrheit der Unternehmen Bonitätsprüfungen durch (81,0 %), im Regelfall beschränken sich diese jedoch auf die Prüfung besonders risikoträchtiger Kunden oder Geschäftsvorfälle. Eine regelmäßige Bonitätsbeurteilung aller Kunden wird nur in wenigen Unternehmen (15,0 %)

vorgenommen. Vielfach erfolgt eine Bonitätsprüfung erst nach Auftreten von Zahlungsverzögerungen. Bonitätsverschlechterungen im Zeitablauf und der Anhäufung kleinerer Risiken wird so nicht vorgebeugt.

- Bonitätsprüfungen häufig unzureichend fundiert

Hauptinformationsquellen für Bonitätsprüfungen sind Inkasso-Unternehmen (55,6 %), Auskünfte befreundeter Unternehmen (38,6 %), die Erfahrung oder Intuition des Unternehmers (37,9 %) oder Bankauskünfte (37,8 %). In vielen Fällen besteht die Bonitätsprüfung ausschließlich aus der Nutzung der eigenen Erfahrung und Intuition. In diesen Fällen kann aber in Wirklichkeit kaum noch von einer Bonitätsprüfung gesprochen werden.

- Kreditlimitierung unterschiedlich verbreitet

Die Kreditlimitierung zur Begrenzung des Ausfallrisikos findet am häufigsten im Großhandel (73,4 %) und im verarbeitenden Gewerbe (52,1 %) Anwendung. Die Nutzungsrate steigt mit wachsender Unternehmensgröße.

- Unterschiedliche Praxis der Skontogewährung

Skontogewährung als geschäftspolitisches Instrument zur Zahlungsbeschleunigung ist im Großhandel (90,9 %) und im verarbeitenden Gewerbe (88,9 %) gängige Praxis, im Dienstleistungsgewerbe (49,5 %) und im Bereich Verkehr und Nachrichtenübermittlung (33,9 %) hingegen unterrepräsentiert. Größere Unternehmen nutzen diese Möglichkeit wesentlich intensiver als kleinere.

- Standardsicherheit ist der einfache Eigentumsvorbehalt

Der einfache Eigentumsvorbehalt wird von 58,6 % der Unternehmen als Sicherheitsleistung des Kunden genutzt, 31,9 % lassen sich einen verlängerten Eigentumsvorbehalt einräumen. Die Nutzung anderer Sicherungsinstrumente ist im wesentlichen aufgrund der eingeschränkten Einsatzmöglichkeiten auf spezifische Fälle beschränkt. Je kleiner das Unternehmen ist, desto seltener ist die Bestellung von Sicherheiten.

- Nicht durchgängig zügige Erstellung von Rechnungen

In die gesamte Zeitspanne der Vorfinanzierung durch das Gläubigerunternehmen geht auch die Dauer ein, die das Unternehmen ab dem Zeitpunkt der Lieferung/Leistung für Erstellung und Versendung der Rechnung benötigt. Gut drei Viertel der Unternehmen erstellen die Rechnung innerhalb von zwei Wochen, d.h. relativ zügig. Eine besonders zügige Bearbeitung von Rechnungen erfolgt mit durchschnittlich 8 Tagen im Großhandel und im verarbeitenden Gewerbe, Dienstleistungsunternehmen lassen im Mittel 12 Tage verstreichen, Handwerks- und Bauunternehmen lassen sich für die Rechnungserstellung mit durchschnittlich 14 Tagen bzw. 19 Tagen deutlich mehr Zeit.

- Viele Unternehmer erledigen das Schreiben der Rechnungen selbst

Bei rund zwei Fünftel der Unternehmen werden Rechnungen ausschließlich oder teilweise vom Unternehmer selbst geschrieben. Für Kleinunternehmen ist dies aufgrund der Unternehmensstruktur nachvollziehbar, allerdings ist der Unternehmer selbst auch noch bei fast zwei Fünfteln der Unternehmen mit 50 bis 99 Beschäftigten in die formale Rechnungserstellung eingebunden. Eine Delegation dieser Verwaltungsaufgabe begünstigt eine zeitnahe Rechnungserstellung nachhaltig.

- EDV-gestützte Buchhaltung in kleinen Unternehmen noch nicht vollständig durchgesetzt

Zur Kontrolle der Zahlungseingänge bedienen sich 70 % der Unternehmen einer EDV-gestützten Buchhaltung. Der Einsatz von EDV-gestützter Buchhaltung steigt mit wachsender Unternehmensgröße, hat sich aber auch in kleineren Unternehmen weitgehend durchgesetzt. Nur in Unternehmen mit bis zu 20 Beschäftigten haben einfache manuelle Instrumente wie die manuelle Buchhaltung und Übersichtslisten noch eine Bedeutung. Gerade in Unternehmen dieser Größenordnung findet vorrangig ein Outsourcing der Buchhaltung und Zahlungseingangskontrolle statt. Während eine manuelle Buchhaltung bereits bei Unternehmen mit mehr als 4 Mitarbeitern in ihrer Verwendbarkeit deutlich eingeschränkt ist, liegt der Schwellenwert zum Übergang auf EDV-gestützte Systeme bei der Größenordnung von 20 und mehr Beschäftigten.

- Häufig zögerliche Reaktion auf Zahlungsverzug

Treten Zahlungsverzögerungen auf, so liegt es im Interesse der Unternehmen, die Dauer des Zahlungsverzugs durch Zahlungserinnerungen und Mahnungen zu verkürzen. Vor diese Notwendigkeit sehen sich nach der Befragung nahezu alle Unternehmen (99,6 %) gestellt. Nur die Hälfte der Unternehmen mahnt aber überhaupt förmlich. Bevorzugt wird ein stufenweises Vorgehen, indem vor der Mahnung zumeist schriftliche Zahlungserinnerungen (77,2 %), teilweise in Kombination mit telefonischen Zahlungserinnerungen (55,9 %) als vergleichsweise freundliche Erinnerungsformen bevorzugt werden. Im Durchschnitt reagieren die Unternehmen 12 Tage nach Ablauf der Zahlungsfrist mit der Mahnzustellung. Je größer das Unternehmen ist, desto schneller erfolgt eine Reaktion auf Fristüberschreitung. Gründe, auf eine Mahnung zu verzichten, sind insbesondere, die Geschäftsbeziehung nicht zu belasten, bei kleineren Unternehmen häufig auch die Erfahrung, dass die Kunden i.d.R. das Zahlungsziel nur um einige Tage überschreiten. Bei allen Unternehmen erfolgt ein Mahnverzicht vorrangig bei langjährigen Geschäftspartnern und - wenn auch deutlich seltener - bei Großkunden und der öffentlichen Hand.

- Hohe Nutzungsintensität von gerichtlichen Mahn- und Klageverfahren, aber Erfolgsquote relativ niedrig

Insgesamt haben fast drei Viertel der Unternehmen im Wege des gerichtlichen Mahnverfahrens und 57,9 % im Wege des Klageverfahrens versucht, ihre ausstehenden Forderungen beizutreiben. Großhandels- und Bauunternehmen haben besonders häufig rechtliche Schritte gegen säumige Schuldner eingeleitet. Die Prozessbereitschaft steigt mit der Unternehmensgröße. Die durchschnittliche Erfolgsquote der beiden Verfahren unterscheidet sich nicht wesentlich; sie liegt für Mahnverfahren bei 41,2 % und bei 43,4 % für Klageverfahren. Im Durchschnitt gelingt es damit nicht einmal in der Hälfte der Fälle, ausstehende Forderungen über gerichtliche Verfahren beizutreiben, so dass die Unternehmen letztlich die Forderungen abschreiben müssen.

- Dauer der gerichtlichen Verfahren sehr lang

Im Durchschnitt beträgt die Dauer des Mahnverfahrens 7,5 Monate, das Klageverfahren dauert durchschnittlich 13,3 Monate. Da es nicht unüblich ist, dass sich Klageverfahren an vorausgegangene Mahnverfahren anschließen, verlängert sich die Gesamtdauer der Forderungsbeitreibung u.U. erheblich und damit auch die Dauer der Vorfinanzierung durch die Unternehmen.

- Externe Forderungsbeitreibung relativ unbedeutend

Die Auslagerung der Forderungsbeitreibung auf Inkasso-Unternehmen ist von eher untergeordneter Bedeutung. Zwar nehmen 45 % der Unternehmen für den Forderungseinzug die Dienste von Inkasso-Unternehmen in Anspruch, jedoch sehr selten regelmäßig, sondern weit überwiegend nur in Einzelfällen. Kaum eine Rolle spielt der Forderungsverkauf an Factoring-Gesellschaften. Lediglich 9,7 % der Unternehmen nutzen diese Outsourcingmöglichkeit.

- Notwendigkeit von innerbetrieblichen Maßnahmen zur Eindämmung des Zahlungsverzugs auf breiter Front erkannt

Nahezu alle Unternehmen haben erkannt, dass zur Eindämmung des Zahlungsverzugs auch die Schwachstellen im innerbetrieblichen Forderungsmanagement beseitigt werden müssen. In allen Wirtschaftsbereichen und allen Größenklassen wird vorrangiger Verbesserungsbedarf bei der Zahlungseingangskontrolle gesehen. Da entsprechende Verbesserungsmaßnahmen unabhängig von den genutzten Kontrollinstrumenten geplant werden, handelt es sich in erster Linie um Intensivierungsbestrebungen. Von jeweils gut einem Drittel der Unternehmen werden für die Zukunft Verbesserungen des Mahnwesens, eine effizientere Kundenselektion und eine Verstärkung der Lieferung gegen Bar- oder Anzahlung geplant. Während die größeren Unternehmen eher auf Verbesserungen des Mahnwesens und der Kundenselektion zielen, sehen kleinere Unternehmen eher in der Barzahlung/Anzahlung ein Mittel zur Lösung des Zahlungsverzugsproblems. Das Handwerk greift insbesondere zur Praxis, keine Zahlungsziele mehr einzuräumen, sondern stattdessen auf Barzahlung bzw. Anzahlung zu bestehen. Weitere Maßnahmen wie die Skontogewährung, die Festlegung von Höchstgrenzen für die Gesamtsumme offener Rechnungen je Kunde und die Einführung von Bonitätsprüfungen wollen jeweils noch etwa ein Viertel der Unternehmen in Angriff nehmen.

- Überwiegende Mehrheit der Unternehmen mahnt Verbesserungen der rechtlichen Bestimmungen zum Zahlungsverzug an

Einhellig sind die Unternehmen der Ansicht, dass zur Verbesserung der Zahlungsverzugsprobleme der Gesetzgeber gefordert ist. Mit Blick auf die einzelnen Verbesserungsmaßnahmen zeigen sich eine unerwartete Rangfolge sowie deutliche Unterschiede zwischen den Wirtschaftsbereichen. Unabhängig von der Größe und dem Wirtschaftsbereich sehen die Unternehmen die dringlichste Verbesserungsmaßnahme in der Beschleunigung der Maßnahmen, die zur Erlangung eines vollstreckbaren Titels erforderlich sind. An zweiter Stelle folgt der Wunsch nach Vereinfachung des gerichtlichen Mahnwesens. Die Erhöhung des gesetzlichen Verzugszinses ist dem Befragungsergebnis zufolge von nachrangiger Bedeutung.

- Baugewerbe und Handwerk mit eindeutiger Priorität für Reformen der werkvertraglichen Bestimmungen

Bau- und Handwerksunternehmen als Hauptbetroffene plädieren am nachdrücklichsten für Änderungen, die die Zahlung bei geringfügigen und vorgetäuschten Mängeln betreffen sowie die Vorschusszahlungen bei Werkleistungen. Unternehmen der übrigen Wirtschaftsbereiche erhoffen sich von Änderungen der allgemeinen rechtlichen Bestimmungen wie dem Verzugseintritt ohne Mahnung, der Übernahme der Eintreibungskosten durch den Schuldner, der Erhöhung des gesetzlichen Verzugszinses und der Vereinfachung der Mahnvorschriften eine Verbesserung ihrer Probleme mit dem Zahlungsverzug.

- Beschleunigung des Rechtsvollzugs zur Erleichterung der Forderungsbeitreibung unabdingbar

Fast alle Unternehmen (93,3 %) mahnen eine Beschleunigung des Rechtsvollzugs an. Wenn die Unternehmen zur Forderungsbeitreibung den Gerichtsweg beschreiten, so wird die Dauer der Klageverfahren einheitlich in allen Wirtschaftsbereichen und Unternehmensgrößen als unzumutbar lang angesehen.

Folgen

Die Untersuchung kommt zu dem Ergebnis, dass für die unbefriedigende Zahlungsdisziplin sowohl innerbetriebliche als auch externe Faktoren verantwortlich zeichnen. Die Befunde nach Wirtschaftsbereichen und Unternehmensgröße belegen, dass sich ein effizientes Forderungsmanagement positiv auf Terminüberschreitungs- und Ausfallrisiken auswirkt. So leiden unter ausgedehntem Zahlungsverzug und hohen Ausfallquoten insbesondere Bau- und Handwerksunternehmen, was nicht allein auf die spezifische Problematik der rechtlichen Bestimmungen zum Werkvertragsrecht zurückzuführen ist, sondern zumindest teilweise auch auf ein mangelhaftes Forderungsmanagement. Umgekehrt erklären sich die relativ niedrigen Ausfallquoten im verarbeitenden Gewerbe und im Großhandel auch aus dem vergleichsweise hohen Standard ihres Forderungsmanagements. Gleiches gilt in Hinsicht auf die größenspezifischen Befunde. Ein vergleichsweise schwach ausgebautes Forderungsmanagement der kleinen Unternehmen mit bis zu 19 Beschäftigten geht einher mit höheren Ausfallquoten. Die Befragungsbefunde belegen aber ebenso auch die Relevanz externer Faktoren. So sind die Ausfälle im Wirtschaftsbereich Verkehr und Nachrichtenübermittlung trotz eines relativ besser ausgestalteten Kreditmanagements höher als im Dienstleistungsgewerbe, das - ebenso wie das Handwerk und das Baugewerbe - tendenziell über ein schlechteres Forderungsmanagement verfügt.

Die Unternehmen sind sich der mangelhaften Ausschöpfung interner Einflusspotenziale auf die Zahlungsdisziplin der Kunden sehr wohl bewusst: Verbesserungsbedarf ihres betrieblichen Forderungsmanagements erkennen nahezu alle Unternehmen. Die Unternehmen mit einem vergleichsweise höheren Standard des Forderungsmanagements sind stärker für innerbetriebliche Verbesserungen sensibilisiert als Unternehmen mit einem relativ schlechteren Forderungsmanagement.

So notwendig ein effizientes Forderungsmanagement auch ist, innerbetriebliche Maßnahmen allein vermögen nicht, die Zahlungsverzugsproblematik befriedigend zu lösen. Auch bei Ausschöpfung aller Einflusspotenziale der Unternehmen auf die Zahlungsdisziplin der Kunden bleiben die Sanktionsmöglichkeiten der Gläubigerunternehmen begrenzt und hängen von den rechtlichen Rahmenbedingungen ab. Diese sind insbesondere in Hinsicht auf die spezifische Problematik der Bau- und Handwerksunternehmen, der Hauptbetroffenen des Zahlungsverzugs, reformbedürftig. Daneben spielen für alle Unternehmen die allgemeinen rechtlichen Bestimmungen zum Zahlungsverzug eine große Rolle. Vereinfachung und Beschleunigung sind hier gefordert, um die Durchsetzungsfähigkeit von Forderungen zu verbessern. Das Hauptproblem des Zahlungsverzugs sind seine negativen Liquiditätswirkungen. Damit sich diese nicht perpetuieren und anreichern, ist Schnelligkeit vor einer eventuell großzügigeren Entschädigung im Rahmen eines nachträglichen finanziellen Ausgleichs gefragt. Dies beinhaltet nicht nur Vereinfachung und Transparenz der materiellen Inhalte der rechtlichen Bestimmungen, sondern betrifft ebenso den Rechtsvollzug.

Literaturverzeichnis

ABRAHAM, M.; VOSS, T. (1998): Das Zahlungsverhalten von Geschäftspartnern, Institut für Soziologie der Universität Leipzig, Leipzig

ABRAHAM, M.; VOSS, T.; SEYDE, C.; MICHEL, S. (1999): Das Zahlungsverhalten von Geschäftspartnern, Codebuch zur Studie, Institut für Soziologie der Universität Leipzig, Leipzig

BAXMANN, U. (1989): Zur Liquiditäts- und Rentabilitätswirksamkeit von Kreditrisiken, in: WiSt, 4/89, S. 199 - 202

BETSCH, O. (1995): Factoring, in: Handwörterbuch des Bank- und Finanzwesens, Stuttgart, Sp. 553 - 562

BETTE, K. (1999): Einige Bedingungen zu erfüllen, in: Unternehmer-Magazin 6/99, S. 40 - 42

BUNDESMINISTERIUM FÜR WIRTSCHAFT UND TECHNOLOGIE (BMWi) (1997): Junge Unternehmen - Die Schritte nach dem Start, Bonn

BUNDESMINISTERIUM FÜR WIRTSCHAFT UND TECHNOLOGIE (BMWi) (1997a): Forderungsmanagement, Gründerzeiten Nr. 18

BRETZ, M. (1998): Typischer Gründerkiller - Forderungsmanagement ist ein unnötiges Risiko, in: Handelsblatt, 18./19.12.1998, S. K6

BUCHNER, R. (1986): Kreditwürdigkeit und bonitätsbezogene Kreditwürdigkeitsanalyse, in: WiSt, 4/86, S. 179 - 184

BUNDESVERBAND DEUTSCHER INKASSOUNTERNEHMEN e.V. (1995-99): Verbandsumfragen aus den Jahren 1995 - 1999, Hamburg

CREDITREFORM (1992-1999): Wirtschaftslage Mittelstand, Jahre 1990 - 1999 und unveröffentlichte Ergebnisse der Mittelstandsbefragung Frühjahr 1999, Neuss

CREDITREFORM (1999a): Forderungsmanagement, www.creditreform.de

DAVID, P. (1999): Lieber vorher als nachher - Vertragliche Absicherung gegen Forderungsausfälle, in: Unternehmer-Magazin, 6/99, S. 50 - 51

DEPARTMENT FOR TRADE AND INDUSTRY (1998): A Summary of the Late Payment of Commercial Debts (Interest) Act 1998, London

DEUTSCHE AUSGLEICHSBANK (1999): Forderungsmanagement, DtA-Fax-Abruf-Service

DEUTSCHER BUNDESTAG (1999): Entwurf eines Gesetzes zur Verbesserung der Durchsetzung von Forderungen der Bauhandwerker (Bauvertragsgesetz - BauVertrG), Bundestagsdrucksache 14/673

DEUTSCHER BUNDESTAG (1999a): Entwurf eines Gesetzes zur Beschleunigung fälliger Zahlungen, Bundestagsdrucksache 14/1246

DEUTSCHER FACTORING VERBAND e.V. (1999): Entwicklung der Factoringbranche 1998 - Gesamtumsatz erreicht 40 Mrd. DM, Pressemitteilung vom 24.02.1999

DUN & BRADSTREET (SCHIMMELPFENG) (1990-1999): Die Zahlungsweise, Ausgaben 1990-1999, Frankfurt/Main

EUROPÄISCHE KOMMISSION (1998): Geänderter Vorschlag für eine Richtlinie des Europäischen Parlaments und des Rates zur Bekämpfung von Zahlungsverzug im Handelsverkehr, KOM (1998) 615 endg., Brüssel

EUROPÄISCHE KOMMISSION (1999): Mitteilung der Europäischen Kommission an das Europäische Parlament, SEK (1999) 1398 endg., Brüssel

FRIEDRICH, R.; RAFFEL, F. (1999): Finanzmanagement und Liquiditätssteuerung in kleinen und mittleren Unternehmen, Eschborn

GNIELINSKI, O. (1999): Qualitäts- und Preisunterschiede im aktiven Forderungsmanagement, in: Unternehmer-Magazin, 6/99, S. 46

GRANT THORNTON (1999): European Business Survey (EBS), London

GSELL, B. (1998): Der EU-Richtlinienentwurf zur Bekämpfung von Zahlungsverzug im Handelsverkehr, in: Zeitschrift für Wirtschaftsrecht, 37-38/98, S. 1569 - 1579

GSELL, B. (1999): Zahlungsverzug im Handelsverkehr: Gemeinsamer Standpunkt des Rates, in: Zeitschrift für Wirtschaftsrecht, 30/99, S. 1281 - 1284

GUTMANNSTHAL-KRIZANITIS, H. (1994): Risikomanagement von Anlageprojekten, Wiesbaden

HAHN, O. (1995): Lieferantenkredit, in: Handwörterbuch des Bank- und Finanzwesen, Stuttgart, Sp.1375 - 1380,

HANDWERKSKAMMER HALLE/SAALE (1998): Unveröffentlichte Umfrageergebnisse

HANDWERKSKAMMER LEIPZIG (1997): Unveröffentlichte Umfrageergebnisse

HANDWERKSKAMMER POTSDAM (1994, 1996, 1997, 1999): Unveröffentlichte Umfrageergebnisse

HANDWERKSKAMMER RHEIN-MAIN (1997): Zahlungsmoral öffentlicher und privater Auftraggeber im Handwerk, Juni 1997, Frankfurt/Main und Darmstadt

HANDWERKSKAMMER SCHWERIN (1998): Unveröffentlichte Umfrageergebnisse

INTRUM JUSTITIA (1997): European Payment Habits Survey, Amsterdam

KNAPP, A. (1999): Das Problem der bewußten Zahlungsverzögerung im inländischen und EU-weiten Handelsverkehr, in: RabelsZ, Bd. 63, S. 295 - 329

MAYER, H.V. (1999): Mehr Anerkennung auch bei Banken, in: Unternehmer-Magazin, 6/99, S. 43 - 45

o.V. (1988): Rentabilität, in: Gablers Wirtschaftslexikon, Wiesbaden, Sp. 1236-1237

o.V. (1999a): Bonn will sich für verbesserte Zahlungsmoral einsetzen, in: Handelsblatt, 8./9.1.1999, S. 4

o.V. (1999b): Neuer Pleitenrekord in Deutschland, in: Handelsblatt, 4.2.1999, S. 15

o.V. (1999c): Zahlungsmoral in Deutschland wird immer schlechter, in: Die Welt, 4.8.1999, S. 18

PAFFENHOLZ, G. (1998): Krisenhafte Entwicklungen in mittelständischen Unternehmen, IfM-Materialien, Nr. 130, Bonn

RAT DER EUROPÄISCHEN UNION (1999): Gemeinsamer Standpunkt des Rates vom 29. Juli 1999 im Hinblick auf den Erlaß der Richtlinie des Europäischen Parlaments und des Rates zur Bekämpfung von Zahlungsverzug im Geschäftsverkehr, Brüssel

RÖDL, H. (1998): Forderungsmanagement sichert den Überblick, in: GO, 4/98, S. 5

SCHMEISSER, W.; JAHN. S. (1999): Zur Bonitätsprüfung bei innovativen technologieorientierten Unternehmensgründungen, in: Finanz-Betrieb, 5/99, S. 49 - 57

TRADE INDEMNITY (1997): Quarterly Financial Trends Survey, London

WEBER, A. (1999): Liquiditätsgrade und Maßnahmen zur Verbesserung der Liquidität, in: WiSt, 1/99, S. 65 - 73

WEIBEL, P. (1973): Die Aussagefähigkeit von Kriterien zur Bonitätsbeurteilung im Kreditgeschäft der Banken, Bern

WITTE, E. (1994): Liquidität, in: Handwörterbuch des Bank- und Finanzwesens, Stuttgart, Sp. 1381 - 1387

ZENTRALVERBAND DES DEUTSCHEN HANDWERKS (1999): Pressemitteilung vom 18.11.1999

ZENTRALVERBAND DEUTSCHES BAUGEWERBE (1995): Rundschreiben R43/95 und unveröffentlichte Ergebnisse

14216187R00125

Printed in Poland
by Amazon Fulfillment
Poland Sp. z o.o., Wrocław